그림으로
읽는
조선 여성의
역사

■ 이 책은 아모레퍼시픽재단의 지원을 받아 저술·출판되었습니다.

그림으로
읽는
조선 여성의
역사

강명관

Humanist

차례

책머리에　8

서장　고려―회화로 보는 고려 여성의 얼굴

초상화 두 점으로 남은 고려시대 여성　15

제향 풍속의 하나로 그려진 여성의 초상 · 16 ｜ 공민왕 부부의 초상 · 20 ｜ 노국대장공주 초상화와 고려 여성의 지위 · 24 ｜ 지배계급 남성들 사이에 유행한 미인도 · 27

1장　조선 전기―유교의 이름 아래 가려지는 여성들

1　### 유폐되는 여인들　35
유교적 가부장제와 조선 여성의 형상

《소학》, 여성의 일부종사를 명하다 · 37 ｜ 조선 전기 회화에 등장한 여성의 풍경 다섯 가지 · 42

2　### 점차 사라져가는 여인의 얼굴　45
초상화 봉안 풍습의 쇠퇴

그릴 수 없는 그림이 되어버린 왕후의 초상화 · 46 ｜ 16세기 말까지 그려진 사대부 가문 여성의 초상 · 50 ｜ 초상화의 자리를 차지한 신주 · 57

3 미인도는 왜 남겨두었을까? · 64
도덕적 매뉴얼과 미인도의 미학

완상의 대상이었던 여인도 · 65 | 중국에서 수입한 미인도 · 69 | 나뭇잎에 시를 쓰고 거문고를 타는 미인 · 72

4 가부장적 미덕을 강요하다 · 76
설교의 수단으로 그려진 여성 그림

《삼강행실도》, 조선 여성들의 잔혹 서사 · 79 | 경로연도, 노인인 여성만 존중받다 · 90 | 경직도, 집안과 나라를 먹여살리는 여성들 · 97

5 숨기지 못한 남성 욕망의 흔적들 · 105
계회도에 그려진 계집종과 기녀

양반 남성들만의 모임인 계회 · 107 | 흥을 돋우기 위해 존재한 여성들 · 111

2장 조선 후기—남성의 시선으로 그려진 여성의 세속

1 본격화하는 가부장제 · 125
여성 형상에 변화를 가져온 요인들

완전히 자리 잡은 유교 이념 · 126 | 속화의 탄생, 세속을 그리다 · 131 | 여성의 생활을 그리기 시작하다 · 140

2 절개를 위해 신체를 희생하다 · 143
《동국신속삼강행실도》의 열녀 형상

성적 종속성을 미화하는 텍스트 · 144

3 효 권하는 사회 · 151
양로연도와 경수연도

양로연에는 초대받지 못한 노년 여성 · 153 | 경수연도의 주인공은 '늙은' 어머니 · 156 | 생략되거나 가려진 여성의 존재 · 166

4 　잘난 남자의 부록으로 그려지다 　　　　　　　　　173
회혼례도와 평생도

특별한 여성만 누린 호화스런 잔치, 회혼례 · 174 ｜ 사대부의 평생도를 장식한 어머니와 며느리 · 180

5 　국가와 가족의 경제를 떠받치는 손 　　　　　　　　185
경직도와 속화에 표현된 여성의 노동

농사일과 집안일은 여성의 운명 · 186 ｜ 중국의 영향에서 벗어나는 조선의 경직도 · 189 ｜ 양반 지주를 위해 일하는 여성과 농민 · 193 ｜ 여성 노동만 따로 그린 속화 · 205 ｜ 행상과 주모, 주변부 여성의 노동 · 224

6 　여자를 엿보고 여자 때문에 싸우고 　　　　　　　　237
가부장제의 성적 욕망과 여성 형상

남성의 눈길이 그린 여성의 모습 · 238 ｜ 성적 욕망의 이상적 표현, 미인도 · 248 ｜ 여전히 잔치에 불려 나온 도구적 여성들 · 266 ｜ 그림의 주인공이 된 기녀 · 276

3장　길들여지지 않는 여성주체

1 　열녀와 절개의 이면 　　　　　　　　　　　　　　289
가부장제에 대한 적응과 반발

가부장제가 완벽하게 작동하지 못한 까닭 · 290 ｜ 유정기와 신태영은 왜 이혼할 수 없었나? · 295 ｜ 이자 놀이로 돈을 번 김씨 부인 · 297 ｜ '소수자'로서 존재감을 잃지 않았던 조선 여성 · 302

2 　절로 향하는 여자들 　　　　　　　　　　　　　　306
신앙적 주체로서의 여성

유교적 지식에서 배제된 여성 · 307 ｜ 종교적 세계에서 배제된 남성 · 310

3   쾌락은 감금되지 않는다   316
    쾌락적 주체로서의 여성 형상
    나들이 가는 여성, 시중드는 남성 · 316 | 성적 쾌락의 주체는 여성 · 325 | 춘화, 가부장제가
    집행되지 못한 공간 · 333 | 열락, 그리고 여성 상위 · 340

맺음말   '주체'로서의 조선 여성 352

주 357
그림 목록 380
찾아보기 386

책머리에

　화가가 제작할 수 있는 여성의 회화적 형상은 무한하겠지만, 제작되는 시공간과 정치·경제·사회 등의 여러 조건 속에서 그 형상은 언제나 제한적인 형태로 나타날 것이다. 주변을 돌아보면 여성의 이미지는 차고 넘친다. 전통적으로 여성을 시각적으로 재현했던 회화는 이제 뒷전이다. 광고, 티브이, 영화, 잡지 등에 사진과 영상의 형태로 등장하는, 대중에게 가장 많이 소비되는 여성의 이미지는 실재하지 않거나 예외적으로 존재하는 여성일 뿐이다. 트로피를 연상시키는 날씬한 여성의 형상은 분명 제한적인 것이다. 이 형상은 모종의 욕망과 의도 그리고 재현방법에 따라 제작된 것이다. 그 욕망을 조종하는 주체로서 우리는 예컨대 남성과 자본이란 어휘를 꼽을 수도 있을 것이다.

　이렇듯 여성의 시각적 이미지는 그것을 제작하는 주체의 욕망과 의도에 따라 만들어진다. 거슬러 올라가면 조선시대 여성의 시각적 이미지 역시 그것을 제작하는 혹은 요구하는 남성의 욕망과 의도를 따라 만들어진 것이다. 나는 이 책에서 조선시대 여성의 시각적 이미지가 어떻게 만들어지고 변화해 갔는지를 추적하고자 한다. 조선시대 여성의 시각적 이미지를 요구하고 만들었던 주체는 남성-양반이다.

여성에게는 불행한 일이지만, 조선시대 여성은 스스로 자신의 시각적 이미지를 만들지 않았다. 조선시대 여성 이미지의 제작자는 사대부 화가이건 혹은 도화서(圖畫署)에 소속된 화원(畫員)이건 아니면 민간의 화원이건 간에 예외 없이 남성이었다.■ 여성의 시각적 이미지가 여성이 아닌 남성에 의해 일방적으로 제작된다는 것은 곧 여성에 대한 남성의 욕망과 의도가 여성 형상을 제작하는 원리로 작용한다는 것을 의미한다. 그 욕망과 의도란 무엇인가.

조선 건국 이후 남성-양반은 성리학에 입각한 유교적 가부장제를 진리로 믿었다. 유교적 가부장제는 여성은 남성의 이익을 위해 남성에게 일방적으로 종속되는 존재라 주장하고, 거기에 맞는 여성의 성 역할을 제작하여 여성의 대뇌에 주입하고자 했다. 그것은 상당 부분 성공했던 것으로 보인다. 우리의 머릿속에 아직 남아 있는 조선시대의 '여성상(女性像)'은 바로 유교적 가부장제의 결과물인 것이다. 나는 이 책에서 조선시대 회화와 소수의 판화■■를 제재로 삼아, 남성-양반의 진리로 믿었던 유교적 가부장제에 의해 여성의 시각적 이미지가

■ 조선시대 화가들은 신사임당(申師任堂)의 경우와 아마도 우리가 모르고 있을지 모르는 극소수의 예외를 제외한다면 모두 남성이다. 신사임당의 작품도 초충도(草蟲圖)나 화훼도(花卉圖)에 그칠 뿐 여성을 회화의 제재로 선택한 경우는 없다.
■■ 판화라 함은 단 한 종류 곧 《삼강행실도(三綱行實圖)》 '열녀편'에 실린 목판화를 말한다. 이 판화는 《삼강행실도》가 축약되거나 증보될 때마다 제작되었다. 자세한 것은 후술한다.

어떻게 만들어졌던가를 밝히고자 한다. 여기 소개하는 회화들은 여성 형상이 경험한 변화의 성격을 밝히는 데 그 목적이 있다. 조선시대의 여성 형상을 검토하기 위해 고려시대의 여성 형상을 다루지 않을 수 없기에, 고려시대를 먼저 약간 언급할 것이다.

본문에 앞서 책을 쓰면서 겪은 어려움 몇 가지를 밝혀둔다. 가장 큰 어려움은 여성을 제재로 삼은 회화가 매우 희소하다는 것이다. 조선 전기 이전에는 여성의 회화적 형상이 거의 존재하지 않는다 해도 과언이 아니다. 산수화나 사군자·화조화(花鳥畵) 등에 비해 여성을 회화의 제재로 삼는 경우가 상대적으로 드물었다. 고려의 경우는 말할 것도 없다. 현재 전해지는 고려의 회화 자체가 아주 희귀하거니와 거기서 여성의 형상을 찾아보기란 사실상 불가능하다. 조선시대는 작품이 상대적으로 많이 남아 있지만 풍부하다고 말하기는 어렵다. 조선 전기까지 초상화를 제외하고 회화가 여성을 제재로 삼는 경우가 없지는 않지만, 그 역시 여전히 드문 경우다. 여성은 주로 그림의 부제재(副題材)로 선택되었기 때문이다. 그 드문 작품마저 시간의 풍화작용과 임진왜란과 병자호란이란 두 차례의 전란으로 소멸되었다. 이런 이유로 조선 전기 회화의 여성 형상은 거의 존재하지 않는다.

여성 형상이 등장하는 회화는 대개 조선 후기, 특히 18세기 이후에 집중적으로 출현한다. 따라서 이 책에서 다루는 것은 대부분 18세기 이후의 것이다. 하지만 그렇다고 해서 고려시대와 조선 전기의 여성 형상을 다루지 않을 수는 없다. 전해지는 작품은 극소수이지만, 여성 형상과 관련된 문헌자료는 서술이 불가능할 정도로 적지는 않다. 이 문헌을 토대로 하여 어떤 여성 형상이 만들어지고 유행했는지는 어느 정도 재구성할 수 있을 것이다.

가장 큰 난점은 여성사 자체의 복잡성이다. 회화에 등장하는 여성이 모든 여성을 대표하지는 않는다. 왕실의 여성이 있는가 하면, 양반가의 여성이 있고, 상민과 노비로서의 여성이 있다. 그들은 신분과 경제력, 생활과 문화, 생각이 달랐다. 유교적 가부장제 아래에서 이들이 어떤 상이한 변화를 경험했는지 여성사 연구는 충분히 밝히지 못하고 있다. 이 문제는 앞으로 여성사 연구의 진전과 아울러 해결되리라 믿는다.

2012. 4.

강명관

서장—고려

회화로 보는 고려 여성의 얼굴

초상화 두 점으로 남은
고려시대 여성

　조선시대 여성이 회화에 어떤 모습으로 표현되었는지 본격적으로 다루기 전에 고려시대의 여성 형상에 대해 우선 간단히 언급해야 할 것 같다. 고려시대의 회화는 현재까지 전하는 것이 몇 점 되지 않는다. 공민왕(恭愍王, 1330~1374)의 작품으로 알려진 〈음산대렵도(陰山大獵圖)〉와 〈위기도(圍碁圖)〉, 이제현(李齊賢)의 〈기마도강도(騎馬渡江圖)〉가 남아 있는 정도다. 현재까지 전하는 회화 작품 자체가 극도로 적기 때문에 고려시대에 여성이 어떻게 회화로 표현되었는지를 거론한다는 것 자체가 무의미한 일에 가깝다. 다만 몇 가지 문헌자료를 통해 고려시대 회화에 나타난 여성의 모습을 대강이나마 언급할 수는 있을 것이다.

　전통시대의 풍속화에서 여성을 그림의 제재로 삼는 경우는 세 가지로, ①초상화이거나 ②미인도이거나 ③불화이다. 그런데 현재까지 실제 작품이 전해오는 고려시대의 그림은 그중 초상화뿐이다. 불화는 종교적 형태로 변형된 것이기에 현실과의 관련성이 희박해 여기서 다루는 것은 적절치 않다. 미인도 역시 실물로 전하는 것이 없다. 그림의 실물을 간접적인 형태로나마 볼 수 있는 것은 초상화뿐이다. 그러므로 이 글에서는 초상화에 대해 주로 언급하고, 미인도에 대해서는 문헌이나 연구 자료를 통해 간단히 짚어보려 한다.

제향 풍속의 하나로 그려진 여성의 초상

현재 우리가 고려시대 여성의 모습을 확인할 길은 공민왕과 노국대장공주(魯國大長公主)를 그린 초상화를 보는 것뿐이다. 그 외에 고려시대의 여성 형상을 담은 작품은 달리 없다. 하지만 그림이 아닌 문헌 자료를 읽다 보면 고려시대에도 여성의 형상을 제작하는 건 흔한 일이었음을 짐작할 수 있다.

송나라 관료로서 1123년(인종 1년)에 고려에 사신으로 왔던 서긍(徐兢)은 《고려도경(高麗圖經)》에서 고려의 제향(祭享) 풍속을 이렇게 전한다.

> 설날과 매달 초하루, 봄가을과 단오에 모두 조예(祖禰)에게 제사를 지내는데, 화상을 조정에 그려놓고 중들을 거느리고 부처를 찬미하는 노래를 밤낮 그치지 않고 부르게 한다.[1]

매년 1월 1일, 매달 초하루, 봄가을, 단오에 '조예'의 화상, 즉 조상의 초상화를 부중에 그려놓고 제사를 지내되 승려들에게 밤낮 범패를 부르게 한다는 것이다. 고려가 불교 국가이기에 돌아가신 조상에게 불교식으로 재(齋)를 올리는 것이다. '祖禰'에서 '祖'는 조부의 사당, '禰'는 아버지의 사당을 말하는 것이지만, 통상 '祖禰'라고 하면 조부와 아버지 혹은 조상을 뜻한다. 그렇다면 이것은 그 초상화가 남성의 초상화였다는 의미일까? 꼭 그렇지는 않다. 이 자료는 단지 조상의 초상화를 사찰에 봉안하고 특별한 절일(節日)에 꺼내 걸어 재를 올리는 풍습에 관해서만 전하고 있을 따름이다.

서긍의 전언은 고려시대에 고인이 된 조상, 좀 더 가깝게는 부모의 모습을 그림으로 그려 사찰에 봉안하는 풍습이 있었음을 알려준다. 비록 조선시대의 자료이기는 하지만, 고려시대에 여성 초상화가 존재했음을 알려주는 신빙성 높은 문헌도 남아 있다. 남학명(南鶴鳴, 1654~1722)이 조선 중기의 서화가 조속(趙涑, 1595~1668)의 처가에 소장되어 있던 고려시대 초상화에 대해 귀중한 기록을 남긴 것이다.

조속은 홍주(洪州) 이씨 집안에 장가갔는데, 결혼 초기에 그의 장인이 인물화 한 점과 부인의 화상 한 점을 보여주며 "집안에서 전해오는 옛 그림"이라고 하였다. 뒤에 조속은 윤효전(尹孝全)이 충청도 관찰사로 있을 때의 차록(箚錄)에서 "외선(外先) 이공승의 화상과 부인의 화상이 그 후손인 홍주의 이모(李某) 집안에 있다"라는 기록을 읽는다. 조속은 이 기록을 근거로 전에 본 두 점의 그림을 다시 장식하여 사당에 모신다. 애당초 초상화를 그릴 때 누구의 모습인지 써놓지 않아, 세대가 멀어져 후손들이 초상화의 주인공을 알 수 없게 되자 윤효전이 고로(故老)로부터 알아냈다는 것이다.[2] 초상의 주인공 이공승(李公升, 1099~1183)은 고려 태조의 공신 이능희(李能希)의 6대손으로 고위관료를 지냈으며, 묘청(妙淸)의 난 때 진압군으로서 공을 세우기도 한 사람이다. 중요한 것은 이 인물의 초상화가 제작될 때 그 부인의 초상도 함께 제작되었다는 사실이다. 제작 시기는 대략 12세기로 추정된다.

이보다 늦은 시기의 문헌으로, 허균(許筠, 1569~1618)이 남긴 〈수증사(修證寺) 양시중(楊侍中) 부부 화상기〉라는 글도 주목할 만하다. '양시중'은 고려 말기를 살았던 양기(楊起, ?~1394)라는 인물을 가리킨다. 양기는 본래 원나라에서 도첨의 정승(都僉議政丞)과 중서성 정승을 지낸 고위관료인데, 1351년(충정왕 3년) 공민왕이 왕위 계승을 위해 귀국할 때 노국대장공주를 배종(陪從)해왔다가 고려에 그대로 정착해 청주 양씨의 시조가 된다. 허균의 〈수증사 양시중 부부 화상기〉에 의하면, 양기의 부인 진씨(陳氏)의 집안에서 재물을 내어 원찰(願刹)로 수증사(황해도 소재)를 지었고, 허균 당대까지도 수증사는 상주하는 인원이 100명이나 되는 거찰이었다고 한다. 허균은 수증사의 한 전각에 양기와 진씨 부부의 화상이 있음을 증언한다.[3]

1599년 7월 황해도사로 부임한 허균은 자신의 외조모 양씨가 양기의 7대손이라는 인연으로 수증사를 방문하고 이전에 이야기를 들은 적이 있는 그 화상을 참배한다.

> 나는 예전에 이 절에 화상(畫像)이 있다는 말을 들었다. 좌막(佐幕)이 되어 재해를 조사하는 일로 절을 찾아와 술잔을 갖추고 화상에 절을 올렸다. 시중은 얼굴이 네모 지고 콧수염은 적었다. 눈은 흰자위가 많고 코는 우뚝하고 입술은 두터웠다. 사모(沙帽)를 쓰고 옥대(玉帶)를 띠었으며, 붉은 도포에다 작보(雀補)를 입고 의자에 앉아 있었다.

부인은 자줏빛 꽃을 수놓은 적삼을 입고, 금을 두른 푸른색 큰 띠를 띠고, 금을 매운 봉보(鳳補)를 입고 있었다. 아래에는 노란빛 치마를 입었고, 틀어 올린 머리에는 아홉 개의 은구슬과 난새를 새긴 비녀를 꽂았다. 술잔을 올린 뒤 화상 앞에 서서 자세히 보니 부인의 모습이 양부인(楊夫人)과 아주 흡사하여 아주 이상하였다. 조금 있노라니 중 천연(天然)이 뒤에 와서, "부인의 용모가 부사(副使)의 얼굴과 흡사합니다" 하였다.[4]

허균의 묘사를 보건대, 허균 당대까지는 화려한 복색을 차려입은 양기 부부의 초상이 선명한 형태로 수증사에 존재했던 것이다.

또한 이 사례로 보아, 고려시대에는 부부의 초상을 절에 봉안하는 풍습이 있었다. 그리고 어떤 경우 신분이 높은 집안에서는 여성의 초상만 따로 제작하기도 했던 것으로 보인다. 우왕 12년(1386) 이인임(李仁任)의 딸인, 강서(姜筮)의 처가 죽자 우왕이 직접 화가를 데려가 아내의 초상화를 그리게 한 사례가 그것이다.[5] 이인임은 공민왕이 죽은 뒤 열 살인 우왕이 즉위하는 데 결정적 공을 세웠기에 우왕이 그의 가족을 특별 대우한 것이다. 하지만 왕과 이인임이 그런 사이라 해도 여성의 초상화를 그리는 사회적 관습이 없었더라면 불가능한 일이었을 것이다.

이러한 예에서 보듯 여성의 초상을 그려 원찰의 영당(影堂)에 모신 사례는 결코 드문 일이 아니었던 것으로 보인다. 고려는 불교 국가이고, 따라서 귀족들이 원찰을 짓는 것은 흔한 일이었으며, 그 원찰에 원주(願主) 부부의 초상이 있었으리란 점은 쉽게 짐작할 수 있다.

이공승이나 양기 부부처럼 고위관료가 아니어도, 고려시대에는 부모의 초상을 제작하는 경우가 더러 있었다. 990년(성종 9) 가을 성종은 교형(絞刑) 이하 죄수들을 사면하는 대사령을 내리는데, 효자 역시 표창의 대상이었다. 그중 구례현의 백성 손순흥(孫順興)이란 사람은 어머니가 죽자 화상을 그려 제사를 올리는 효성이 있다 하여 표창을 받았다.[6] 또 굳이 제향이 아니어도 부모의 화상을 그리는 경우가 있었다. 고려에서 송나라로 간 김행성(金行成)은 태평흥국(太平興國) 2년(977) 진사시에 합격한 뒤 오랫동안 송나라에서 벼슬을 했는데, 부모를 그리워하며 화공(畫工)에게 화상을 그리게 했고 아내와 함께 아침저녁으로 그 그림에 문안 인사를 하고 식사를 올렸다고 한다.[7]

공민왕 부부의 초상

고려시대에 부부의 초상을 제작하는 풍습이 널리 퍼졌음을 입증하는 가장 중요한 증거는 왕실 기록에 남아 있다. 《고려사》를 위시한 문헌에 왕과 왕비의 초상화에 대한 기록이 풍부하다. 고려는 왕과 왕비의 진영을 개성의 구정(毬庭) 옆에 있던 경령전(景靈殿)에 봉안했다. 경령전은 송(宋)의 경령궁(景靈宮)을 모방한 것으로, 송 역시 경령궁에 황제와 황후의 진영을 봉안했다. 고려는 경령전 외에도 왕마다 갖고 있는 원찰에 왕과 왕후의 진영을 봉안하는 진전(眞殿)을 부설했다. 원찰 역시 송의 신어전(神御殿)과 같은 성격의 진전이었다.[8] 다만 왕과 왕비의 초상은 31대 공민왕과 그의 왕후인 노국대장공주의 그림 외에는 현재 남아 있지 않다.

결국 고려 여성을 그린 것은 공민왕과 함께 한 폭에 그려진 노국대장공주 그림을 제외하고는 한 점도 남아 있지 않아 고려 여성의 구체적 형상에 대해서는 알 길이 없다. 현재 국립고궁박물관에 소장된 공민왕과 노국대장공주의 초상과 관련해서는(그림 1), 조선 태조 4년 종묘를 세울 당시 바람결에 그림이 날아들어 그곳에 공민왕 영전을 세우고 이를 받들도록 했다는 전설이 전해온다.[9]

이 초상화에서 공민왕은 복두(幞頭)를 쓰고 홍포단령(紅袍團領)에 홀(笏)을 들고 있으며, 노국대장공주는 복잡한 두식(頭飾)에 당나라 시대의 복제(服制)를 하고 있다. 그런데 이러한 복제는 이후 조선 세종 때의 음악가 박연(朴堧) 초상에서도 다시 볼 수 있어 복식사적 관점에서도 흥미로운 자료를 제공해준다.[10]

〈그림 2〉는 국립고궁박물관 소장본과 복색은 동일하지만, 이미 원본에서 한참 멀어져 다소 도식적으로 그려졌다는 느낌이 완연하다. 물론 둘 다 원본이라 보기는 어렵고 이모본(移摸本)이 아닐까 생각된다.

하지만 두 그림 모두 공민왕과 노국대장공주가 의자에 앉아 있다는 점은 특기할 만하다. 명종 13년(1183) 11월 인예태후(仁睿太后)가 죽자 이듬해 5월 금나라에서는 태부감(大府監) 완안고(完顏暠)를 보내 태후에게 제사를 올리게 했다. 완안고는 "태후의 화상이 앉아 있는가, 서 있는가?" 하고 우선 물었고, 앉아 있다고 답하니, 완안고는 "제후왕의 왕모(王母)가 앉아 있는데 천자의 사신이 절하는 일이 옳겠느냐. 반드시 영정(影幀)을 감추어야만 돌아가서 예(禮)를 행하겠다"고 했다. 고려의 설득 끝에 완안고는 절을 하였다. 천자의 사신은 천자를 대리하므로 한 등급이 낮은 제후의 모(母)가 앉아 있는데, 절을 올릴 순 없다는 것이었다.[11] 이 기록에 따르면 인예태후의 초상은 앉아 있는 모습, 즉 좌상이었음을 알 수 있다. 앞서 허균이 전한 양기의 초상 역시 좌상이었던 것으로 보아, 고려시대의 초상은 좌상이 많았던 것으로 생각된다.

그림 1
작자 미상, 〈공민왕 영정〉, 국립고궁박물관

그림 2
작자 미상, 〈공민왕과 노국대장공주상〉, 경기도박물관

〈그림 1〉과 〈그림 2〉는 노국대장공주와 공민왕이 한데 그려졌지만, 문헌에 따르면 노국대장공주의 초상화만 모시는 영전도 있었다. 《태조실록》에 노국대장공주가 사망한 뒤 공민왕이 공주의 초상화를 모시는 호사스러운 영전을 지으려 하자, 시중(侍中) 유탁(柳濯)이 비판했고, 이에 공민왕이 유탁을 죽이려 들자, 이색(李穡)이 말려 그만두었다는 기사가 있기 때문이다.[12] 아무리 왕후라고는 하지만 한 사람의 여성만을 위해 영전을 지으려 했다는 이야기다. 이는 곧 고려시대에는 여성의 초상을 봉안하기 위해 따로 영당을 짓는 일도 더러 있었다는 뜻이다. 《고려사》 역시 그런 사례를 전하는데, 충렬왕 28년(1302) 10월 신미일 묘련사(妙蓮寺)에 안평공주(安平公主)의 영당을 지었다고 한다.[13] 여성 초상화를 봉안하기 위해 따로 영당 건물을 짓기도 했던 것이다. 부부지간을 그린 게 아니라 여성만을 별도의 초상화로 그리는 일이 고려시대에 얼마만큼이나 폭넓게 이루어졌는지는 의문이지만, 그런 일이 아주 예외적 사례는 아니었던 것으로 보인다.

노국대장공주 초상화와 고려 여성의 지위

고려시대에는 부부의 초상을 그려 사찰에 봉안하는 풍습이 있었고, 때로는 여성의 초상화만 따로 제작하고 별도의 영당을 짓는 경우도 있었다. 여성의 초상화가 남편과 따로따로 제작되기도 하고, 공민왕과 노국대장공주의 초상화처럼 한 폭 안에 함께 그려지는 경우도 있었던 것이다. 그런데 노국대장공주가 공민왕과 한 장면으로 그려졌다는 것, 더욱이 그림 속 두 사람이 대등한 시선으로 서로 마주보고 있다는 건 무엇을 의미하는가. 이는 고려시대에는 왕비가 왕에게 일방적으로 종속되는, 낮은 관계가 아니었음을 의미한다.

여성 초상화가 남성의 초상화와 함께 제작되고, 또 동일한 화면 속에서 대등한 지위로 그려진 근본적 이유는 고려 여성이 조선 여성에 비해 지위가 높았기 때문이다. 물론 고려도 조선과 마찬가지로 남성과 여성의 관계는 기본적으로 남성중심주의(androcentrism)에 입각했다. 하지만 남성중심주의의 강도와 표현 양상은 고려와 조선이 사뭇 달랐다. 정치권력을 남성이 소유했다는 점에서는 같지만, 남성이 삶의 모든 국면에서 여성에 대해 권력을 행사하고 관철한 것은 아니었다. 다시 말하면, 고려 남성의 정치권력 독점이 여성에 대한 남성의 일방적 우위를 보장해주지는 않았다는 것이다. 따라서 고려시대의 여성은, 비록 어느 수준까지라고 확정할 수는 없어도 남성에게 일방적으로 지배되는 일상을 살지는 않았던 것으로 보인다.

흔히들 전통적 가부장제가 조선은 물론이고 고려 혹은 그 이전 시기에도 전면적으로 강력하게 관철되었으리라고 짐작하지만, 결코 그렇지 않았다. 조선은 물론이고 고려와 그 이전 사회 역시 '남성중심주의' 사회였던 것은 분명하지만, 그러한 체제의 관철 수준은 조선에 비해 고려가 훨씬 낮았다. 어째서인가. 우선 고려에는 공계적(共系的) 또는 양변적(兩邊的)이라 불리는 친족제도가 있었다. 친족관계를 통해 한 개인을 파악할 때 오직 부계(父系) 단일 계통으로만 파악하는 것을 단계적(單系的) 부계친족제(父系親族制)라고 한다. 조선 후기 사회가 바로 그랬다. 반면 고려의 친족제도는 개인의 부계(父系)와 모계(母系), 그리고 만일 그가 결혼한 남성이라면 처가(妻家)의 계통까지 고려해서 파악하는 양변적 또는 공계적 친족제도를 갖추고 있었다. '나'라고 하는 개인이 단지 아버지 계통을 따라 파악되는 것이 아니라, 동시에 어머니 계통을 통해서도 파악되는 존재라는 인식이 고려시대에는 있었다는 의미다. 나아가 한 남성이 결혼을 하면 처가의 일원으로 파악되었다. 이것을 두고 바로 '공계적'이라 한다.

공계적이라 부르건 양변적이라 부르건 혹은 양계적(兩系的)이라 부르건 간에, 이러한 고려의 친족제도 아래서는 남편과 아버지의 권위가 아내와 어머니의 권위를 일방적으로 압도할 수 없었다. 즉 고려시대의 여성은 남성에게 온전히 종속되는 존재가 아니었다. 요컨대 고려의 양변적 친족제도는 조선 건국 이후 남성과 양반이 지향했던, 여성에 대한 남성의 일방적 우위를 주장한 유교적 가부장제의 단계적 부계친족제와는 그 속성이 사뭇 달랐다.

이러한 사실은 고려시대의 상복제(喪服制)를 살펴봐도 알 수 있다. 고려시대에는 상복제도에서도 외가와 처가가 동시에 존중되었다. 즉 외조부·외조모가 돌아가시면 상복을 1년 동안 입어야 했는데, 이는 친조부·친조모와 같았다. 처부모, 곧 장인과 장모에 대해서도 1184년 이후에는 1년이었다. 그러나 조선조에 들어서면 외조부·외조모에 대해서는 각각 5개월, 3개월만 상복을 입었고, 장인과 장모에 대해서는 공히 3개월 동안만 상복을 입는 것으로 제도가 바뀌었다. 고려시대에는 모계와 처계가 조선조에 비해 훨씬 존중을 받았다는 의미다.

상속제도에서도 마찬가지였다. 고려시대의 여성은 결혼 여부에 관계없이 남성과 똑같이 재산을 상속받았다. 음서(蔭敍)의 혜택도 부계와 모계 양자에 공히 주어졌고, 공음전(功蔭田)은 사위도 상속받을 수 있었다. 재산 상속에서도 여성이 전혀 차별을 받지 않았다는 의미다. 제사 역시 딸이나 외손이 지낼 수 있었으므로, 고려시대에는 자녀들이 돌아가며 조상의 제사를 올렸다. 즉 외손봉사(外孫奉祀)

가 가능했다. 고려시대의 결혼은 흔히 남귀여가혼(男歸女家婚)이라 불리는 방식으로 이루어져 결혼을 한 뒤 남자가 여자의 집에 들어가 살았다.

한마디로 비남계적(非男系的)이라고 말할 수 있는 고려의 독특한 친족제와 상속제, 결혼 후 거처제(婦處制)로 인해 정치권력을 제외하고는 생활의 여러 국면에서 남성의 권력이 일방적으로 여성에게 작용할 수 없었던 것이다. 고려의 여성은 일상생활에서 대체로 남성과 동등한 사회적 지위를 누렸고, 그랬기 때문에 고려 여성은 사후에도 남성과 동일하게 대우받았고 또 같은 화폭에 나란히 등장할 수 있었다.

지배계급 남성들 사이에 유행한 미인도

노국대장공주의 초상화 외에 고려시대 여성의 모습을 추측케 해주는 자료는 현재 전혀 없다. 그렇다고 해서 고려시대에 여성을 소재로 한 그림이 아예 그려지지 않았던 것은 아니다. 앞서 살펴보았듯이 다수의 문헌자료가 고려 여성을 사후에 초상화로 그린 사례가 많았음을 밝히고 있고 '미인도' 역시 적지 않게 제작되었음을 짐작케 하는 기록이 있다. 물론 미인도의 수요층은 지배계급 남성이었겠지만, 고려시대에 그려진 미인도가 언제부터 누구에 의해 제작되었는지는 알 길이 없다. 다만 홍선표 교수는 《한국의 전통회화》에서 고려시대의 미인도에 대해 이렇게 언급한다.

궁중 풍속화의 성향을 지니기도 한 미인화의 경우, 당(唐)나라 주방(周昉)이 즐겨 다루었던, 말을 탄 사녀상(仕女像)이 푸른 아청지로 접는 부채

그림 3
당 주방, 〈잠화사녀도(簪花仕女圖)〉,
중국 요녕성박물관

에 그려져(접는 부채에 그림을 그려 넣는 화습은 고려에서 기원했다는 설도 있다) 중국으로 가는 초기 고려사절단의 선물용으로 매번 사용되었다고 한다. 정치적 감계나 윤리적 교화와 결부된 초상화와 달리 왕족과 귀족 계층의 미적 취향을 반영하는 이러한 사녀화 계통 미인화는 궁중 연회의 발달과 더불어 아름다운 기녀들의 춤추는 모습을 그린 궁중 행사도 등을 통해 확산되었을 것으로 생각된다.

고려 초부터 팔관회와 연등회 또는 궁중 연회에서 포구락(拋毬樂)과 헌선도(獻仙桃) 등의 가무 연주에 "별 같은 눈동자의 갓 피어난 부용처럼 난만한 부용처럼 미희들이 버들 같은 허리가 꺾일 듯 하늘거리며 춤추었다"고 하며, 매일 호사스런 연회를 열었던 의종(毅宗, 재위 1146~1170)이 명하여 그리게 한 '야연도(夜燕圖)'에는 이처럼 섬요한 미녀들이 묘사되었을 것이다. 그리고 미인을 노래한 향염시(香奩詩)의 대두와 더불어 고려 말기에는 '봄꽃이 무색할 정도로 눈부시게 아름다운 여인의 미소 띤 모습'이나 가야금과 서화를 다루는 등의 재색을 갖춘 '옥 같은 미인'을 그린 족자와 병풍으로 꾸민 미인도가 독립된 화목으로 발전하게 된다. 이 그림

그림 4
당 장훤(張萱), 〈도련도(搗練圖)〉,
미국 보스턴미술관

들의 미녀상은 〈관서경품변상도〉와 〈미륵하생변상도〉 같은 14세기 고려 불화의 궁중 장면에 묘사된 궁녀들의 도형을 통해 그 잔영을 엿볼 수 있다.[14]

　미인화의 경우, 고려 초기부터 당나라 주방이 즐겨 다루었던 말을 탄 사녀상이 부채에 그려져 중국으로 가는 사절단의 선물용으로 매번 사용되었다고 한다. 고신라 때부터 중국에 미인을 공물로 바치던 관례 대신 고려시대에는 미인화를 그려 보냈던 것으로 보인다. 이러한 미인화는 궁중 연희의 발달과 더불어 아름다운 기녀들의 춤추는 모습을 다룬 궁궐 야연도 등을 통해 확산되었을 것으로 생각된다. 말기에는 봄꽃이 무색할 정도로 눈부시게 아름다운 미인의 미소 띤 모습을 그린 족자와 악기나 서화를 다루는 등의 재색을 갖춘 미녀를 그린 병풍을 보고 읊은 제화시가 등장하기도 했다. …… 수월관음도의 선재동자상은 영아 그림의 양식을, 변상도의 궁녀상은 미인화 양식을 반영하고 있어 당시 인물화풍이나 신체 이미지를 파악하는 데 적지 않은 도움을 준다.[15]

고려에 수입된 당나라 화가 주방의 미인도를 본뜬 그림이 부채에 그려졌고, 고려 초기에는 그것이 다시 중국으로 가는 사절단이 챙기는 선물로 사용되었다는 이야기다. 다만 홍선표 교수가 어떤 자료에 입각해 이 같은 결론을 얻었는지에 대해서는 밝히고 있지 않아, 미인도가 언제, 누구에 의해, 어떤 동기로 그려졌는지에 대해 구체적으로 알기는 어렵다. 어쨌든 홍선표 교수의 주장에 따르자면, 당나라 화가 주방의 그림을 통해 고려시대에 그려졌음직한 미인도를 대강이나마 짐작해볼 수 있을 것이다.

고려시대에 미인도가 유행했음을 알려주는 문헌자료도 있다. 선녀들이 바둑을 두는 그림에 써준 정포(鄭誧, 1309~1345)의 제시(題詩)가 전해온다.[16] 이 미인도가 어떤 배경에서 제작되었는지는 알 수 없지만, 이 시를 통해 그 당시 미인도가 유행했다는 점은 충분히 짐작할 수 있다.

여성 초상화가 그랬듯 미인도 역시 오직 여성을 제재로 삼는 그림이다. 하지만 그 의미와 기능은 사뭇 다르다. 여성 초상화는 부모와 고인을 제재로 삼은 것으로서 경배의 대상이자 의례의 수단이었다. 반면 미인도는 오직 감상의 대상일 뿐이었으며, 감상하는 주체는 주로 남성이었다. 미인도는 남성의 성적 욕망의 회화적 표현이되, 상상력에 의한 당대 미인의 이상적 형태를 표출한 것이다. 미인도가 남성의 성적 욕망을 표현한 것이었다는 사실은 미인도란 곧 미녀도이고, 거기에 대응하는 고려시대 남성의 회화적 형상이 존재하지 않는다는 데서 확인할 수 있다. 또한 미인도라고 하면 일부나마 구체적 형상의 여성을 제재로 삼기도 했을 테지만, 사실상 그 실례를 찾기 어렵다. 결국 미인도란 남성의 상상력에 의한 여성의 미적 형상이 극단적으로 이상화되어 표현된 회화의 형태일 것이다. 그렇지만 고려시대의 미인도에 관한 자료가 워낙 적어, 좀 더 일반화된 서술을 하기란 거의 불가능하다.

1장 — 조선 전기

◉

유고의 이름 아래 가려지는 여성들

1

유폐되는 여인들

—유교적 가부장제와 조선 여성의 형상

●

 조선은 1392년 성리학을 국가 이데올로기로 삼아 남성-양반이 세운 나라다. 건국 이후 조선에서는 정치, 사회, 문화 등 국가의 모든 체제를 성리학에 입각해 재구성하려는 노력이 펼쳐졌다. 곧 남성-양반, 개인의 가치관과 행위, 친족제도와 사회조직, 국가제도가 어느 하나 예외 없이 성리학을 근간으로 해서 일관되게 구성되기 시작한 것이다. 이런 일이 가능했던 것은 송대(宋代) 성리학의 성격 때문이다. 성리학은 인간 개인의 심성과 행위로부터 정치와 경제, 문화·예술을 거쳐 우주의 원리까지 일관되게 설명하는 폭넓고 체계적인 사상이었던 것이다.

 성리학에 의한 문화의 재구성은 여성에게도 그대로 적용되었다. 조선을 세운 남성-양반은 조선을 건국하자 성리학에 따른 여성관으로 여성을 통제하고자 했다. 통제의 원리는 한마디로 유교적 가부장제였다. 성리학의 완성은 유교적 가부장제의 관철을 요구했고, 그것은 일차적으로 여성을 겨냥했다. 조선의 여성은 유교적 가부장제에 의해 다시 정의되었다. 즉 남성은 주로 국가나 사회 같은 좀 더 거시적 체제와 관련되는 정치사회적 존재로 정의된 반면 여성은 친족제 내에서 남성과 관련해서만 정의되는 존재였다.

앞서 간단히 언급했듯이 고려의 친족제는 공계적 또는 양변적 성격을 띠었다. 그러나 유교적 가부장제 아래의 조선은 단계적 부계친족제였다. 성리학을 최고 진리로 신봉한 조선의 사대부들은 나라를 세운 후 고려의 공계적 친족제와 남녀균분상속제, 부처제(婦處制) 등을 고치기 시작했다. 이러한 고려의 제도들이 유교적 가부장제에는 위배된다며 비판하고, 단계적 부계친족제로의 이행을 적극 추진한 것이다. 역사 기록을 살펴보면 이러한 변화의 양상이 17세기 초부터 포착되고, 17세기 말이 되면 단계적 부계친족제가 완전히 정착되었음을 알 수 있다. 조선 건국(1392) 이후 거의 3세기에 걸쳐 이러한 이행이 이루어진 것인데, 이토록 오랜 시간이 걸렸다는 것은 당시 변화에 대한 전통적 습속의 완강한 저항이 존재했음을 의미한다.

여러 변화 중 여성의 지위에 가장 큰 변화를 가져온 것은 고려의 처가살이, 즉 부처제(婦處制)에서 조선의 시집살이, 즉 부처제(夫處制)로의 이행이었다. 고려의 처가살이 풍속 아래에서는 여성이 남성을 자기 집으로 불러들여 살았기 때문에 친족 내부에서 여성의 지위가 남성보다 전혀 낮지 않았다. 자식들 또한 외가에서 외조부모의 손길과 가르침 아래 자랐기에 성장해서도 외가를 친가보다 훨씬 존중했다. 재산 소유 역시 이러한 공계적 친족제를 반영했다. 고려 여성은 결혼 여부나 성별에 상관없이 균등하게 지분을 상속받을 수 있었다. 조선의 친족제와 상속제가 17세기를 통과하면서 가부장적 친족제와 상속제, 즉 장자를 우대하는 상속제로 바뀐 것을 떠올린다면, 조선 전기만 해도 여성의 경제적 지위는 어느 정도 높았으리라 짐작된다. 특히 조선 후기에 비하면 월등히 높았을 것이다.■ 고려에서는 친족제 아래의 여성 지위가 남성과 평등하거나 때로는 우월했고, 아울러 여성에게 어느 정도 경제적 토대가 부여되었기에 여성 초상화를 제작하거나 여성과 남성이 동일한 화폭에 담길 수 있었다. 하지만 조선 건국 후 여성에 대한 관념이 바뀌고, 결혼 후 거주제도, 상속제도 등이 바뀌기 시작했다. 이는 곧 여성이 남성 친족 내부에 유폐된다는 의미였으며 동시에 여성의 지위가 하락한다는 뜻이었다.

《소학》, 여성의 일부종사를 명하다

그렇다면 단계적 부계친족제를 구현하게 만든 유교적 가부장제의 여성관이란 무엇인가. 유교적 가부장제에서는 여성을 어떤 존재로 바라보는가. 유교적 가부장제의 여성관은 남성-여성의 관계에서 남성과 여성의 성차별을 합리화하고, 남성이 여성의 우위에 있는 존재임을 역설한다. 성리학을 수용한 남성-양반은 "여성이란 무엇인가?" 하고 문제를 제기했고, 그들은 유가의 텍스트에서 여성에 대한 정의를 찾으려 했다. 《소학》이 성리학적 여성관을 제공해주었다. 《소학》은

■ 물론 조선에 견주어 고려시대 여성의 지위가 상대적으로 높았다고 해서, 고려사회의 여성권력이 남성권력을 압도했다는 것은 아니다. 정치권력은 그 시절에도 남성이 쥐고 있었고, 국가와 사회 전반은 남성을 중심으로 움직였다.

성리학의 완성자인 주자(朱子)가 편집한 청소년용 텍스트다. 하지만 그것은 명분일 뿐이고 사실상 이 텍스트는 성리학을 진리로 수용한 인간의 구체적인 삶의 현장에서 성리학을 어떻게 실천해야 할 것인가를 제시한 윤리규범서다. 1300년 전후로 성리학이 고려에 소개되면서 《소학》도 점차 세간에 알려졌고, 1392년 조선 건국 이후에는 《소학》을 암송하는 시험에 통과한 사람에게만 과거 응시자격을 주었기 때문에 매우 중요한 텍스트로 부상했다. 그리고 차츰 《소학》에 의해 의식화되는 '개인'이 등장한다. 중종 때 조광조(趙光祖)를 위시한 사림(士林)들의 노력에 의해 《소학》이 적극 보급되면서 《소학》의 여러 규범은 사대부들의 에토스(ethos)가 되었다. 기묘사화로 조광조를 비롯한 사림이 일시 실각했지만, 선조 대에 와서는 다시 사림이 정치권력을 장악했고, 마침내 《소학》은 논란의 여지가 없는 조선의 윤리규범서가 되었다.

《소학》은 유교적 가부장제를 염원한 남성-양반에게 여성에 관한 기본 인식을 제공했다. 《소학》에서 여성은 어떤 존재일까. 그 주장에 따르면, 여성은 독립적 존재가 아니라 남성에게 복종하는 존재, 남성에게 종속되는 존재였다. 《소학》의 해당 부분을 인용하자면 이렇다.

> 공자가 말씀하셨다. "부인은 남에게 복종하는 자이다. 따라서 독단으로 판단하는 의(義)가 없고, 세 가지 따르는 도(道)가 있으니(無專制之義, 有三從之道), 집(친정)에 있을 때에는 아버지를 따르고, 남에게 시집가서는 남편을 따르고, 남편이 죽으면 아들을 따라, 감히 스스로 하는 일이 없다. 가르침과 명령이 규문(閨門)을 나가지 않으며 부인의 일은 음식을 마련하는 것 등이 있을 뿐이다.[1]

조선 여성은 오직 남성에게 복종하는 존재였다. 행위의 주체가 될 수 없는 종속적 존재였던 것이다. 여성이 남에게 종속되는 '주체 없는 존재'라는 말의 의미를 《소학》은 다시 이렇게 규정했다.

> 어떤 이가 물었다. "과부는 도리상 취할 수 없을 듯하니, 어떠한지요?"
> 이천선생(伊川先生)이 말씀하셨다. "그렇다. 무릇 아내를 취하는 것은 자신의 짝으로 삼는 것이니, 만약 절개를 잃은 사람을 취해 자신의 짝으로 삼는다면, 이것은 자신이 절개를 잃는 것이다."
> 또 물었다. "혹 외로운 과부가 빈궁하여 의탁할 데가 없는 경우 재가(再嫁)를 해도 되는지요?" 이 말에 이렇게 대답했다.
> "단지 후세에 추위와 굶주림으로 죽을까 두려워하였기에 이런 말이 있는 것이다. 그러나 굶어 죽는 것은 지극히 사소한 일이고, 절개를 잃는 것은 큰일이다."[2]

여성은 굶어 죽을지언정 한번 결혼하면 다시는 결혼을 할 수 없다는, 이른바 '일부종사(一夫從事)' 관념이다. 여성이란 사회적으로 공인되었거나 공인될 수 있는 오직 한 남성에게 성적(性的)으로 종속되어야 하는 존재라는 것이다. 결국 일부종사니 '일초불개(一醮不改)'니 하는 것은 남성에 대한 여성의 성적 종속성을 의미한다.

여성의 성적 종속성을 관철하기 위해 남성-양반은 여성이 개가(改嫁)할 경우 불이익을 주는 법을 만들어 《경국대전(經國大典)》에 실었으며, 한편 개가하지 않는 여성은 절부(節婦)로, 또 개가하지 않겠다는 의지를 자기 신체의 일부 혹은 전체를 희생해 표현하는 여성을 열녀(烈女)라고 부르며 명예를 부과했다. 하지만 그 역시 남성의 성적 욕망의 한 형태였을 뿐이다. 다시 말해 그것은 한 여성을 자신에게 완전히 종속시킴으로써 자기 유전자를 보유한 후손이 누구인지 정확히 하려는 욕망에 불과한 것이었다.

이렇게 여성을 남성에 대한 종속적 존재로 규정한 이상, 이 여성이 다른 남성과 접촉할 가능성도 아예 차단해야 했다. 《경국대전》의 형전(刑典) 금제조(禁制條)는 여성을 가정 내부에 완벽하게 유폐하려는 의지의 산물이다.

> 유생(儒生)·부녀(婦女)로서 절에 올라가는 자〔여승도 같다〕, …… 도성 안에서 야제(野祭)를 지낸 자, 사족(士族) 부녀로서 산이나 물가에서 잔치를 벌이거나 직접 야제와 산천·성황·사묘(祠廟)에 제사를 지낸 자는 …… 모두 장 100대를 친다.[3]

국가의 기본 법전에 이런 조항을 넣었다는 것이야말로 여성의 바깥출입을 통제하여 가정 내부에 붙박아두려는 국가-남성의 욕망이 얼마나 강렬했는지를 짐작하게 한다. 이 법으로 조선은 여성을 가정의 영역에 가둬둘 수 있었다. 공간적으로 말하자면, 여성은 규방 혹은 내실(內室)이라는 가장 깊숙하고 은밀한 공간에 유폐되었다. 이제 여성은 오직 남성의 훈육에 의해서만 완벽하게 인간이 될 수 있었다.

성리학은 이처럼 남성 곧 부계를 중심으로 하는 친족제와 그 정당성 그리고 여성에 대한 새로운 인식, 곧 여성은 남성에게 종속되는 존재라는 인식을 제공했다. 여성에 대한 기본 인식은 이렇게 간명하게 정리되지만, 그것이 제도화하고 담론화한 방식은 지극히 복잡하고 모순적이었다. 여성에 대한 성적 지배욕을 담은 유교적 가부장제는, 남성 자신이 먼저 윤리적 존재가 되어야 한다는 성리학의 담론과 충돌했다. 다시 말해 여성에게 남성에 대한 성적 종속성 실천을 윤리의 이름으로 요구했다면, 동일하게 남성 역시 성적 욕망을 통제하거나 절제하는 윤리적 존재가 되어야만 했다. 하지만 가부장제는 자신의 성적 욕망을 윤리화할 수 없었다. 남성-양반은 축첩제와 기녀제도를 제도적으로 존속시켰다.■ 그리고 자신들이 권력적으로 지배하는 여성, 예컨대 관비(官婢)나 사비(私婢)와는 복수적 성관계를 가질 수 있었다. 때로 그것은 남성다움으로 칭송받았다. 남성이 다수의 여성과 성관계를 맺는 것에 대한 여성의 항의를 《소학》은 '투기'라 불렀으며 유교적 가부장제를 해치는 비윤리적 행위로 규정했다. 유교적 가부장제는 이러한 모순을 제도화하면서 남성-양반의 성적 욕망을 여성에게 일방적으로 관철하려 했던 것이다.

한편 유교적 가부장제는 연장자와 노인에 대한 존경을 윤리적 덕목으로 요구했는데, 여기서 여성에 대한 또 다른 차원의 인식이 생겨났다. 사실 조선시대에 여성은 여러 차원에서 존재했다. 즉 여성은 아내나 첩으로 존재할 뿐만 아니라 딸로서, 어머니로서 존재했다. 미혼의 딸로서 존재하는 여성은 자식으로 파악되어 별다른 문제가 없었지만, 어머니로서의 여성은 또 다른 차원의 태도를 요구받았다. 유가가 내세우는 인간의 가장 근원적 윤리인 '효'는 부모에 대해 각별한 존경심을 표할 것을 요구했다. 따라서 여성일지라도 어머니로서 여성은 특

■ 기녀(妓女)는 고려시대부터 있던 존재로, 국가권력이 남성 지배층을 위해 설치한 사치노예(奢侈奴隸)다. 성리학을 국가 이데올로기로 삼은 사대부들은 국가가 사치노예를 두어 성(性)을 착취하는 것이 비윤리적이라고 규정하여 세종조부터 중종조에 이르기까지는 기녀제도를 없애고자 하였으나, 결국 실패했다. 이것은 성리학의 윤리담론이 가부장제하에 있는 남성의 성적 욕망을 억누를 수 없었음을 의미한다.

별한 공경의 대상이 되었다. 요컨대 유교적 가부장제는 성적 대상자로서의 여성에 대해서는 성적 종속성을 '절(節)' 혹은 '열(烈)'이라는 윤리로 요구하는 한편, 나이 든 어머니인 여성에게는 '효성'을 바치라고 요구했던 것이다. 효양(孝養)의 대상으로서 여성은 절부·열녀와는 전혀 다른 존재로 인식되었다.

그럼에도 불구하고 아내와 어머니로서의 여성에게 공히 적용되는 여성성은 존재했다. 그것은 '노동하는 인간'으로서의 여성이었다. 앞서 살폈듯《소학》은 여성의 사회적 활동은 부도덕한 것이므로 여성은 오직 가정 내에서 오직 가사노동에만 종사하라고 요구했다. 남성은 학문과 문학, 정치에 종사하는 것이 그 역할로 규정되었지만, 여성에게는 직조, 세탁, 취사, 제물 마련 등 가사노동이 책무로 요구되었다. 조선시대는 물론 현재까지도 이러한 역할 분할은 그다지 변함이 없다. 오늘날에도 흔히 자식의 회고나 남편의 회상 속에서 어머니나 아내는 간고한 노동으로 자식을 키우며 스스로를 희생한 사람으로 형상화되곤 한다. 육체노동을 기피하는 남편을 부양하는 부지런하기 짝이 없는 아내로도 자주 묘사되는데 이 모두가《소학》이 규정한 '노동하는 인간'으로서의 여성성에 근거한 것이다.

조선 전기 회화에 등장한 여성의 풍경 다섯 가지

이처럼 조선의 유교적 가부장제는 남성-양반의 욕망에 따라 여성성을 제작하고자 했다. 여성성이 제작되는 그 복잡한 길항 과정은 여성의 모습을 그리고 형상을 제작하는 데도 그대로 반영되었다. 이에 입각하여 다섯 가지 종류의 회화에 나타난 여성 형상을 고찰해보려

한다. 하지만 그 형상을 구체적으로 확인시키는 작품은 현재 거의 남아 있지 않다. 작품이 없는 경우, 문헌을 통해 추론하는 수밖에 별 도리가 없다.

가장 먼저 살필 것은 초상화다. 조선 전기에는 고려의 유풍이 완강하게 남아 있었고, 그래선지 여성의 초상화도 여전히 그려졌다. 그 다음으로 미인도를 살펴본다. 미인도 역시 고려의 연장선상에 존재한다. 미인도는 유가적 도덕관으로부터 비판받을 가능성을 내포한 것이었지만 유교적 가부장제 저변에 내장된 성적 욕망이 오히려 미인도를 적극 수용하게 했다.

초상화와 미인도는 고려시대의 연장이지만, 조선에 와서 새로 발명된 여성 형상도 있다.《삼강행실도(三綱行實圖)》열녀편(烈女篇)에 실린 110편의 열녀담(烈女談)에 부기된 목판화가 그것이다. 이 목판화는 유교적 가부장제가 요구하는, 남성에 대한 여성의 성적 종속성을 구체적으로 형상화한 것이다. 세종 때 110편으로 출발한 열녀편은 그 뒤 언해(諺解) 축약본과 속편(《속삼강행실도》), 임진왜란 때 생겨난 열녀 이야기까지 거두어 모은 《동국신속삼강행실도(東國新續三綱行實圖)》의 열녀편을 거쳐 정조 때의 《오륜행실도(五倫行實圖)》열녀편까지 모든 목판화를 다뤄본다. 각 목판화는 동일한 제재에서 나왔기 때문에 거의 동일한 구도를 취한다.

열녀는 가부장적 윤리를 실천한 '아내'로서의 여성이기에《삼강행실도》에 등장할 수 있었다. 이와 아울러 어머니로서의 여성 역시 회화에 등장했다. 즉 자식, 특히 아들에 의해 효성의 대상이 된 어머니는 존중받을 수 있었다. 연로한 여성-어머니는 자식에게 효양의 대상이되었고, 때로 효양은 연회도의 형태로 나타났다. 여기에 여성의 형상이 등장할 수 있었다.

　유가의 고전 《서경》의 〈무일(無逸)〉과 《시경》의 빈풍(豳風) 〈칠월(七月)〉은 통치자인 왕이 노동하는 백성의 괴로움에 공감해야 한다고 요구했던 바, 두 작품을 제재로 삼은 회화도 주로 왕가에서 그려졌다. 경직(耕織)은 경작과 직조(織造) 노동으로 이루어지는데, 그중 직조 노동은 대부분 여성의 몫으로 인식되었다. 경작과 직조 노동을 묘사한 경직도는 실물은 전하지 않지만, 문헌을 통해 조선 전기에 경직도가 제작되었음을 알 수 있다. 그 속에 여성 형상이 포함되었을 것이기에 관련 문헌을 간단히 살펴볼 것이다.

　마지막으로 계회도(契會圖)에 등장하는 여성, 곧 비녀(婢女)와 기녀(妓女) 그림을 살핀다. 계회란 남성들의 친목 조직으로 요즘말로 하자면 계모임을 일컫는 셈이다. 조선시대의 계회는 특히 관료조직을 중심으로 16세기에 성행했다. 계회의 성행은 외면적으로는 여성과는 별 상관이 없어 보인다. 대개 기념과 기록을 위해 계회에 참여한 사람의 명단과 계회 장면을 그림으로 남겼으니까 말이다. 바로 그런 것이 '계회도'였다. 그런데 계회는 대개 연회를 동반했으며, 따라서 계회도에는 연회 장면이 그려진다. 여기에 비녀와 기녀가 등장하는 것인데 이때 그녀들은 계회의 주인공이 아니라 주변적 존재다.

2

점차 사라져가는
여인의 얼굴

— 초상화 봉안 풍습의 쇠퇴

●

　임진왜란(1592)과 병자호란(1636)이라는 양란 이전, 곧 17세기에 이르도록 조선의 사대부 체제는 여성의 의존성과 성적 종속성을 관철하는 법적·제도적 장치를 마련했고, 또 한편으로는 여성을 의식화하기 위한 텍스트의 편집과 인쇄, 보급에 나섰다. 하지만 고려의 유제(遺制)가 그리 쉽게 사라지지는 않았다. 앞서 살펴보았듯, 공계적 친족제에서 단계적 부계친족제로의 전환은 꽤나 더디게 진행되었고, 부처제(婦處制)에서 부처제(夫處制)로의 이행과 남녀균분상속제 역시 두 차례의 전란을 겪고 나서야 온전히 정착되었다. 적어도 17세기 이전까지는 고려의 유제와 성리학적 친족제도 및 여성관이 혼재되어 있었다는 이야기다. 회화로 그려지는 여성의 형상 역시 이러한 혼재를 겪었다. 즉 한편으로는 성리학 관념에 입각한 여성 형상이 제작되면서도 다른 한편으로는 고려의 유제가 그림 속에서 여전했던 것이다.

그릴 수 없는 그림이 되어버린 왕후의 초상화

왕과 왕후의 초상을 꼭 함께 그려 봉안하는 고려의 관습은 조선이 건국되고도 바뀌지 않았다. 조선도 왕후의 초상을 제작하여 어진과 함께 봉안했다. 태조 7년(1398) 12월 25일 태조의 정비인 신의왕후(神懿王后)의 새 화상(畫像)을 인소전(仁昭殿)에 봉안(奉安)하고, 태조가 직접 거둥하여 제사를 지냈던 것이다.[4] 이어 태조의 계비인 신덕왕후(神德王后)와 정종의 비인 안정왕후(定安王后), 태종의 비인 원경왕후(元敬王后), 세종의 비인 소헌왕후(昭憲王后), 예종의 계비인 안순왕후(安順王后)의 초상화가 제작된 것이《조선왕조실록》(이하《실록》으로 표기) 등의 문헌에서 확인된다.[5]

문헌에 등장하지 않은 왕후들의 초상화도 제작되었고, 왕과 왕후의 초상에 대한 관심도 높았다. 예컨대 세종 16년(1434) 6월 3일에는 예조에서 "선왕과 선후의 쉬용(晬容)은 만약 글을 써서 표시하지 않는다면, 후세에 구별하기 어려울 것입니다. 쉬용의 뒤와 장함(藏函)의 겉에 아무 왕, 아무 왕후의 쉬용이라고 써야겠습니다"[6]라고 말했으니 어진에 대한 관심이 높았던 듯하다.

왕과 왕후의 어진을 봉안하는 곳을 선원전(璿源殿)이라 한다. 선원전은 적어도 태조 7년(1398) 7월 이전에■ 종부시(宗簿寺) 서쪽에 건립되었다. 종부시란 고려 때 왕실의 족보를 관리하던 관아를 말한다. 그

■《태조실록(太祖實錄)》7년 7월 5일조에서, 전시(田時)라는 사람이 장생전(長生殿)을 지었으므로 선원전은 지을 필요가 없다는 말을 하여 유배 처분을 받고 있기 때문이다.

러다 세종 19년 2월 문소전(文昭殿) 북쪽에 선원전을 다시 짓자는 의견이 나와[7] 20년(1438) 5월 19일 새 선원전을 완성하여 왕과 왕후의 어진과 《선원록》을 이곳에 봉안했다.[8] 선원전에 모신 왕후의 초상은 적어도 명종조까지는 대비 이하 중전이 봉심(奉審)을 행했다는 것이 여러 《실록》에서 확인된다.[9] 다만 임진왜란으로 경복궁이 소실될 때 선원전도 함께 불타 모든 왕후의 초상화가 재가 되었으므로, 유감스럽게도 왕후의 초상이 어떤 형태였는지는 알 길이 없다.

왕후의 초상과 아울러 다룰 수 있는 조선 전기의 초상화는 종실 부인의 것이다. 성종 2년(1471) 9월 14일 사헌부 대사헌 한치형(韓致亨) 등은 상소문을 올린다.[10] 사건의 요지는 이렇다. 세종의 다섯째 아들인 광평대군(廣平大君) 이여(李璵)가 젊은 나이에 죽자 그의 아내 신씨(申氏)는 여승이 된다. 그리고 이여의 아들 영순군(永順君) 이부(李溥)가 죽자, 그의 아내 역시 여승이 된다. 신씨는 양모(養母) 박씨와 광평대군 부자를 위해 절을 짓고 '영당(影堂)'이라 부르며 토지 70여 결(結)과 노비 1000여 명을 절에 바쳤다. 한치형은 이 일을 방치하면 불교가 다시 성할까 두렵다면서 신씨의 시주를 무효로 하고 시주를 입증하는 문서를 써준 김수온(金守溫)은 처벌할 것을 요구했다. 성종은 한치형의 요구를 받아들이지 않았다.

주목할 것은 신씨가 지은 사찰이 사실상 초상을 봉안하기 위한 영당이었다는 점이다. 당연히 광평대군과 영순군의 초상이 봉안되었을 것이다. 그런데 김수온의 문집 《식우집(拭疣集)》에는 신씨 화상에 대한 찬(讚)이 실려 있다. 〈광평대군배영가부부인화상찬(廣平大君配永嘉府夫人畵像讚)〉이 그것이다. 내용은 특별할 게 없다. 신효창(申孝昌)의 손녀이고 신자수(申自守)의 딸로서 세종의 며느리, 광평대군의 부인이 되었고 남편을 잃자 불교에 귀의했다는 평범한 정보로 일관할 뿐이다. 이 화상찬을 지은 것은 성화(成化) 6년, 곧 1470년이다.[11] 신씨 초상이 앞서 언급한 영당에 걸 목적으로 제작되었으리라는 건 두말할 나위가 없다.

여성 초상을 제작하는 풍습은 중종 때까지 이어진다. 중종 34년 검토관[檢討官; 경연청에서 강독(講讀)과 논사(論思)에 관한 일을 맡아보던 정6품 벼슬이다] 임형수(林亨洙)가 중종에게 자신이 젊어 산사(山寺)에서 공부할 때 중들이 "아무 절은 아무 전(殿)의 원당(願堂)이고, 아무 절은 아무 왕자, 아무 공주, 아무 옹주의 원당이라 했습니다"라고 말한 것을 보면 그렇다.[12] 여기서 원찰이란 앞서 광평대군의 부인 신씨가 세운 영당 같은 것으로, 죽은 사람의 초상화나 위패를 모시고 명복을 비는 법당을 말한다. 중종 34년이면 1539년이니, 곧 조선이 건국된 지 한 세기 반이 지난 시기다. 그때가 되도록 여전히 왕가와 종실에서는 여성 초상화를 그려 절에 봉안하는 고려의 풍습이 지속되었던 것이다.

임진왜란 이후 왕후와 종실 가문에서 여성의 초상화를 제작했는지 어쨌는지는 분명한 관련 기록이 보이지 않는다. 왕의 초상을 봉안하기 위한 창덕궁 내의 선원전·영희전(永禧殿)과 관련된 기록에서 왕비의 초상을 제작해 봉안했다는 언급이 전혀 없는 것이다.[13] 다만《숙종실록》을 보면 왕비의 초상이 왜 사라졌는지를 간접적으로나마 짐작할 수 있다.[14] 숙종 21년인 1695년 8월 숙종은 종친인 임창군(臨昌君) 이혼(李焜)과 전(前) 응교[應敎; 홍문관에 속해 학문 연구와 교명(教命) 제찬(制撰)에 관한 일을 맡아보던 정4품 벼슬이다] 김진규(金鎭圭)에게 인현왕후 민비(閔妃, 1667~1701)의 초상화를 그리라고 명한다. 하지만 종친과 외척이 관청의 공식 업무가 아닌 일로 궁중에 드나드는 것은 합당한 명분이 아니라는 신하들의 반대에 부딪혀 이 일은 무산되고 만다. 하지만 이 기록에서 우리는 여러 사항을 추리할 수 있다. 숙종은 반대하는 신하들에게 이렇게 말한다.

> 조종조에 왕후의 영정을 대내(大內)에 간직한 일이 있었다. 하지만 그때 그림을 잘 그리는 여인이 꼭 있는 것은 아니어서, 그림을 그릴 사람은 종실과 외척의 손을 벗어나지 않는다. 내가 중전의 초상에 뜻이 있어 여러 방면으로 종반(宗班)에게 물어보았으나, 한 사람도 없었다. 임창군 이혼과 전 응교 김진규로 하여금 궐내로 출입하면서 대사를 마무리 짓게 하라.[15]

숙종은 그전에는 왕비의 초상을 궁궐 안에 두는 일이 있었다고 말한다. 이런 이야기는 숙종의 경험이나 기억이 뒷받침된 것일 테니, 숙종 이전의 왕들은 왕비의 초상을 제작했으리라 짐작할 수 있다. 그리고 그 제작자가 여성이 아니라 종척의 신하, 곧 왕비의 친족들이었다는 사실도 알 수 있다. 숙종이 처음에 "내간(內間)에 초상화를 그릴 일이 있지만, 이곳은 중관화사(中官畫師)가 입참(入參)할 곳이 아니"라는 이유로 임창군 이혼과 김진규에게 하명한 것도 전자는 종친이고 후자는 숙종의 전비(前妃) 인경왕후(仁敬王后)의 오빠로서 외척 관계였기 때문이다.■

신하들은 숙종이 김진규에게 명을 내린 것을 두고, 애초 그림을 그리려던 대상이 1680년 사망한 인경왕후인 줄 알았다고 말한다. 이에

■ 김진규는 그림에 능숙한 사람이었다. 숙종은 그가 광성부원군(光城府院君)을 지낸 부친 김만기(金萬基)의 초상을 잘 그렸다는 점을 지적하고 있다.

대해 숙종은 "승하한 지 오랜 인물을 어떻게 기억을 더듬어 모사할 수 있겠느냐?"[16]라고 말한다. 이런 내용을 보건대, 그때까지는 왕후의 초상화를 왕후가 살았을 때 제작하지 않고 사후에 제작했음을 알 수 있다.

한편 이때 숙종이 왕후의 초상화를 그리려 한 의도 역시 검토해볼 필요가 있다. 《숙종실록》의 사관은 이렇게 말한다. "대개 임금은 중전이 온갖 어려움을 맛보았음에도 아름다운 덕을 갖추고 허물이 없는 것을 생각하여, 자손들이 모두 그 얼굴을 우러러볼 수 있었으면 하고 바란 것이다. 한편 평소 그림 감상을 좋아했기 때문에 이 일을 추진한 것이다."[17] 이때 인현왕후는 생존해 있었다. 즉 인현왕후의 초상화를 제작하고자 했던 뜻은 왕후 사망 이후 영전에 모시기 위해서가 아니었다. 그렇게 본다면 이 시기에는 영전에 모시기 위한 왕후의 초상 제작은 이미 사라진 관습이었다는 이야기다.

신하들이 죄다 남성인 한 초상을 그리기 위해 왕후와 접촉할 수는 없었다. 숙종은 초상을 그릴 때 인현왕후의 아버지인 민유중(閔維重)과 오빠인 민진후(閔鎭厚)를 같이 입시하도록 하자는 타협안을 제시했지만, 신하들은 끝내 그것을 거부했다. 또한 그림을 그려야 하는 당사자 김진규 역시 왕의 명을 따르지 않아 초상 제작은 결국 무산되고 만다. 이후 왕후의 초상에 관한 기록은 영원히 사라진다.

16세기 말까지 그려진 사대부 가문 여성의 초상

왕과 왕후의 초상화 외에 사회의 지배계급인 귀족이나 고급 관료의 부부 초상을 그리는 고려 풍습 역시 조선 전기에는 그대로 유행했으

그림 1
작자 미상, 〈조반 부인상〉, 국립중앙박물관

그림 2
작자 미상, 〈조반 초상〉, 국립중앙박물관

며, 이 경우에는 지금까지도 더러 실물이 남아 있다.

조반(趙胖, 1341~1401) 부부상이 대표적이다. 조반은 고려 말의 문신으로 조선 개국에 협조해 개국공신 2등에 책록된 인물이다. 현재 국립중앙박물관이 소장한 〈조반 부인상〉과 〈조반 초상〉은 조선 후기에 다시 만들어진 이모본이기는 하지만(그림 1·2), 원형을 충실히 간직한 작품이다. 고려의 여성 초상화와 마찬가지로, 이 그림에서 조반 부인은 등받이 없는 의자에 앉아 단정히 손을 모은 모습이다.

조선 세종 때의 문신으로 영의정 자리까지 오른 하연(河演, 1376~1453)의 부인을 그린 초상도 3본이 남아 있다. 우선 경상남도 합천군 야로면(冶爐面) 야로리 타진당(妥眞堂)에 1본이 있고, 충청북도 청원군 우록영당(友鹿影堂)에 1본이 있으며, 전라북도 무주군 무풍면(茂豊面) 현내리(縣內里) 영당에 나머지 1본이 있다. 현내리 영당에 있는 것은 그 축소판이 화첩으로도 전해온다.[18]

〈그림 3〉은 타진당 소장본으로, 하연의 아들 하우명(河友明)이 그린 것을, 부인이 죽고 나서 하연의 묘 근처에 영당을 세워 함께 봉안했다가 그 뒤 야로리로 옮겼고 이를 인조 18년(1640) 하연의 외손인 영남관찰사 구봉서(具鳳瑞)가 다시 본떠 그린 것이라고 한다. 물론 그 뒤에도 숙종에서 영조 연간에 가채를 했던 것으로 판단된다.[19] 현재의 그림이 전체적으로 원형을 아예 잃지는 않았겠지만, 아마 디테일에서는 원형과 좀 멀어졌을 것이다.

하연 부인은 얼굴에 연지와 곤지를 찍고 족두리를 쓰고 의자에 앉아 있다. 좌상이다. 그런데 무주군 현내리 영당에서는 부인의 초상이 하연의 화상과 함께 걸려 있다. 이 그림이 그려질 당시만 해도 남편과 더불어 초상화를 제작하던 고려 이래의 유풍을 그대로 따랐던 것으로 보인다.

이 외에 세종 때 아악(雅樂)을 정리한 박연(朴堧, 1378~1458) 부부의 초상이 3본 남아 있는데, 가장 고본(古本)으로 추정되는 것이 국립국악원에 걸려 있고, 근래에 다시 본떠 그린 것이 전라남도 곡성군 오봉사(梧峰祠)와 충청북도 영동군 난계사(蘭溪祠)에 각각 봉안되어 있다. 이 3본은 모두 동형동규(同形同規)인데, 그중 오봉사본만 박연과 그 부인을 두 폭으로 분리했을 뿐 나머지 그림들에서는 부부가 같이 한 폭에 그려졌다.[20] 물론 부부를 한 폭에 그린 것이 원형이다.

박연은 고려 말에 태어나 주로 세종 때 활동한 인물이다. 세종과 세

그림 3
작자 미상, 〈하연 부인상〉,
경남 합천군 야로면 야로리 타진당

조 때까지는 고려의 사회풍습이 여전했으므로 부부가 동시에 등장하는 초상화 역시 고려의 유제라고 말할 수 있다. 즉 그것은 공민왕과 노국대장공주가 한 폭에 같이 그려진 것과 동일한 사회적 풍습인 것이다. 기본 복색과 앉아 있는 자세도 공민왕과 노국대장공주 초상과 동일하다(그림 4).

더욱이 이런 식으로 그리는 부부 초상화가 꽤 유행했던 것 같다. 세종·세조 연간에 고급 관료였던 정식(鄭軾, 1407~1467) 부부의 초상

그림 4
작자 미상,
〈박연 부부상〉,
충북 영동군 난계사

그림 5
작자 미상, 〈정식 부부상〉,
전남 나주군 설재서원

화도 그런 그림 가운데 하나다. 세조가 온양행궁(溫陽行宮)에 갔을 때 화재가 났는데, 수행하던 정식이 세조를 업고 나와 왕의 목숨을 구했다고 한다.[21] 〈그림 5〉는 바로 그 이야기를 그린 것으로, 부부가 같이 등장한다.

〈정식 부부상〉은 원본이 아니다. 원본은 1920년대 초반■ 도난을 당했고, 그래서 다시 그린 것이다. 완벽하게 복원되었다고 확언할 수는 없지만, 조선 초기 부부 초상화가 지닌 면모가 사라지진 않은 것으로

■ 조선미 선생은 《한국초상화 연구》에서, 60년 전에 도난당해 다시 그린 것임을 후손이 증언했다고 밝힌다. 《한국초상화 연구》가 1982년에 간행되었으니, 60년 전이면 대체로 1920년대 초반이다.

1장 조선 전기―유교의 이름 아래 가려지는 여성들   55

보인다.

박연과 정식 부부의 초상화에서 볼 수 있듯이 여말선초에는 부부의 초상을 동시에 그리는 일이 여전히 유행했던 것이다. 여말선초의 문신 권근(權近, 1352~1409)은 정도전(鄭道傳)과 그의 부인 경숙택주(慶淑宅主) 최씨의 초상에 〈삼봉선생진찬(三峯先生眞讚)〉과 〈경숙택주진찬〉을 썼는데,[22] 정도전이 이 두 편의 찬에 다시 이렇게 덧붙였다.

> 아래 두 편의 진영찬(眞影贊)은 양촌 권가원(權可遠)이 지은 것이다. 찬양할 만한 모습이 못 되는데 어찌 선생의 붓을 욕되게 하랴? 그런데도 그 말에 과분함이 있으니 내가 심히 부끄러워한다. 그러나 종유(從游)한 것이 이미 오래되었으므로 서로 관찰한 것도 깊을 것이니 속일 수 없는 것도 있을 것이다.
> 최씨의 진영찬은 곧 그림 밖에서 정신을 얻은 것이다. 그리하여 이를 기록하여 자손에게 보이는 것이다.[23]

이 글에서 권가원은 권근이고[가원이 그의 자(字)다], 최씨란 정도전의 부인 최씨를 가리킨다. 정도전의 발언으로 미루어볼 때 정도전과 그의 아내 최씨의 초상화는 그들이 생존했을 때 제작되었으며, 그것에 대해 친구들끼리 찬을 써주는 일도 있었던 모양이다. 뒤집어 말하면, 부부의 초상화를 함께 제작하는 일이 결코 이상한 일이 아니었던 것이다.

이 외에도 현재 확인할 수 있는 여성 초상화로 신사임당(申師任堂, 1504~1551)의 초상화가 있다.[24] 작품을 직접 보지 않아 무어라 말하기는 어렵지만, 신사임당 생시에 제작된 진본으로 보기는 어렵다고 한다. 조선미 선생은, 당시 명망 있는 화사(畵師)가 그린 솜씨로는 보이지 않고, 그림이 지본(紙本) 크기라는 점 그리고 영정 위 양쪽에 구멍이 난 점 등으로 보아 덕수(德水) 이씨 집안의 내당에서 사임당의 덕을 사모하여 게안용(揭安用)으로 사용했던 것으로 추정된다고 한다.[25] 신사임당은 16세기 중기까지 살았고, 또 이 초상이 이후 계속 사용된 것으로 보이니, 적어도 16세기 말까지는 여성의 초상을 그리는 풍습이 이어졌던 게 분명하다.

초상화의 자리를 차지한 신주

여성의 초상을 그리는 풍습은 16세기 말까지 확인되지만, 그 풍습이 점차 축소되는 추세였던 것 또한 확실하다. 아니 여성은 물론 남성의 초상을 그리는 풍습마저 점차 사라지고 있었다.

세조가 단종을 내쫓고 왕위를 찬탈하자, 벼슬을 단념하고 경상도 함안으로 낙향한 절의지사(節義之士) 조려(趙旅, 1420~1489)의 조부 조응경(趙應卿)이 요절한 부모의 초상을 제작한 적이 있다. 조응경은 아버지 조수만(趙壽萬, 1469~1491)과 어머니 진산 하씨(晉山河氏, 1465~1490)가 모두 20대에 사망했기에 부모의 얼굴을 기억할 수 없었다. 그는 장로(長老)와 친척을 찾아다니며 그 모습을 물어 1526년 두 사람의 초상을 완성한다. 그리고 어득강(魚得江)에게 화상찬(畵像讚)을 써달라고 부탁한다.[26] 대개 16세기 초까지는 부모의 초상화를 그려 모시는 풍습, 특히 여성의 초상화를 그리는 풍습이 남아 있었음을 다시 한 번 증명해주는 것이다.

불교식이건 유교식이건 간에 돌아가신 부모를 추념하기 위해 부모의 화상을 제작하는 것은 당시의 사회 풍습이었고, 여성의 초상 역시 그 과정에서 탄생했다. 그렇다면 당연히 양반이 아닌 평민도 그 풍습을 따랐을 것이다. 예컨대 성종 2년(1471) 6월 23일 예조는 전라도 관찰사의 보고에 따라 전주 사람 진무부위(進武副尉) 박유성(朴有誠)이 부모가 죽은 후 묘 옆에서 삼년상을 치르고 부모의 초상을 그려 음력 초하룻날과 보름날 계속 제사를 올리고 있다며 정려(旌閭)할 것을 요청했다.[27] 정려란 충신, 효자, 열녀 등을 그들이 사는 동네에 정문(旌門)을 세워 표창하던 일을 말한다. 또한 성종 3년 9월 16일에는 평안도 관찰사의 보고를 따라 삼등(三登) 사람 봉직랑(奉職郞) 지중련(池中連)이 부모가 죽자 따로 집을 지어 화상을 봉안하고 아침저녁으로 영전에 제사를 올리는[朝夕奠] 효성이 있다며 이조와 병조에서 벼슬자리를 줄 것을 요청했다.[28] 연산군 7년(1501) 8월 12일에는 경상도 관찰사가 청도(淸道)의 양갓집 딸 종비(終非)가 부모가 죽은 뒤 영당을 마련해 아침저녁으로 제사를 드리는 조석전을 10년 동안이나 올렸다면서 표창을 청했다.[29]

지중련과 종비는 초상을 모시는 공간, 즉 영당을 따로 마련한 것인데, 경제적으로 여유가 있는 경우에는 이처럼 영당을 지어 초상을 봉안했던 것이다. 그리고 이 역시 고려의 유제를 그대로 따른 것이었다. 또 《중종실록》에 여성이 남편 사후 그 초상을 그려 제사를 지내는 경우가 실린 것으로 보아, 부모 외에도 사후 영정을 만드는 풍습이 남아 있던 것으로 보인다.[30]

다만, 어득강이 쓴 화상찬 기록에는 눈여겨봐야 할 중요한 언급이 있다.

선유(先儒)는 부모의 화상이 한 오라기라도 본모습과 닮지 않은 것을 꺼
렸다. 이것은 나무신주를 중시하는 주장인데 너무 고집스런 것이 아니
라?[31]

선유, 즉 옛 선비가 부모의 초상이 원래 모습과 약간이라도 닮지 않은 것을 꺼렸다는 말은 결국 완전히 동일한 초상이 아니라면 전혀 다른 인물을 보고 추념하는 것이 된다는 지적이다. 이것이 결국 화상 제작을 꺼리는 대신 나무로 제작한 신주를 선호하는 이유가 된다. 여기에는 다 그럴 만한 이유가 있다.

앞서 신사임당의 예에서 지적한 바와 같이 대체로 16세기 말까지는 여성의 화상이 제작되었던 것이 분명하게 확인된다. 하지만 임진왜란과 병자호란 양란 이후 여성의 화상이 사실상 나오지 않고 또 남성의 화상 역시 대폭 줄어든 데는 그만한 이유가 있다. 여성 화상의 제작이 줄어든 것은 단계적 부계친족제가 이루어짐에 따라 여성의 사회적 위상이 추락한 것과 관련되겠지만, 동시에 화상을 제작하는 일 자체가 대폭 줄기도 했던 것이다.

초상화 제작이 줄어든 것은 유가적 의례(儀禮)가 본격적으로 도입된 것과 관련된다. 즉 영당 혹은 영전을 세우고 초상화를 봉안하는 풍습이 고려 때 성행했지만, 조선에 와서는 성리학의 도입으로 유가적 의례가 사회 전반에 스며들어 영당과 영전 건립은 그만큼 적어진 것이다. 세종 14년 1월 18일, 조선의 법규와 법전 제정 혹은 정책 및 제도를 마련하기 위해 임시로 설치한 기구인 상정소(詳定所) 제조 황희(黃喜)의 건의를 예로 들어보자. 황희는 《근사록(近思錄)》 9권 〈치법(治法)〉에 있는 송대 성리학자 정이(程頤)의 말을 인용한다. 정이의

말은 이렇다.

> 집에는 반드시 사당(廟)이 있어야 하고, 사당에는 반드시 신주가 있어야 한다.³²

집에는 반드시 사당이 있어야 하고 사당에는 반드시 신주가 있어야 한다는 말은 언뜻 평범한 이야기로 들리겠지만, 결코 그렇지 않다. 이 말은 초상화를 배제하는 힘을 갖는다. 이 인용문에 이어 정이는 초상화 제작 자체를 문제 삼는다.

> 지금 사람들은 영정으로 제사를 지내지만, 혹 수염 한 올 머리칼 한 올이라도 같지 않다면, 지내는 제사는 곧 딴 사람에게 지내는 것이니, 아주 옳지 않다.³³

정이의 시대, 즉 송나라 때는 초상화를 모시고 제사를 지내는 것이 일반적이었다는 사실이 확인된다. 하지만 정이는 초상화가 본래 인물과 완전히 동일할 수 없으므로, 동일하지 않은 초상에 제사를 올리는 것은 다른 사람에게 제사를 올리는 일과 다름없으므로 불가하다는 논리를 편다.

황희는 정이의 말을 인용하고 그것을 정당화하기 위해 주자가 편찬한 《문공가례(文公家禮)》, 곧 《주자가례》를 인용한다. 《주자가례》는 조선이 수용한 성리학적 예와 의식의 규준서다. 황희는 《주자가례》 '사당(祠堂)'에 딸린 "사마공(司馬公)의 《서의(書儀)》에는 영당(影堂)이라 했는데, 선생(朱子)이 사당(祠堂)으로 바꾸었으니, 고인이 제사

때 영정(影幀)을 사용하지 않았기 때문이다"[34] 라는 주석을 인용한다. 곧 주자가 초상화를 사용하지 않는 것이 옳다고 했다는 이야기다. 그리고 이어 《주자가례》의 '영좌를 마련하고 혼백을 설치한다(置靈座設魂帛)'에 딸린 사마광(司馬光)의 말을 인용한다.

> 세속에서는 모두 화상(畫像)을 혼백 뒤에 둔다. 남자의 경우 살았을 때 초상을 그려둔 것이 있어 사용한다면 달리 할 말이 없을 것이지만, 부인의 경우 깊은 규방 안에 지내고 외출 때는 얼굴을 가리고 다녔으니, 죽은 뒤 어떻게 화공이 곧장 깊은 방에 들어가 얼굴을 덮은 비단을 걷고 붓을 잡아 그 생김새를 짐작해 얼굴 모습을 그리게 할 수 있겠는가! 이것은 아주 예에 어긋난 일이다.[35]

사마광은 남성의 경우 생존했을 때 초상을 그리지만, 여성은 늘 규중에 있거나 외출을 하더라도 얼굴을 가리기 때문에 초상을 그릴 수가 없고, 결국 죽은 뒤 그릴 수밖에 없는데 어떻게 시신을 덮은 명주를 걷고 죽은 여성의 초상을 그릴 수 있겠느냐고 반문한다.

황희는 《근사록》과 《문공가례》에 입각해 옛 선비들이 제사 때 영정을 쓰지 않았던 것이 확실하다고 주장한다. 나아가 그는 태종의 비 원경왕후의 혼전(魂殿)인 광효전(廣孝殿)을 세울 때 태종이 "부인은, 누가 그 도상을 그리겠는가!" 하며 예관에게 신주만 세우라고 명한 사실을 떠올린다.[36] 결국 황희는 태종이 만든 법을 따라 원묘(原廟)에 초상화 없이 신주만 봉안하자고 주장한다.

황희의 주장에 정초(鄭招)는, 선유의 말을 살펴보건대 제사에 영정을 쓰지 않는 것은 정묘(正廟)에만 해당하는 것이고 원묘에 대해서는 선유도 그렇게 하지 않았다며 원묘에 초상화를 봉안하자고 청했지만, 세종은 황희의 의견을 따랐다. 역사는 이미 성리학적 의례를 수용하는 방향으로 움직인 것이다.

그러한 변화를 보여주는 좀 더 명확한 증거를 허균이 쓴 글에서 찾을 수 있다. 조선 초기의 문신 성순조(成順祖)의 화상에 허균이 붙인 기문 〈고형조참판성공화상기(故刑曹參判成公畫像記)〉이다. 그는 조선은 화상을 좋아하지 않는다고 단언한다.

> 우리나라의 풍습은 화상을 좋아하지 않기 때문에 초상을 그려 전하는 사람이 아주 드물다. 오직 공신(功臣)의 자리에 든 사람이라야 화상이 있는 법인데, 그것도 관(官)에서 그려주었을 뿐 그 집안에서 직접 그린 것이 아니기에 아주 형편없는 수준임을 알 만하다.
> 중국에서는 이름난 사람이나 올바른 선비는 화상이 있게 마련이고, 또 그것이 후세에 길이 전해진다. 후세 사람들은 존경심을 표하고 마치 그 사람을 직접 만난 듯 여긴다. 아들과 손자들은 자신의 아버지나 조부의 초상을 그려 걸어놓고 아침저녁으로 섬기며 마치 직접 말씀을 듣는 것처럼 여겨 바라고 사모하는 마음을 품고, 후대의 자손들은 비록 그 얼굴을 직접 뵙지는 못했지만 초상을 보고 돌아가시기 전처럼 그 본래의 생김새를 떠올릴 수 있으니 어찌 유쾌하지 않은가? 우리나라가 화상을 높이 평가하지 않는 것은 정말 개탄스런 일이다.[37]

허균은 16세기 말과 17세기 초를 살았던 사람이다. 이 문헌에 따르면, 그의 시대에는 화상을 그리는 일이 매우 드물어진 것이다. 이는 아마도 화상을 이미 신주로 교체했기 때문일 터이다. 물론 그렇다고 해서 화상이 아예 사라지지는 않았겠지만, 상대적으로 화상이 드물게 되었고, 여성의 초상은 더더욱 희귀해졌을 것이다.

3

미인도는
왜 남겨두었을까?

─ 도덕적 매뉴얼과 미인도의 미학

●

　성리학은 모든 인간이 도덕적 존재가 되는 것을 목표로 삼았다. 그런데 도덕적 존재가 되는 길은 무엇인가. 성리학은 그 길이 욕망 통제에 있다고 보았다. 하지만 성리학자들이 식욕이나 성욕 같은 육체적 욕망을 아예 부정한 것은 아니며, 다만 그 욕망이 지나치면 부도덕하다고 인식했다. 물론 어떤 상태를 지나친 것으로 봐야 하는가, 그리하여 어떤 상태를 결국 부도덕하게 봐야 하는가는 사실 모호하기 짝이 없었다. 또한 그것이 남성과 여성, 지배계급과 피지배계급 모두에게 동일한 기준으로 적용되어야 하는가도 매우 모호했다.
　건국 후 점차 체제가 안정되자 조선에서는 《소학》이 지시하는 도덕적 매뉴얼로 육체적 욕망을 통제하는 인간형이 출현했다. 앞서 언급했던 조광조를 위시한 기묘사림이 바로 그들이다. 조광조는 기묘사화로 실각하지만, 사림은 선조조(宣祖朝)에 이르러 다시 정치권력을 장악한다. 이른바 《소학》의 도덕적 매뉴얼에 따라 의식화된 사대부들이 국가와 사회의 전면에 나선 것이다.

조선이라는 국가의 건설은 필연적으로 사림의 출현을 가져왔다. 사림, 곧 도덕적 사대부의 출현과 이 장에서 이야기할 '미인도'를 관련시키자면, 당연히 이들 사대부는 남성 성적 욕망의 미적 형상물인 미인도를 배제해 마땅했다. 하지만 사대부들의 나라 조선에서도 미인도는 사라지지 않았고, 도리어 즐겨 구경하는 완상(玩賞)의 대상으로서 환영받았던 것으로 보인다. 여기에는 그들이 기녀제(妓女制)를 혁파하려 했다가 결국 그대로 존치(存置)한 것과 동일한 이유가 작용했을 것이다.

완상의 대상이었던 여인도

그럼 조선 전기의 미인도에 대한 구체적 문헌자료를 검토해보자. 실물은 남아 있지 않아도, 문헌자료를 통해 조선 전기에 상당한 양의 미인도가 존재했음을 짐작할 수 있다. 조선 전기에 간행된 문집들을 보면, '미인'을 제재로 삼은 '미인도' 혹은 '여인도'라고 불리는 그림이 감상의 대상으로 유행했음을 확인할 수 있는 것이다. 먼저 미인도가 제작되었음을 알려주는 자료를 보자. 조선 전기 문화에 대한 보고서 《용재총화(慵齋叢話)》에서 성현(成俔, 1439~1504)은 당시의 화가와 그림에 대해 이렇게 비평한다.

> 물상(物像)을 그려내는 것은 천기(天機)를 얻은 사람이 아니면 정밀하게

할 수가 없다. 한 가지 사물을 정밀하게 그릴 수 있다 해도 여러 사물을 모두 정밀하게 그리기는 더더욱 어려운 것이다.

우리나라에는 이름난 화가가 매우 적다. 가까운 시대부터 살펴보자면, 공민왕의 화격(畵格)이 아주 높았다고 평가된다. 지금 도화서(圖畵署)에 간직된 노국대장공주의 진영과 흥덕사(興德寺)에 있는 〈석가출산상(釋迦出山像)〉은 모두 공민왕의 솜씨다. 간혹 큰 저택에 왕이 그린 산수화가 있는데 매우 기이하고 절묘하다. 윤평(尹泙)이라는 사람도 산수화를 잘 그렸다. 지금 많은 사대부가 그의 그림을 소장하지만, 필적이 평담(平澹)하고 기취(奇趣)가 없다.

본조(本朝)에 이르러 고인(顧仁)이라는 사람이 중국에서 왔는데 인물화를 잘 그렸다. 그 뒤 안견(安堅)·최경(崔涇)이 같이 이름을 날렸는데, 안견의 산수화와 최경의 인물화는 모두 신묘한 경지에 들어갔다. 지금 사람들은 안견의 그림을 금옥(金玉)처럼 아끼며 간직한다.

…… 강인재(姜仁齋)는 천기가 높고 오묘하여 고인이 헤아리지 못한 경지를 깨쳤다. 산수화와 인물화가 모두 뛰어났다. 언젠가 그가 그린 〈여인도〉를 보니 털끝만큼도 어긋나거나 잘못된 곳이 없었다. 〈청학동(靑鶴洞)〉·〈청천강(菁川江)〉의 두 족자와 〈경운도(耕雲圖)〉도 모두 기이한 보배였다.[38]

조선 전기 화가들의 회화에 대한 비평이다. 주목할 것은 강인재, 곧 강희안(姜希顔, 1417~1464)이 그린 〈여인도〉의 존재다. 〈여인도〉의 '여인(麗人)'은 미인을 뜻한다. 그의 미인도가 "털끝만큼도 어긋나거나 잘못된 곳이 없었다(毫髮無差訛)"고 했으니, 이는 그가 정확하게 그렸음을 지적한 말이다. 따라서 강희안의 미인도가 실제 미인과 조금도 다르지 않았다는 뜻으로 이해된다.

강희안과 같은 사대부가 미인도를 그린 화가였다는 것은, 이 시기 사대부들이 미인도 감상을 꺼리지 않았고, 본인이 직접 여성을 대면해 그리는 데도 별 저항감을 느끼지 않았다는 증거다. 물론 그렇다고 해서 도덕적 금기가 전혀 없었던 것은 아니다.

성현은 미인도에 대한 또 다른 흥미로운 기록인 〈여인도 뒤에 쓰다(題麗人圖後)〉라는 글도 남기고 있다.

> 신축년(1494, 성종 23) 원일(元日) 상(上, 成宗)께서 세화(歲畫) 여섯 폭을 내어 승정원에 하사하셨다. 승지 여섯 명이 추첨을 해서 나누어 가졌는데, 기지(耆之, 蔡壽)는 사안석(謝安石)의 〈휴기동산도(携妓東山圖)〉를, 나는 〈채녀도(綵女圖)〉를 얻었다. 원본은 송설재(松雪齋)가 그린 것으로, 후대인이 본떠 그린 모본이었다.
>
> 좌중에서는 돌려가며 보고 웃으며 두 노인이 풍류와 가취가 있다고 했다.
>
> 그 뒤 해마다 봄이 되면 그림을 벽에 걸어놓고 보곤 했는데, 사람들은 그 그림이 문방의 완호물로는 적합지 않다고 조롱하곤 했다. 하지만 나의 심지가 이미 굳게 정해져 외물을 마주친다 해도 물결 흘러가듯 달아나버릴 것이니, 어느 겨를에 나의 진심을 어지럽히겠는가? …… 진짜 여색도 마음을 동요시키지 못할 터인데, 하물며 그림으로 그린 가짜 여색이 할 수 있겠는가? 그리고 임금께서 내리신 것이니, 어찌 아름답게 보고 함께하지 않을 수 있으랴?[39]

성종이 하사한 그림은 새해를 기념하기 위해 궁중에서 그려 정초에 고급관료들에게 하사하는 세화였다. 1494년 1월 1일 성종이 궁중에서 소장하던 그림 여섯 폭을 승정원 승지에게 하사했고 그것을 추첨해 나누어 가졌는데, 이때 채수(蔡壽, 1449~1515)는 진(晉)나라 사안석이 동산에서 기생을 끼고 있는 것을 제재로 삼은 그림을, 성현은 〈채녀도〉, 곧 궁녀를 그린 그림을 받았다. 두 그림 모두 송설재, 곧 조맹부(趙孟頫, 1254~1322)의 원작을 의방(依倣)한 작품이었다.

세화로 미인도를 그려주었다는 건 미인도를 선호하고 감상하는 풍습이 있었음을 입증한다. 성현은 봄이 되면 성종이 하사한 〈채녀도〉를 걸어놓고 감상했고, 그러자 동료들이 여색을 좋아하는 것 아니냐며 그를 조롱했다. 성현은 자신은 외물의 유혹에 흔들리지 않는다는 것, 임금이 하사한 그림이라는 것, 그리고 마지막으로 '성색' 곧 여색과 음악으로 인해 자신을 그르친 사람을 오히려 경계하는 방법이 된다는 것을 감상의 구실로 내세웠다.

하지만 당연히, 봄이 되면 미인도를 꺼내 감상하는 행위 이면에는 성적 욕망이 있다. 이 기록에서 봄과 성욕은 밀접한 관계를 갖는다. 봄에 피어오르는 욕망을 다들 의식했기 때문에 "문방의 완호물로는 적합지 않다"라는 조롱이 나온 것이다. 사실상 그건 성적 욕망을 노출하는 사람에게 가하는 윤리적 경고다. 이에 대해 성현은 자신은 여색에 동요하지 않을 뿐만 아니라, 종이에 그린 여색에는 더더욱 동요하지 않는다고 군색한 변명을 늘어놓는다. 게다가 왕의 하사품이라는 핑계까지 동원해가며 반론의 가능성을 봉쇄한다.

성현의 사례를 통해 미인도 감상이 사실상 성적 욕망을 충족하는 한 방편이었음을 감지할 수 있다. 그리고 사대부는 그러한 감상 행위에 대한 윤리적 비판까지 예민하게 의식하고 있었다. 조선이 성리학을 국가 이데올로기로 삼으면서 미인도 역시 본격적으로 윤리적 비판의 대상이 된 것이다. 또 하나의 사례로 신용개(申用漑, 1463~1519)가 전하는 유순(柳洵)의 일화를 보자. 신용개는 유순의 묘지명에서 성종이 유순을 불러 미인도를 보여주고는 그에 관한 시를 지어 올리라 명했을 때의 이야기를 전해준다. 유순이 성종의 명에 따라 시를 지었는데 그 맨 끝에 "임금이 이제 여색을 멀리해 그림을 펴보자마자 눈살을 찌푸린다"라고 써서 성종을 감동시켰다는 것이다.

> 미인도 시 끝에 "임금이 스스로 여색을 멀리하여 그림을 펴보고도 오히려 한번 눈살을 찌푸린다" 하자, 성종이 칭찬하고 공인을 시켜 병풍을 꾸미게 했다.[40]

윤리적 언어로 성적 욕망을 비판함으로써 미인도 감상에 정당성을 부여하는 방법으로 도리어 미인도는 감상의 대상이 된 것이다. 이것이 윤리를 표방한 조선사회에서 성적 욕망의 미적 표현물인 미인도가 존재할 수 있는 근거였다. 다시 말해 사대부들은 미인도를 감상하되 여색, 즉 성적 욕망에 몰입하지 않는다는 것을 적극 표명하여 스스로 성적 욕망을 통제하는 도덕적·윤리적 원칙을 잊지 않고 있음을 주지시키는 방식으로, 미인도를 감상하는 근거를 찾았던 것이다.

중국에서 수입한 미인도

이런 이유로 조선 전기에는 미인도가 다수 존재했고 사대부들이 미인도를 애호했음을 알리는 증거도 광범위하게 발견된다. 서거정(徐居正, 1420~1488), 최연(崔演, 1503~1546), 김흥국(金興國, 1557~1623),

정문부(鄭文孚, 1565~1624) 등 미인도에 제시(題詩)한 사례가 적지 않게 발견되기 때문이다.[41]

　이미 지적했듯이, 조선 전기의 미인도가 현존하는 미인을 그린 게 주류를 이루었을 것 같지는 않다. 상상에 의해 이상적 미인의 형상을 표현하는 경우가 대부분이었을 테고, 그중 다수는 서사적 성격을 띠었던 것으로 보인다. 예컨대 이후백(李後白, 1520~1578)의 문집《청련집(青蓮集)》에 남아 있는〈유내한(俞內翰)이 취하여 미인과 이별하는 그림에 쓰다〉라는 시는 이후백의 친구가 미인(아마도 기생)과 이별하는 모습을 그린 그림에 붙인 것으로 짐작된다.[42] 시는 이러하다. "언덕 나무 흐릿하고 안개 아니 걷혔는데, 뱃속에 남은 술기운에 부질없이 고개를 들어보네. 강물 깊이가 천 길이 아니라면, 이별의 슬픔을 만 섬이나 싣고 오리." 시의 내용을 보건대, 아마도 여자 곧 미인을 강가 언덕에 두고 남자가 배를 타고 떠나는 장면을 그린 것으로 보인다.

　요컨대 조선 전기의 미인도 대다수가 중국 고사에 등장하는 미인을 제재로 삼았다. 빼어난 미모의 소유자였으나 화공인 모연수(毛延壽)에게 뇌물을 바치지 않은 탓에 늘 용모가 추하게 그려진, 그래서 한나라 황제인 원제(元帝)에게 사랑을 받지 못한 나머지 기원전 33년 흉노의 호한야 선우(呼韓邪單于)에게 시집을 가야만 했던 왕소군(王昭君)의 비극이, 이 시기 미인도의 제재로 자주 선택되었다. 이런 사실을 말해주는 최초의 문헌적 증거로는 주세붕(周世鵬, 1495~1554)의〈명비출새도(明妃出塞圖)〉에 붙인 제시를 들 수 있다. 여기서 명비란 왕소군을 가리킨다. 시의 내용으로 그림의 장면을 짐작해볼 수 있다. 아마도 푸른 눈썹달이 뜬 밤이었을 것이다. 융단을 친 수레들이 북쪽을 향해 가고 왕소군은 비파를 연주한다.[43]

왕소군의 이야기는 또 다른 여러 그림에서 변주되었다. 이홍남(李洪男, 1515~?)의 〈명비출새도 2수〉⁴⁴, 김홍국의 〈소군출새도(昭君出塞圖)〉⁴⁵, 이경여(李敬輿, 1585~1657)의 〈영명비출새도(詠明妃出塞圖)〉⁴⁶와 그 운자를 따서 최명길(崔鳴吉, 1586~1647)이 지은 〈차백강명비출새도운(次白江明妃出塞圖韻)〉⁴⁷ 같은 작품이 그 증거다. 왕소군의 고사 외에도 초나라 양왕(襄王)이 꿈속에서 만나 정교(情交)를 나누었다는 신녀(神女)⁴⁸도 당시 미인도에 자주 등장한 제재였다.

고사를 제재로 삼은 미인도는 중국에서 수입한 것이거나, 수입한 그림을 모작한 것일 가능성이 높다. 성현과 채수가 성종에게서 받았던 〈휴기동산도〉와 〈채녀도〉 역시 조맹부의 원작을 본떠 그린 것이 아니었던가. 고려 이래로 방대한 서화가 수입되었다는 사실은, 안평대군이 소장한 서화의 목록을 적은 신숙주(申叔舟)의 〈화기(畫記)〉만 봐도 충분히 알 만하다. 김안로(金安老)는 자신의 에세이 《용천담적기(龍泉談寂記)》에서 당·송대 화가들의 작품과, 고려·조선의 화가에 대해 비평한 뒤 이렇게 말한다.

> 고려 충선왕이 연경에 있으면서 만권당(萬卷堂)을 짓고는 이제현(李齊賢)을 불러 부중(府中)에 두고, 원나라 학사 요수(姚燧)·염복(閻復)·원명선(元明善)·조맹부와 교류하도록 하여, 전해오는 은밀한 전적들을 밝힌 것이 많았다. 그 뒤 노국대장공주가 고려로 올 때 각종 기물과 책, 서화 등을 배에 싣고 왔다. 지금 전해오는 오묘한 그림과 족자 중에는 그때 가져온 것이 많다고 한다.⁴⁹

고려 때 중국 땅에서 대량으로 그림이 수입되었다는 이야기다. 조선조에서도 명나라에 사신단을 파견했으니, 아마 이들도 적지 않은 그림을 수입해 들였을 것이다. 선조 때의 공신 이호민(李好閔, 1553~1634)도 사하포(沙河鋪)의 인가 담벼락에 있던, 왕소군이 비파를 연주하는 그림을 보고는 시를 남긴 적이 있다.[50] 이호민은 1599년 11월 사은사로 중국에 파견되었고 1601년에 그 업무에 관한 보고를 올렸으니 그 어림에 보았을 것이다. 이렇듯 조선의 관료 역시 외국에 나가 이런 그림들을 보게 되었을 테고 관심이 끌렸을 것이며, 수입까지 해왔을 가능성이 충분하다.

전쟁의 와중에서 미인도를 얻게 되기도 했다. 윤근수(尹根壽)의 장인 조안국(趙安國)은 을묘왜변(1555) 때 전라도 흥양현(興陽縣)의 녹도(鹿島) 전투에서 배 한 척에 탔던 왜구를 깡그리 생포했고, 그 배에서 얻은 노획물을 사위인 윤근수에게 주었다. 그때 압수한 물건 중에는 생초(生綃)를 입은 미인의 반신상을 그린 그림도 있었다. 손에 흰색 꽃을 들고 향기를 맡는 모습이었다. 미인도에는 작자 당인(唐寅)이 쓴 시와 그의 도장이 찍혀 있었다. 경로는 알 수 없지만, 당인의 그림이 일본에 흘러들었다가 을묘왜변 때 다시 조선으로 건너오게 된 것이다. 윤근수는 중국 쪽 문헌을 보고 당인이 중국 소주 출신의 저명한 문인이자 화가이며, 또 부정한 사건에 연루되어 영원히 과거를 치지 못한 채 오직 문장과 서화로 이름을 날린 사람이라고 소개하고 있다. 그리고 그 미인도는 임진왜란 때 잃어버렸노라고 밝힌다.[51]

나뭇잎에 시를 쓰고 거문고를 타는 미인

그렇다면 실제 조선 전기를 살았던 조선 화가가 그린 미인도는 아

예 없었던 것일까? 이에 대해 간단히 살펴보자. 우선 백사 이항복(李
恒福, 1556~1618)이 쓴 한시 〈이흥효의 미인도에 쓰다〉를 읽어본다.

> 서리에 취한 저 늙은 나무 비단처럼 빛나는데
> 굽은 연못에 찬 가을기운 돌자 부용이 시들었다
> 차가운 비녀 자리를 비추자 잠에서 깨어나
> 우수수 지는 낙엽에 임 생각 어지럽네
> 뒤척이며 붓을 들어 이런 생각 저런 생각
> 부질없는 시름을 써보자니 부끄럽기 짝이 없네
> 세월은 마냥 흐르는데 임 소식 없고
> 돌난간 금앵(金櫻)은 하마 열매를 맺었구나
>   — 나뭇잎에 시를 쓰는 미인이다

> 숲 담장 밖 푸른 놀 피어오르는데
> 대나무 수척하고 솔은 늙고 파초 잎은 너푼너푼
> 서늘한 기운 얇은 여름적삼에 스미고
> 밤바람은 가는 치마띠를 흔드네
> 향기로운 기름 부드러운 섬섬옥수에 바른 터라
> 거문고 줄 미끄러워 타지를 못하겠네
> 여인이 어이 마음속 일 알리오?
> 머리 돌려 마주 보며 한가한 소식 말하네
>   — 거문고를 타는 미인이다

> 솔가지에 덮인 시내, 솔솔 바람이 불어오네

연기처럼 푸른 비단 시냇물에 빠노라니

고동 같은 쪽머리, 구름 같은 소매가 들쑥날쑥

매미 날개, 거미줄 같은 옷감은 물에서 흔들린다

빨 때마다 더 깨끗해지니

임 앞에서 춤추는 옷을 지어보고 싶구나

가없는 이 고운 맘 사람들 알 리 없어

집으로 와서 시름을 안고 베틀에 오르노라

— 비단을 빠는 미인이다.[52]

나뭇잎에 시를 쓰는 미인, 거문고를 타는 미인, 비단을 빠는 미인을 그린 세 폭의 그림을 보고 쓴 시다. 그림을 그린 이흥효(李興孝, 1537~1593)는 이상좌(李上佐)의 아들이고 또 화원(畫員)이다. 그런데 이흥효의 아들 이정(李楨, 1578~1607) 역시 채녀도(綵女圖, 宮女圖)에서 뛰어난 기량을 보였다고 한다. 박미(朴瀰, 1592~1645)는 병자호란을 겪은 뒤 자기 집에 소장하던 그림을 보수해 병풍으로 꾸몄는데, 이정이 그린 채녀도 여섯 폭도 그 속에 포함되었다. 박미는 이정의 채녀도는 아버지인 이흥효조차 따라가지 못할 수준이며 나중에는 뭇 장르에 뛰어났지만 역시 채녀도가 최고라고 평가했다.[53] 추측컨대 이흥효 같은 화원 화가들이 사대부들 요구로 다수의 미인도를 제작했던 것이다.

미인도는 성리학 윤리에 의한 의식화를 통해 신체를 도덕적 규율로 통제하려던 조선사회의 지배층, 곧 사대부와 원리적으로 보면 맞지 않는 것이었다. 하지만 사대부들은 성리학 윤리로 기녀제를 혁파하는 데 실패했듯이 미인도를 추방하는 데도 실패했다. 성리학 윤리는 가부장적이며, 한편으로 남성의 욕망을 일방적으로 관철하는 것이 목적이었기 때문이다.

덕분에 미인도는 이른바 '윤리'를 중시하던 조선에서도 남성의 성적 욕망에 대한 미적 표현물, 미인에 대한 남성의 로망을 풀어주는 것으로 존재하게 된다. 뒤이어 자세히 이야기하겠지만, 사대부의 은밀한 욕망이 감춰진 미인도와 대척되는 지점에는 여성에 대한 남성의 또 다른 욕망이 관철된 현장이라 할 만한 '열녀도'가 있었다. 이런 점에서 조선 전기의 미인도는 고려와는 다르게 새로운 배치 속에서 색다른 의미를 갖게 된다.

4

가부장적 미덕을
강요하다

— 설교의 수단으로 그려진 여성 그림

●

　성리학의 윤리는 성적 욕망의 표현 자체를 금기시했으니 미인도의 존재 자체가 성리학 윤리와 충돌하는 게 맞다. 하지만 성리학 윤리는 가부장적 속성이 있고, 그 가부장적 속성은 여성에 대한 남성의 욕망을 일방적으로 충족하려는 것이기 때문에, 한편으로는 남성의 성적 욕망을 오히려 합리화하고 제도화한다. 바로 이것이 '미인도'라는 형태의 그림이, 성리학을 국가 이데올로기로 삼은 국가 체제하에서도 살아남을 수 있었던 이유다. 하지만, 그럼에도 불구하고 그 욕망의 존재는 그것을 그리고 즐기는 이들에게 여전히 꺼림칙한 것일 수밖에 없었다.
　아니나 다를까. 조선 인조 때의 관료 이식(李植, 1584~1647)은 명나라 화가 구영(仇英, 1494~1552)의 〈여협도(女俠圖)〉에 붙인 발문에서 여성을 제재로 하는 회화의 속성에 대해 이렇게 지적하고 있다.

> 예로부터 여인을 그림으로 그릴 때에는 대개 감계(鑑戒)하는 뜻을 부치고자 함이니, 예컨대 ①열녀도(烈女圖)에 절개를 묘사했거나 ②주왕(紂王)이 술에 취해 달기(妲己)에게 기댄 그림 같은 것이다.
> 구생(仇生)이 여협도를 그리면서 꼭 이런 뜻이 있었는지는 모를 일이나, 요컨대 소재를 선택하는 데서는 순수하지 못했다고 할 것인데, 그런 중에도 의기(義氣)가 없는 사내를 경계시키기에는 충분하다고 하겠다.
> 게다가 동양공(東陽公)〔申翊聖〕이 꺼내어 보여주는 이 그림의 화품(畫品)이 그지없이 우수한 만큼 더더욱 보배로 삼을 만하다는 느낌이 든다.
> 숭정(崇禎) 계유년 섣달에 남궁외사(南宮外史) 이식이 쓰다.⁵⁴

구영은 명나라 중기의 화가로, 그의 그림이 다수 조선에 수입되었다. 이 글에서 이식은 구영이 취한 '여자 협객'이라는 제재를 꺼림칙해하고 있다. 같은 그림에 발문을 쓴 장유(張維, 1587~1638) 역시 협객이라면 '호협(豪俠)' '절협(節俠)' '선협(仙俠)' 등 모두 남자를 지칭하는데도 굳이 구영이 여자 협객을 그린 의도가 뭔지 모르겠다고 말한 바 있다.⁵⁵ 협객이란 본래 남성적 이미지를 갖고 있는데, 왜 여성 협객을 그렸느냐는 반문이다.

이식이 꺼림칙해한 것은 여성의 회화적 형상은 어떤 특정 주제를 담은 감계 아래 제작되어야 한다는 관념 때문이었다. 즉 도덕적 교훈이 될 만한 이야기가 여성 형상을 창작하는 원리여야 하고, 또 그림을 보는 사람들이 그 점을 찾아낼 수 있어야 한다는 것이다. 앞서 이식이 예로 든 열녀도란 무엇인가. 여성이 윤리적이거나 합법적으로 사회적 공인을 받은 배우자나 미래의 배우자에 대한 성적 종속성을 구현하기 위해 어떤 종류의 열행(烈行), 곧 정절을 잘 지킨 경우를 그린 그림이다. 그리하여 그림을 보는 이에게 도덕적 감정을 고양하거나, 정반대의 경우 여성의 관능에 미혹되어 국가와 사회, 가정을 붕괴시키는 경우를 표현해 이를 반면교사로 삼는 것이 주제가 되어야 했다. 이때 여성을 제재로 하는 그림은 윤리적 설교의 수단이 된다. 따라서 어떤 이유로든 여성을 형상화한다면 그것이 비록 직접적으로 윤리적 설교를 주제로 삼지 않을지라도 넓게는 유가 윤리의 범위 안에 놓이는 것이다.

한편 이식의 언급 중 여성 형상에 대한 남성의 성적 욕망의 교묘한 변형을 읽을 수 있다. 즉 ②의 '주왕이 술에 취해 달기에게 기댄 그림'에서 중요한 것은 '달기'라는 미녀의 존재다. 전설적 미인 달기 때문에 주왕이 정사를 그르치고 나라를 망하게 했다는 것이 그림의 주제라고 이식은 강변하지만, 사실상 그 그림에서 주목할 대상은 주왕이 아니라 달기다. 이 그림 역시 미인도의 한 종류인 것이다. 미인도는 여성에 대한 남성의 성적 욕망을 표현한다. 순수한 미인에 대한 관심은 곧 성적 관심의 표현으로 여겨졌고, 그것을 노골적으로 표현하는 건 부도덕하게 인식되었기에 성적 관심을 윤리적 관심으로 변형할 필요가 있었을 뿐이다. 즉 미인도를 제작하고 감상하면서도 그게 실은 윤리적 관심에서 비롯되었다는 교묘한 역설을 성립시키는 것이다.

조선 전기에는 이런 관념이, 다시 말해 여성에 대한 유가의 윤리관이 실제로 회화를 제작할 때 동원되고는 했다. 유가의 여성관을 실천하는 여성을 회화로 표현했다는 이야기다. 그러나 이때 회화 형상으로 제작될 수 있는 여성이란 매우 제한적이었으며, 여성에 대한 남성의 욕망이 표현되었을 뿐이다. 즉 스스로 행위의 주체인 여성이 아니라, 남성의 욕망을 자신의 대뇌에 '윤리'라는 이름으로 장착하고, 남성을 위해 그 윤리를 복종의 한 방법으로 실천하는 여성들이 그림의 주인공들이었다. 조선 전기에 이런 여성 형상이 제작되었다는 사실은 주목할 만한 일이 아닐 수 없다. 이제 그 구체적인 사례를 검토해보자.

《삼강행실도》, 조선 여성들의 잔혹 서사

성종은 1476년 10월 과거 역사 속 왕과 비들을 세 부류로 나눠 뽑아 병풍을 만들고 문신에게 시를 지어 올리라고 명한다. 성종이 말한 세 부류란 ①명철한 왕〔명군, 明君〕, ②처음에는 명철했지만 나중에 어리석은 왕〔암군, 暗君〕이 된 자, ③현비(賢妃)다.[56] 우선 ①과 ②에 해당하는 왕들을 구체적으로 열거하자면 다음과 같다.

① 명철한 왕—신농(神農), 요(帝), 순(舜), 우(禹), 탕(湯), 은나라 고종(高宗), 주나라 문왕(文王), 주나라 무왕(武王), 한나라 문제(文帝), 당나라 태종(太宗)

② 처음에는 명철했지만 나중에 어리석은 왕이 된 자—오(吳)나라 부차(夫差), 한나라 무제(武帝), 진나라 무제(武帝), 당나라 현종(玄宗), 당나라 덕종(德宗)

그리고 현비를 그린 병풍에 등장하는 여성들은 아래와 같다.

〈주문왕후비도(周文王后妃圖)〉—주나라 문왕의 비(妃) 태사(太姒)

〈주선왕강후도(周宣王姜后圖)〉―주나라 선왕(宣王)의 비 강후

〈제효공부인도(齊孝公夫人圖)〉―제나라 효공의 부인인 맹희(孟姬)

〈초번희도(楚樊姬圖)〉―초나라 장왕(莊王)의 부인인 번희

〈한원제풍소의도(漢元帝馮昭儀圖)〉―한나라 원제의 소의(昭儀)인 풍씨

〈한성제반첩여도(漢成帝班婕妤圖)〉―한나라 성제의 첩여(婕妤)인 반씨

〈한명제명덕마황후도(漢明帝明德馬皇后圖)〉―한나라 명제의 명덕 마황후

〈당태종문덕장손황후도(唐太宗文德長孫皇后圖)〉―당나라 태종의 문덕 장손황후

〈송인종광헌조황후도(宋仁宗光獻曹皇后圖)〉―송나라 인종의 광헌 조황후

〈송영종선인고황후도(宋英宗宣仁高皇后圖)〉―송나라 영종의 선인 고황후

병풍에 그려진 이들은 모두 황제나 왕에게 충성을 다한 충고자(忠告者)였거나 부덕(婦德)을 몸소 실천한 여성들이었다.[57] 그런데 바로 이런 종류의 그림이 조선 초기에 제작되었다는 점이 퍽 의미 있는 것이다. 왜냐하면 위에 언급한 여성 열 명이 바로 지금부터 이야기할 《삼강행실도》 열녀편의 서두에 등장하기 때문이다.

그런데 성종 때 제작된 위 그림은 어람용(御覽用)으로 제작된 것이었기에 그 영향력이 궁중을 벗어나지는 않았다. 보다 많은 편수가 제작되어 보다 광범위한 영향력을 행사한 회화적 형상은 따로 있었으니, 바로 《삼강행실도》 열녀편 목판화다. 《삼강행실도》 열녀편은 각 편마다 판화 한 점이 부기되어 있다. 훈민정음이 창제되기 전에 만들

어진 책이라 문맹인 민중을 보다 쉽게 의식화하는 방편으로 목판화를 만들어 붙인 것이었다.58

열녀편에 소개된 열녀담은 여성이 개가 강요 혹은 성폭력 위협에 자신의 신체 일부 혹은 신체 전체를 희생(곧 죽음)하면서까지 저항한다는 내용으로 일관한다. 이는 남성에 대한 여성의 성적 종속성 실천이라는 관념을 윤리화한 것이며, 동시에 단계적 부계친족제라는 성리학의 친족제도 실현을 지향했다. 당연히 열녀담에 딸린 110점의 판화 또한 거의 대부분 여성이 성적 종속성을 실천하기 위해 자기 신체 일부를 훼손하거나 죽음을 택하거나 자살하는 장면을 묘사하는데, 이때 그 그림은 여성의 분리된 신체를 노골적으로 묘사하는 등 매우 잔혹하다.

먼저 《삼강행실도》 열녀편의 〈여종지례(女宗知禮)〉부터 시작해보자(그림 6). 여종지례란 '여종(女宗)이 예를 알다'라는 뜻이다.

이야기는 이렇다. 포소(鮑蘇)의 아내 여종은 남편이 위(衛)나라에서 벼슬을 하며 첩을 얻었음에도 불구하고 시어머니를 더욱더 공경하며 봉양하고 첩에게도 선물을 후하게 보낸다. 여종의 동서가 그녀에게 남편을 떠나라고 하자, 여종은 여자는 한번 결혼하면 남편이 죽었다고 해도 개가하지 않는 것이라며 자기 남편은 선비(士)라는 계급에 걸맞게 두 아내를 취했을 뿐이라고 변호한다. 이렇듯 가부장제 관념에 완전히 의식화된 여성이었던 덕분에 그녀는 여성 중 으뜸가는 존재, 곧 여종(女宗)이라는 칭호를 얻게 된다.

판화는 3단으로 구성되었다. 맨 위 상단은 여종이 시어머니를 공경하며 봉양하는 모습이고, 그 아래 중단은 여종이 남편의 첩에게 줄 선물을 인편으로 보내는 장면이며, 맨 아래 하단은 여종이 자기 동서의

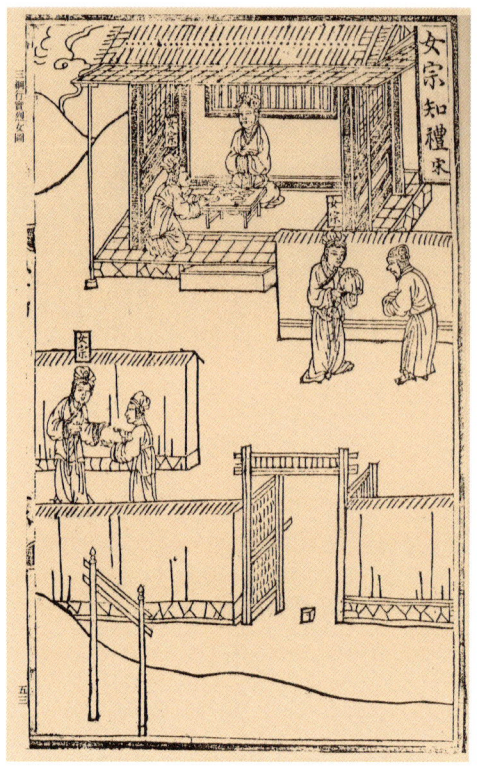

그림 6
〈여종지례〉, 《삼강행실도》(초간본) 열녀편, 국립중앙박물관

그림 7
〈고행할비〉, 《삼강행실도》(초간본) 열녀편, 국립중앙박물관

충고를 거절하는 장면이다. 시종일관 가부장제로 스스로를 얽어매고 의식화한 여성을 표현하고 있다.

그러나 〈여종지례〉가 열녀편을 대표하는 열녀담이라고 말할 수는 없다. 열녀담의 주류를 이루는 것은 〈고행할비(高行割鼻)〉(고행이 코를 베다) 같은 것이다(그림 7).

양(梁)나라 여자 고행이 남편이 죽은 뒤 개가하지 않자 양나라 왕이 정식으로 폐백을 보내며 첩으로 들이려 했다. 이에 고행은 일부종사

(一夫從事)의 의리를 말하며 자기 코를 잘라버린다. 자신이 지닌 아름다움으로 인해 개가를 강요받으니 제 스스로 개가의 근거가 되는 아름다운 몸의 일부를 아예 없앤다는 의지의 표현이었다.

이 판화는 상하 양단으로 나뉘는데, 위는 개가를 권하러 가는 신하가 양나라 왕의 분부를 받드는 장면이고, 아래는 찾아온 신하의 면전에서 고행이 자신의 코를 잘라버리는 장면이다.

《삼강행실도》열녀편은 이처럼 한 남성에 대한 여성의 성적 종속성을 스스로 자기 신체 일부 또는 전체를 훼손하는 방식으로 지켜내야 함을 적극적으로 표현하고 있다. 그런 희생을 통해 성적 종속성을 관철해야만 윤리적 존재가 될 수 있다고 반복적으로 역설한 것이다. 신체 전체를 희생하는 것, 곧 여성이 남성에 대한 성적 종속성을 실천하기 위해 스스로 생명을 버리는 것을 《삼강행실도》열녀편은 가장 높이 평가했다. 〈주처견매(周妻見賣)〉와 〈취가취팽(翠哥就烹)〉은 잔혹한 죽음을 통해 성적 종속성을 실천하는 여성의 전형을 표현한다.

〈주처견매〉가 전해주는 내용은 이렇다. 상인 주적(周迪)이 난리를 만나 굶어 죽을 지경이 되었다. 그러자 아내는 남편에게 고향으로 돌아가 어버이를 봉양해야 하니 자기 몸을 푸줏간에 팔아 노자를 마련하라고 말한다. 급기야 아내는 남편 주적을 이끌고 푸줏간으로 가 자기 몸을 팔았고 몸값으로 받은 돈은 주적에게 주었다. 주적이 성문을 나서는데, 성문을 지키던 문지기가 함께 성안으로 들어갔던 아내가 없는 이유를 캐물었다. 주적은 그 사연을 문지기에게 말했고, 문지기가 주적과 함께 푸줏간으로 갔더니, 아내는 이미 인육으로 해체되어 팔리고 있었다. 주적은 아내의 남은 몸, 곧 그 지체(肢體)를 갖고 고향으로 돌아가 장사를 지냈다.

그림 8
〈주처견매〉, 《삼강행실도》(초간본), 열녀편, 국립중앙박물관

그림 9
〈취가취팽〉, 《삼강행실도》(초간본), 열녀편, 국립중앙박물관

    이 잔혹한 이야기가 판화에 그대로 담겼다(그림 8). 판화는 4단이다. 이야기의 시작은 맨 아래 단으로, 주적과 그의 아내가 의논하는 장면이다. 그 바로 위는 두 사람이 함께 푸줏간을 찾아간 장면이다. 맨 위는 아내의 몸을 판 돈을 가지고 성문을 나서는 주적을 성의 문지기가 막는 장면이고, 그 아래 조금 옆으로 비껴 있는 단에서는 주적이 아내의 머리와 지체를 싸는 장면이다.

    〈취가취팽〉은 이보다 더 끔찍한 이야기를 묘사한다. 이 판화의 주인공은 취가라는 여성으로, 그녀의 남편이 반란군에 잡혔다. 남편이 끓는 물에 삶겨 죽기 바로 직전, 아내 취가는 남편을 구하기 위해 반란군을 찾아간다. 그러고는 자기 살이 더 맛있으니 자기 몸을 삶아 먹고 그 대신 남편은 살려달라고 호소한다. 그렇게 그녀는 스스로 죽음을 택해, 반란군은 아내인 취가를 삶아 먹는다. 이 판화는 3단으로 구성된다. 맨 아래 단은 남편이 잡혔다는 소식을 듣는 취가의 모습이고, 그 위의 단은 반란군을 찾아가 자기를 대신 삶아 먹으라고 하소연하는 취가를 표현했다. 그리고 맨 위 단은 끓는 물 속으로 걸어 들어가는 취가의 모습과 함께, 풀려나는 남편이 그려졌다.

한마디로 말해 《삼강행실도》 열녀편 목판화의 가장 큰 특징은 잔혹성이다. 거의 모든 판화가 여성 스스로 죽음을 선택하거나, 죽음을 당하거나, 신체가 분리되는 잔혹한 장면을 여과 없이 표현한다.

〈김씨사적(金氏死賊)〉과 〈임씨단족(林氏斷足)〉은 각각 고려 여성의 죽음과 조선 여성의 죽음을 제재로 삼는다. 김언경(金彦卿)의 아내 김씨는 1287년 왜구가 강간하려 들자, "죽을지언정 욕을 당할 수 없다"며 저항하다 살해되었다. 판화는 왜구가 김씨의 목을 칼로 치는 장면을 그린 것이다(그림 10). 〈임씨단족〉에 등장하는, 최극부(崔克孚) 아내 임씨 역시 왜구의 강간에 저항한 여성으로 그 때문에 손과 발이 잘리며 죽음을 당한다. 판화는 잘려 나뒹구는 손과 발을 그대로 그리고 있다(그림 11). 이렇듯 《삼강행실도》 열녀편 목판화는 여성이 남성에게 성적으로 종속되어야 함을 표명하면서 그 실천의 중요성을 매우 잔혹한 장면으로 형상화함으로써 노골적으로 주장한 것이다.

그러나 《삼강행실도》 열녀편은 세종의 의도와는 달리 그다지 빠른 속도로 퍼져나가지는 못했다. 세종 16년(1434)에 초간본이 나온 이래

그림 10
〈김씨사적〉, 《삼강행실도》(초간본), 열녀편, 국립중앙박물관

그림 11
〈임씨단족〉, 《삼강행실도》(초간본), 열녀편, 국립중앙박물관

단종 즉위년과 성종 2년에 간행되었고, 다시 성종 12년에 언해본으로 된 열녀편이 간행된 것이 전부다. 1434년(세종 16)부터 1481년(성종 12)까지 47년 동안 세 번 간행되었을 뿐이다.

그러자 《삼강행실도》를 보다 광범위하게 퍼뜨리고 조선 사람들 내부에 깊숙이 침투시키려는 움직임이 일어났다. 총 110편으로 이루어졌던 《삼강행실도》의 분량을 3분의 1로 축약하고, 한문으로 쓰였던 본문을 한글 국문으로 번역하자는 의견이 성종 20년 6월에 제기되었

그림 12
〈취가취팽〉, 《삼강행실도》 (언해축약본), 열녀편, 규장각

다.[59] 그해 같은 달 18일 세자시강원 보덕(輔德) 허침(許琛)과 이조 정랑 정석견(鄭錫堅)에 의해 효자, 충신, 열녀 각 35명의 이야기를 담은 《삼강행실도》 축약본이 만들어졌고, 성종 21년 4월 1일 서울의 오부(五部)와 팔도(八道)의 군현(郡縣)에 반사되었다.[60] 이 축약본에도 그림이 딸렸는데 판화 윗부분에 언해가 실린 것 말고는 110인본과 대동소이하다. 그림을 비교해보면 알겠지만, 아마도 축약본은 110인본의 그림을 따라 번각한 것으로 보인다. 번각하는 과정에서 원래 그림에

서 보이던 섬세한 선이 많이 훼손되었는지 다소 거칠게 표현된 것이 눈에 띈다(그림 12).

《삼강행실도》는 중종 때 사림들이 정권을 잡았을 때 가장 많이 보급되었다. 중종 6년 10월에는 중종의 지시로 교서관에서 《삼강행실도》 2940질을 중앙과 지방에 반포한 적도 있었다.[61]

110인본 《삼강행실도》에 실리지 않은 효자, 충신, 열녀 이야기가 중종 9년에 완성된 《속삼강행실도(續三綱行實圖)》에 담겼다. 열녀편에는 명나라 열녀 8명, 조선 열녀 20명으로 모두 28명이 실렸다. 《속삼강행실도》는 처음부터 아예 언해를 덧붙였다. 그중 〈허매익수(許梅溺水)〉와 〈김씨자경(金氏自經)〉을 살펴볼 텐데, 여성이 자신의 죽음으로 남성에 대한 성적 종속성을 실천한다는 점에서 앞서 소개한 110인본과 동일한 메시지를 내뿜고 있다.

〈허매익수〉는 명나라 여성 허매의 열녀담이다. 허매는 같은 동네 사는 송은산(宋隱山)의 아들에게 시집갔으나 남편이 얼마 안 가 병에 걸려 허매는 온 정성을 다해 남편을 간호한다. 남편이 죽자 허매는 개가하지 않기로 결심하고 시어머니에게 효도한다. 어느 날 친정아버지가 젊은 딸이 가련해 개가시키려 들자 허매는 강물에 몸을 던져 자살한다. 그런데 강물이 밀려가도 허매의 주검은 그 물을 따라 떠내려가지 않는 신비한 현상이 일어났다. 판화의 맨 아래 부분은 병을 앓는 남편을 보살피는 장면이고, 그 위는 남편이 죽은 뒤 허매가 시어머니를 봉양하는 장면이다. 다시 그 윗부분은 친정 부모가 찾아와 허매를 개가시키려 설득하는 장면이고, 그 위는 허매가 강물에 몸을 던지는 장면이다(그림 13).

〈김씨자경〉의 김씨는 함양 사람으로, 이양(李陽)의 아내다. 이양이

그림 13 〈허매익수〉, 《속삼강행실도》, 열녀편, 한국학중앙연구원 장서각

그림 14 〈김씨자경〉, 《속삼강행실도》, 열녀편, 한국학중앙연구원 장서각

자식 없이 일찍 죽자 다른 사람이 그녀를 아내로 맞고 싶어했다. 김씨는 남편의 무덤으로 달아나 풀을 덮고 사흘을 지낸다. 그 뒤 그 남자가 또다시 결혼을 요구했는데 이번에도 김씨는 응하지 않고 급기야 목을 매 자살한다. 판화는 위로부터 시계 방향으로 남편 장례를 치르는 장면, 무덤가로 달아나 풀을 덮고 자는 장면, 다른 남자가 결혼을 청하러 오는 장면, 목을 매는 장면으로 구성되어 있다(그림 14). 《속삼

강행실도》의 판화 역시 한 남성에게 종속되기 위해 죽음을 선택하는 여성의 모습을 한결같이 형상화한다.

110인본 《삼강행실도》와 언해축약본 《삼강행실도》, 그리고 《속삼강행실도》 열녀편의 판화는 모두 여성이 남성에게 성적으로 종속되는 존재라는 인식을 더 널리 퍼뜨리기 위해 제작된 것이었다. 여성에게 신체 희생까지 아무렇지 않게 요구한 유교적 가부장제의 의도가 잔혹한 형상으로 고스란히 판화에 담긴 것이다.

경로연도, 노인인 여성만 존중받다

조선 건국 이후 남성―양반은 유교적 가부장제에 입각해 여성을 주변적 존재로 만들기 시작했다. 하지만 도리어 가부장제로 인해 여성이 존중받을 기회도 있기는 했다. 유교적 가부장제는 부모에 대한 자식의 효성과 나이 든 사람에 대한 공경을 중요한 실천윤리로 내세웠다. 따라서 같은 여성이라도 '노인이 된 여성'은 경로(敬老)와 효양(孝養)의 대상에 포함되어 존중받을 수 있었다. 이는 결코 단순한 관념에 그치지 않아, 국가가 나서서 그것을 직접 실천에 옮겼다.

조정은 노인 공경이라는 이데올로기를 선전하기 위해, 그리고 궁극적으로는 효양 관념을 확산하기 위해 양로연(養老宴)을 공식적으로 베풀었다.[62] 양로연을 여는 주체는 왕과 왕비였다.■ 세종 14년(1432) 1월 왕이 베푸는 양로연의(養老宴儀)가 마련되었고, 이어 같은 해 8월에는 왕비가 양로연의를 베풀었다.[64] 또 세조 6년(1460)에는 왕과 왕비

■ 드물게는 왕세자가 양로연을 베풀기도 했다. 왕세자가 베푸는 양로연의(養老宴儀)는 세종 30년(1448) 8월 23일에 마련되었다.[63]

가 함께 참여하는 양로연이 베풀어졌다.[65] 하지만 이 경우를 제외하면 보통 양로연은 왕이 개최하는 외연(外宴)과 왕비가 개최하는 내연(內宴)으로 나뉘었다.

어쨌든 양로연은 국가가 해마다 정례적으로 시행하는 공식 연회로서 《국조오례의(國朝五禮儀)》와 《경국대전》[66]에 법제화되었다. 대체로 양로연은 8월이나 9월에 열렸고, 80세 이상이면 거의 누구나 참석 가능했다. 즉 고급관료 출신은 물론이고 천민까지 모든 신분층을 망라했다. 왕과 왕비는 80세 이상의 남성과 여성 노인을 위해 궁중의 근정전(勤政殿)과 사정전(思政殿) 등 전각에서 각각 양로연을 개최했다. 대개는 왕이 먼저 외연이라 불린 양로연을 열면 그 며칠 뒤에 왕비가 내연이라 불린 양로연을 열었다. 하지만 외연 뒤에 반드시 내연이 있었던 것은 아니어서, 때로는 내연이 생략되기도 했다. 또 지방에서는 그 지역 수령이 남자 노인과 여자 노인을 초대해 내청(內廳)과 외청(外廳)에서 따로따로 잔치를 베풀었다.

양로연은 세종 14년에 처음 개최된 이래 세종 8회, 세조 11회, 성종 18회, 연산군 5회, 중종 12회 열렸다.[67] 앞서 말했듯이 아주 소수 경우를 제외하고는 왕비의 내연이 약간의 시차를 두고 나중에 베풀어졌다. 세종에서 중종에 이르는 시기에는 양로연이 가뭄이나 흉년 같은 특별한 사유가 없는 한 대체로 설행되었고, 또 양로연은 마땅히 설행해야 한다는 생각이 지배적이었다. 하지만 중종 때를 끝으로 양로연은 현종 때까지 160여 년간 설행되지 않았다. 숙종 32년 이후에 복설(復設)되기는 했지만 숙종·영조·정조·고종대에 각각 한 번씩만 설행되었을 뿐이며, 그나마도 여성 노인을 위한 왕비의 내연은 개최되지 않았다.[68] 결국 양로연은 조선 전기에만 열렸던 셈이다.

한편 지방에서 열린 양로연에 관한 자료도 있다.《국조오례의》에
〈개성부급제주부군현양로의(開城府及諸州府郡縣養老儀)〉가 실려 있
어 주(州)·부(府)·군(郡)·현(縣) 등 지방 행정단위에서도 양로연을
열도록 제도화했음을 알 수 있다.■ 지방 양로연 역시 세종 14년에 최
초로 열렸는데 어느 지역이었는지는 알 수 없다. 다만 지방 양로연 역
시 외연과 내연으로 구분되었던 것으로 보이는데, 그 사례에 관해서
는 현재 자료가 거의 남아 있지 않다.

양로연을 제재로 삼은 그림을 한 점 보자(그림 15). 농암(聾巖) 이현
보(李賢輔, 1467~1555)는 1519년 9월 안동 부사로 부임해 안동 경내
의 80세 이상 노인 수백 명을 불러 양로연을 베푼다. 작자 미상의 〈기
묘계추화산양로연도(己卯季秋花山養老燕圖)〉가 바로 그 연회 장면을
그린 것이다.[69]

왼쪽 장막 아래 공간에는 남성들이, 오른쪽 기와집 아래에는 여성
들이 앉아 상을 받고 있다. 이현보는 이날 "사족에서 천예(賤隷)까지
남자와 여자를 가리지 않고 여든 이상이라면 모두 참여해 수백 명이
되었다"라고 말하고 있으니, 이 잔치에는 사족은 물론 천민까지 참여
했고 남자와 여자가 함께했던 것이다.

하지만 수백 명 모두를 화폭에 담은 것은 아니다. 왼쪽 그림 속 남
자들을 보면 다들 갓을 쓰고 있다. 말할 것도 없이 이들은 남성 사족
이라는 이야기다. 장막 밖의 공간에 남자와 여자가 섞여 앉아 있기는
한데, 술동이를 얹어둔 탁자를 중심으로 해서 오른쪽에서 노란 옷을
입고 푸른 앞치마를 두르고 앉아 있는 여성들은 모두 잔치의 시중을

■ 중추절에 예조에서 어느 날이 길일인지 지방관에게 통보해주면, 지방관이 경내 노인들에게 알려
양로연을 개최했다.

그림 15
작자 미상, 〈기묘계추화산양로연도〉, 1519년, 《애일당구경첩(愛日堂具慶帖)》, 농암 종가

드는 사람들이고, 그 다음 줄은 남자 악공들이다. 이 여성들은 앞서 조선 전기의 여성 형상에 관한 개요를 설명할 때 살짝 언급했고 다음 절에서 좀 더 자세히 살펴볼 계회도에 등장하는 '주변적 여성'들이다. 그 다음 줄에 주안상을 받은 남자들이 있다. 이들은 아마도 장막 안에 있는 사람들에 비해 신분 처지가 낮은 사람들일 것이다. 탁자 왼쪽도 사람 숫자는 적지만 동일한 기준에 따른 배열이다.

이제 여자들이 앉아 있는 오른쪽 그림의 일부를 확대해보자(그림

그림 16
〈기묘계추화산양로연도〉 부분

16). 여자들은 기와집 안에 들어가 앉았는데, '족두리'를 쓴 여자 아홉 명이 상을 받고 있다. 이들은 양로연에서 잔치를 받는 주체인 사족 여성들이다. 왼쪽 아랫부분 마당에 앉은 여자들 역시 잔칫상을 받고 있지만, 건물 안에 앉은 사족 여성에 비해서는 지체가 훨씬 처지는 축일 것이다. 그 외 여성들은 모두 양로연을 보조하는 주변적 여성들이다.

기와집 좌우 단의 발 아래 앉은 여자들은 계집종으로 보이고, 중앙의 노란 웃옷을 입은 여섯 명의 여성 역시 계집종이거나 음악을 익힌 악비(樂婢)일 것이다. 이들 중 맨 왼쪽에 있는 여자는 술잔을 올리고 있고, 왼쪽에서 세 번째 여자는 비파를 연주하고 있다. 이들은 잔치에서 흥을 돋우는 도구적 존재로 등장하는 여성들이다.

이 그림에서 흥미로운 것은 잔치를 받는 사족 여성들이 남성들과 비교할 때 훨씬 고급스런 대우를 받고 있다는 점이다. 잔치가 건물 안에서 벌어지고 있는 데다 각자 받아놓은 잔칫상도 남성의 그것보다 훨씬 크며, 차린 음식 역시 풍성하다. 왜 이런 차이가 났는가는 의문이지만, 여기서 구체적이고 명료하게 그 답을 찾기는 쉽지 않다. 왼쪽 그림, 즉 장막 안의 남성 사족이 오른쪽 그림, 즉 기와집 안의 여성 사족에 비해 신분 지체가 떨어진다고 볼 수도 있겠지만, 아마 그건 아닐 것이다. 왜냐하면 왼쪽의 장막 안에 있는 남성 사족 모두의 처지가 일괄적으로 오른쪽 기와집 여성들에 비해 떨어진다고는 말할 수 없기 때문이다. 이는 친족 구성원 내부에서 여성의 지위가 남성과 비교해도 결코 못하지 않았거나 때로는 우월했던 조선 전기의 사회적 습속을 반영하는 게 아닌가 싶다.

양로연은 앞서 말한 바와 같이 유가의 경로윤리에서 나온 것이다. 이현보는 양로연을 베푸는 근거로 《맹자》의 "내 집의 나이 든 분을 노인답게 대접하고, 그것을 다른 집의 노인에게도 그대로 적용한다"라는 구절을 인용했다.[70] 즉 유가의 관념을 따라 양로연을 베풀었지만, 남성이 여성의 우위에 있어야 한다는 가부장적 관념이 온전히 작동하지는 않았던 당시 사정이 반영되었으리라고 보아야 할 것이다. 다시 말해, 16세기 초기만 해도 여전히 양변적 친족제 아래에서 여성 지위가 어느 정도는 유지되었고, 양로연은 그런 사실을 반영한 것으로 보인다. 양로연 그림에서 볼 수 있는 여성 형상을 훗날의 연회도에서 볼 수 있는 여성 형상과 비교해보면 이 말의 의미를 보다 정확히 파악할 수 있을 것이다.

이현보는 1526년 9월 9일 점마(點馬, 중앙관리가 지방 마필을 점검하는 일)를 하러 귀향하자, 경상도 관찰사 김희수(金希壽)가 이웃 고을 수령에게 공문을 보내 이현보의 부모를 위한 수연을 분천(汾川)에서

그림 17
작자 미상, 〈병술중양일분천헌연도〉, 1526년, 《애일당구경첩》, 농암 종가

베풀었다.[71] 그 잔치 광경을 그린 것이 〈병술중양일분천헌연도(丙戌重陽日汾川獻燕圖)〉라는 그림이다(그림 17).[72]

이 그림에서도 남자들과 여자들은 각각 다른 자리에서 잔칫상을 받고 있다. 조선 전기에도 여전히 여성의 지위는 남성과 비교해 별로 낮지 않았다는 의미다. 그 사실이 연회석에 자리한 여성을 표현하는 데도 그대로 반영되었던 것이다.

경직도, 집안과 나라를 먹여살리는 여성들

지금까지 조선 전기에 그려진 여성 초상화와 미인도, 《삼강행실도》 목판화, 양로연도 등을 검토했다. 조선 전기에 그려진 회화 속에 등장하는 여성들은 웬만큼 살펴본 것인데, 이들 외에 여성의 모습이 포함되었을 가능성이 있는 그림 형태로는 경직도(耕織圖)가 있다. 경직도에서 '경직(耕織)'은 곡물을 생산하는 '경작'과 직물을 생산하는 '직조'의 합성어다. 경작과 직조의 일이 완전히 분리되지는 않았지만, 대체로 경작은 남성 노동, 직조는 여성 노동으로 분류되었다. 따라서 경직도에서 직조노동을 담당하는 여성의 형상을 기대할 수 있다. 안타깝게도 조선 전기에 그려진 경직도는 현재 남아 있지 않지만, 그 가능성은 충분히 점칠 수 있다는 이야기다.

고려와 조선은 동일하게 농업 국가였지만, 조선은 고려와 달리 유교를 국가 이데올로기로 삼았고 사대부 체제는 '민(民)'에 대한 배려 의식이 강했다. 경작과 직조를 담당하는 농민을 보호해야 한다는 생각은 유가 경전에 근거를 둔 극히 오래된 관념이다. 예컨대《서경(書經)》의 〈무일(無逸)〉은 주나라 주공(周公)이 조카 성왕(成王)에게 농사짓는 백성의 고통을 잊지 말라고 충고한 글■이다. 이 텍스트는 고전으로서 권위를 갖고 후대 왕과 관료들에게 농사짓는 백성의 보호를 강력히 권고하는 장치로 수없이 인용되었다. 〈무일〉과 함께 《시경》 빈풍(豳風) 〈칠월〉도 같은 맥락에서 자주 인용되었다. 〈칠월〉은 주나라 때 빈(豳) 지방에서 불리던 민요로, 한 해 동안 농민이 해야 할 노동과 생활을 월령체(月令體)로 노래한 것이다. 농민의 노동과 생활을 매우 사실적으로 치밀하게 그린 최초의 작품이라는 점에서 〈칠월〉 역시 후대 통치자들에게 농민의 삶에 대한 관심을 촉구하는 장치로 널리 인용되었다.

이와 같이 〈무일〉과 〈칠월〉이 지닌 교훈적 성격 때문에 왕과 관료와 지식인들은 〈무일〉과 〈칠월〉을 서화로 제작해 자신들이 농사짓는 고통과 농민의 처지를 잘 이해하는 존재임을 선전하고자 했다. 이런 이유로 중국이나 고려와 조선에서는 왕과 관료, 지식인이 〈무일〉과 〈칠월〉을 제재로 삼아 서화를 제작한 경우가 종종 보인다. 중국의 경우를 굳이 말할 필요는 없을 테고, 여기서는 고려와 조선의 경우만 간단히 살펴보자.

우선 고려는, 태조 왕건이 〈훈요십조(訓要十條)〉 제10조에서 후대 임금에게 〈무일〉을 그려 성찰의 도구로 삼으라고[73] 한 이래로 여러 차례 병풍이나 장자(障子)에 글씨 혹은 그림으로 담겨 옥좌 뒤에 설치되었는데, 주로 글씨로 씌었다 한다.[74] 그림으로 그려진 무일도는 분명 농사짓는 여성의 형상을 포함했을 테지만, 전하는 작품이 없어 뭐라

■ "先知稼穡之艱難, 乃逸, 則知小人之依", 곧 왕이 먼저 농사일의 어려움을 안 뒤에 편안히 지낸다면, 백성들은 농사일이 자신들이 의지할 바라는 것을 알게 된다는 뜻이다. 〈무일〉은 왕이 농사짓는 백성들의 고통을 알아야 한다는 이 말을 반복한다.

말하기 어렵다.

그리고 조선에서는 1399년 1월 우도(右道) 감사 최유경(崔有慶)이 정종(定宗)의 등극을 축하하는 선물로 무일도를 바쳤다. 또 1401년에는 풍해도(豊海道) 절도사 유은지(柳殷之)가 태종 탄신을 축하하는 선물로 무일도 족자 1본을 바쳤는데, 이 역시 글씨로 쓴 무일도일 가능성이 크다 한다.[75]

경직을 제재로 한 회화를 선물하는 풍조도 있었다. 1411년 5월 개성 유후(開城留後) 이문화(李文和)가 태종에게 가색도(稼穡圖)를 올렸고, 1433년 3월 세종이 온수현(溫水縣)에 행차할 때는 경기 감사 남지(南智) 등이 세종에게는 농포(農圃) 병풍 1좌(坐)를, 중궁에게는 잠도(蠶圖) 병풍 1좌를, 동궁에게는 효자도 병풍 1좌를 올렸다.[76] 하지만 이 그림들이 어떤 내용을 담았는지는 전혀 알 수가 없다. 다만 백성의 경작과 직조를 제재로 하는 그림이 임금에게 헌상되는 분위기에서 1402년(태종 2) 2월에는 빈풍〈칠월〉을 제재로 한 그림이 올려졌다. 예조 전서(典書) 김첨(金瞻)이 내구마 한 필을 하사받는데 그건 〈문왕문침(文王問寢)〉 등의 그림이 완성되었고 또 빈풍도를 헌상했기 때문이었다.[77] 김첨이 올린 빈풍도가 조선에서 제작된 것인지, 아니면 중국에서 수입한 것인지는 알 수가 없다. 하지만 이 시기에 빈풍〈칠월〉을 제재로 삼은 그림이 빈풍칠월 혹은 빈풍칠월도라는 이름으로 지식인들 사이에 알려졌던 것은 분명하다.[78]

1424년 11월 15일 세종은 대제학 변계량(卞季良)에게 조선 땅 전체를 담은 지리서 편찬을 지시하고, 빈풍의 〈칠월〉과 〈무일〉을 제재로 한 그림을 월령(月令) 형식으로 제작하라 명한다. 세종은 이렇게 말한다. "우리나라 풍속이 중국과 다르니, 백성의 농사짓는 어려움과 부역의 괴로움을 달마다 그림으로 그리고 거기에 경계하는 말을 덧붙여 편하게 볼 수 있게 만들어 영원히 전하려 한다."[79] 이에 중국과 다른 조선의 칠월도와 무일도가 탄생할 수 있는 근거가 마련되었다.

　1429년 5월 26일에는 성균관에서 권근이 올린 〈빈풍칠월도(豳風七月圖)〉의 전(箋)을 본떠 낸 시험 문제로 400명 유생에게 보였으니, 아마 이때 빈풍칠월도 그림이 만들어졌고, 이것을 세종에게 올릴 때 권근은 진전(進箋)을 지어 함께 올렸던 것이다. 그리고 이 진전을 본떠 성균관 유생에게 빈풍칠월도에 관계된 문제를 냈던 것으로 보인다. 이후 1433년에 또 한 번 빈풍칠월도가 제작되었던 것으로 보인다. 세종은 그해 8월 13일 자신이 빈풍칠월도를 보고 농사일이 가난하고 고생스러움〔艱苦〕을 알게 되었다면서 자손들에게도 그 사실을 알게 하고 싶다며, 집현전에서 빈풍을 본떠 조선의 공부(貢賦)·요역(徭役)·농상(農桑)과 관련된 일을 그림으로 그리고 거기에 시가를 덧붙여 조선의 칠월시를 만들라고 명했던 것이다.[80]

　중국에서 경직도와 빈풍칠월도가 수입되기도 했다. 1498년(연산군 4) 봄 권경우(權景佑)가 북경에서 남송 누숙(樓璹)의 《경직도》 1질을 구입해 와서 바치는데, 이것이 바로 1462년에 간행된 송종로간본(宋宗魯刊本)으로 추정된다.[81] 연산군은 화공에게 그것을 채색본으로 복제하도록 했으며, 임사홍(任士洪)에게는 서문과 시를 짓도록 명했다.[82] 이후 중종은 1511년 경직도에 그림과 시문만 실려 보기가 불편하다면서 늘 볼 수 있도록 병풍 세 벌로 만들어 들이라고 명한다. 이에 따라 그해 8월 3일 도화서에서 경직도 병풍을 제작해 바친다.[83] 이것은 아마도 《누숙경직도》를 복제해 병풍의 형태로 만든 것일 터이다. 아울러 1544년 5월에는 호조 참의 이명규(李明珪)가 북경에서 구입한, 명나라 송렴(宋濂)이 서문을 쓴 〈빈풍칠월도〉를 중종에게 바친다. 이처럼 중국에서 수입된 경직도와 빈풍칠월도는 조선의 경직도 제작에 깊은 영향을 미쳤을 것이다. 하지만 남아 있는 작품이 전혀 없어 그 영향 관계를 실증할 수 없으니 애석하다.

분명한 사실은 중국에서 수입된 것을 복제했건 조선의 상황에 맞게 고쳤건, 아니면 순수하게 조선에서 제작했건 간에 모든 무일도, 칠월도, 경직도는 극소수의 지배층, 특히 왕을 감계하는 도구였다는 점이다. 빈풍도는 병풍으로 제작되거나 벽에 붙이는 형태로 모두 궁중에서 소장했다.[84] 또한 감계의 의도가 여러 방면에서 실제로 작동했다. 예컨대 성종과 중종 시기에는 내농작(內農作)■을 행할 때 그 진행 과정을 칠월도에 그려진 대로 따르기도 했던 것이다.[85]

고려의 경우와 마찬가지로 조선에서 제작한 무일도, 칠월도, 경직도 역시 현재 전하는 것이 전혀 없어 그 내용은 알 수 없다. 다만 여성과 관련해서는 농업노동에 여성 노동력이 포함되었음을 상기한다면 일하는 여성의 모습도 함께 그려졌으리란 점은 두말할 나위가 없다. 예컨대 조선에서 그려진 경직도에 많은 영향을 미친 《누숙경직도》가 당연히 견직물 직조에 관한 내용을 포함하니, 조선 전기에 그려진 경직도에도 동일한 제재가 포함되었을 게 분명하다.

그리고 경직도 제작과 더불어 《소학》이 여성의 노동을 규정하기 시작했다는 점도 충분히 고려되어야 한다. 앞에서 살핀 것처럼 유교, 곧 성리학은 특유한 여성관을 통해 여성이라는 존재를 인식했고 그에 기초해 여성 형상을 제작하고자 했다. 성리학의 여성관에 따르면 여성

■ 음력 정월 보름날 궁중이나 민가에서 볏짚으로 곡식 이삭을 만들어 그해에 풍년이 들기를 빌던 일을 말한다. 궁중에서는 좌우로 편을 나누고 솜씨를 겨루어 이긴 편에게 상을 주었다.

은 가부장적 가문을 유지하기 위해 조리, 직조, 세탁 등 가사노동에 전념하거나 농업 생산을 직간접적으로 담당하는 존재다. 이러한 노동을 하는 여성의 역할은 당연히 성리학의 윤리적 지침서인 《소학》과 관련을 맺는다. 《소학》은 여성의 성역할에 대해 이렇게 말하고 있기 때문이다.

〈내칙〉에 말했다. "…… ①말을 하거든 남자는 빨리 대답하고 여자는 느리게 대답하게 하며 남자는 가죽으로 띠를 하고 여자는 실로 띠를 한다. …… ②일곱 살이 되면 남자와 여자가 자리를 함께하지 않으며 음식을 함께 먹지 않는다. …… ③여자는 열 살이 되거든 밖에 나가지 않는다. 여스승[姆]은 여아에게, 말을 상냥하게 하고 용모를 부드럽게 하여 명령을 듣고 따르며, 삼과 수삼을 잡고 생사(生絲)와 누에고치를 다루며, 비단을 짜고 둥근 끈을 짜 여자의 일[女事]을 배워 의복을 장만하도록 가르치며, 또 제사를 살펴 술과 초, 변(籩, 대그릇), 김치와 젓갈 등을 올려 어른을 도와 제수 올리는 것을 가르친다. ④열다섯 살이면 비녀를 꽂고, 스무 살이면 시집가나니 연고가 있으면 스무세 살에 시집간다."[86]

①과 ②가 조선시대에 여성과 남성을 분리하는 근거였고, ③이 농업노동과 가사노동을 하는 인간으로서 여성 형상을 만들어낸 근거였다. ③에서는 특히 여성이 해야 할 노동을 구체적으로 명시한다. 조선의 여성이 익혀야 할 노동은 마직물과 비단 직조, 의복 제작, 제수 음식 마련 등이다. 곧 직조 같은 농업노동이나 재봉과 조리 같은 가사노동이 여성의 고유한 노동이 된다. 여성 노동을 규정한 이 〈내칙〉은 《예기》의 한 편명이며, 따라서 여기 규정된 여성 노동은 중국 선진(先

그림 18
이방운, 《빈풍칠월도첩》 둘째·셋째 장, 국립중앙박물관

秦) 때 귀족가의 부녀들에게 부과된 성역할이기도 하다. 이 고전에 근거해 직조 같은 농업노동과 재봉과 취사 같은 가사노동이 조선조 여성의 일로 정해진 것이다. 이로써 여성이 정치나 학문 혹은 여타의 사회적 활동을 하는 존재가 아니라 여성에게만 주어진 '여성 노동'을 하는 존재라는 인식은, 조선 후기가 되면 아무도 의심하지 않는 진리가 되고 말았다.

조선이 중국의 빈풍칠월도와 경직도를 수입했고, 《소학》이 조선 여성의 노동에 관해 명확히 규정하고 있으니, 조선에서 제작된 빈풍칠월도와 경직도에는 당연히 여성이 일하는 장면이 포함되었을 것이다. 그러나 관련 작품이 전혀 남아 있지 않으므로 구체적 면모를 확인할 길은 없다. 다만, 조선 후기에 활동한 이방운(李昉運, 1761~?)이 그린 《빈풍칠월도첩》을 참고함으로써 조선 전기에 제작된 빈풍칠월도나 경직도의 모습을 대강 유추할 수 있을 것이다(그림 18).

원래 〈칠월〉 시는 여덟 수로 되어 있고, 이에 따라 이방운의 《빈풍칠월도첩》 역시 여덟 장으로 제작되었다. 여기 소개한 그림은 둘째 수와 셋째 수를 묘사한다. 둘째 수는 꾀꼬리가 우는 봄날 여인들이 광주리를 들고 뽕잎을 따고 쑥 캐는 장면을 노래한 것이고, 셋째 수 역시 뽕잎을 따고 비단 짜는 장면을 노래한 것이다. 그림 역시 시의 내용을 정확하게 옮기고 있다.

5

숨기지 못한
남성 욕망의 흔적들

—계회도에 그려진 계집종과 기녀

　계회(契會)란 특정한 동류의식을 매개로 하는 모임을 말한다. 동류의식의 종류는 무수히 많을 수 있으므로 계회 역시 무수히 존재할 수 있다. 하지만 조선에 실재했던 계회의 절대 다수는 조선의 남성, 특히 남성 관료에 의해 조직된 것이었다.[87]

　조선의 계회는 고령의 퇴직 관료들이 참여한 계회인 기로회(耆老會)·기영회(耆英會)와 관료층을 중심으로 폭넓게 시행된 문인계회(文人契會)의 두 계열로 구분된다.[88] 전자는 고려 중기의 문신 최당(崔讜)이 백거이의 향산구로회(香山九老會)와 문언박(文彦博)의 낙양기영회(洛陽耆英會)를 선례로 삼아 1203년에 조직한 해동기로회(海東耆老會)가 최초이고, 후자는 여말선초의 사대부이자 관료인 이첨(李詹, 1345~1405)의 《쌍매당집(雙梅堂集)》에 수록된 계문(契文)으로 보아 대체로 고려 말이나 조선 초에 시작된 것으로 보인다.

　조선의 계회는 15세기에 시작되었고, 16세기에는 계회에 참여한 관료들의 품계가 정3품에서 종9품에 이르기까지 폭넓은 층을 형성했으며, 그중 5·6품에 해당하는 낭관급(郎官級) 관원들의 계회가 가장 많았다. 낭관 중심의 계회가 이보다 낮은 관료들에게도 파급되었던 것으로 보인다.

　조선의 계회로는 같은 관청의 동료 관원들끼리 결성하는 '동관계회(同官契會)', 동일한 과거에 합격한 사람들끼리 맺은 '동방계회(同榜契會)', 특정 임무를 수행하기 위해 임시로 만든 관청인 도감(都監)에 소속된 관원들이 만든 '도감계회'가 있었으며, 그 외에도 태어난 해가 같은 관원들이 맺은 '동경계회(同庚契會)', 나이가 들어 고령이 되자 벼슬을 사양하고 물러난 관원들의 모임인 '기영회(耆英會)'나 '기로회(耆老會)', 그리고 관원들이 개인적 친분에 따라 맺은 계회 등 다양한 형태가 있었다. 이러한 계회 중 가장 성행했던 것은 아무래도 동관계회인데 대체로 16세기에 결성되었고 17세기에는 관청의 기강이 아주 강한 관청에서만 관행적으로 결성되었다. 동방계회와 도감계회 등은 17세기에도 계속 활성화되었다.[90]

　다양한 계회는 남성-양반이 주도한 관료문화의 하나였다. 계회는 표면적으로는 동질감을 지니는 관료 집단 내부에 여흥을 제공하고 친밀감을 부여하며 관료들 사이에 광범위한 연고망을 형성했다. 그 연고망이 결국 사족(士族) 집단을 형성하는 데 기여한 것으로 보인다.

■ 윤진영은 이첨의 《쌍매당집》에 수록된 계문을 표본으로 하여 문인계회에 대해 논하는데, 이 계회들은 추구하는 목적이 유교적 덕목 실천과 관련된 것으로 보아, 이미 성리학을 수용한 새로운 문인지식인 집단, 곧 신흥사대부의 가치관을 반영했던 것으로 보인다. 즉 기로회와는 달리 고려 말의 문인계회는 여말선초 신흥사대부의 가치관을 보다 강력히 반영했다고 보인다는 것이다.[89]

그런데 계회가 열리면 이를 기념하는 그림, 곧 계회도(契會圖)를 그려 구성원들이 나누어 가지는 관습이 있었다. 이 계회도에는 모임에 참석한 구성원들의 모습을 담는 것은 물론, 그들의 소속과 이름을 기록한 좌목, 계회의 취지를 적은 서문과 발문이 그림과 함께 장황(粧潢)되었다.[91] 여기서 우리가 주목하려는 대상은 그 그림이다.

계회도는 남성–양반의 모임이 그림의 제재이므로 우리가 주제로 삼는 '조선시대 여성의 형상'과는 별 관계가 없는 것처럼 느낄 수도 있다. 하지만 계회도에는 여성이 필연적으로 등장할 수밖에 없었다. 여러 종류의 계회도에 등장하던 여성 형상에 대해 검토해보자.

양반 남성들만의 모임인 계회

고려조의 기로회·기영회는 조선 건국 이후에도, 그리고 15세기까지도 계승되었다. 관청, 곧 기로소에서 개최한 공적 차원의 기로연도 있었고 또 민간에서 사적으로 연 것도 있었다. 기로소란 무엇인가. 그 기원은 이렇다. 원래 기로소란 고려 때 2품 이상 관직에서 고령을 이유로 물러난 고위 관료 출신들이 만든 치정재추소(致政宰樞所)를 가리키는 것이었다. 치정재추소는 국가의 주요 정사에 관여하는 등 실질적 권력을 갖고 있었고, 조선을 건국하는 과정에서는 이성계의 왕위 추대를 돕기도 했다. 하지만 건국 이후 태종 때에 들어와 왕권이 강화되면서 치정재추소는 전함재추소(前銜宰樞所)로 격하되어 왕가의 탄생기념일 등 단지 국가적 경사가 있을 때에만 하례(賀禮)를 하는 정도로 기능이 제한되었다. 그 뒤 1428년(세종 10)에 치사기로소(致仕耆老所)가 되었고, 기로소란 바로 그것의 약칭이다.[92]

기로소에서 주관한 기로연은 해마다 3월 3일과 9월 9일에 열렸는데,《실록》에는 세조 5년(1459) 3월 3일의 기로연부터 성종 4년(1473) 9월 9일의 기로연까지 아홉 번 열렸다는 기록이 남아 있다. 성종 4년 9월 9일 이전의 기로연에는 연로한 전직 당상관들만 기로연에 참석했지만, 이때를 기점으로 그 후에는 정승을 지낸 사람과 2품 이상으로 70세 이상인 자는 현재의 직임이 무엇이든 일정한 직무가 없는 벼슬인 산관(散官)이든 간에 따지지 않고 기로연에 참석하게 했다. 하지만 이 기로연을 그린 그림은 전혀 전하지 않는다.

기로연과는 별개로 1474년부터는 70세 이상의 종친·재신(宰臣)과 70세가 되지는 않았지만 의정(議政)을 지낸 사람을 참가하게 했다. 의정이라 하면 조선시대의 최고 관직인 의정부의 세 정승을 뜻한다. 이들까지 참가시킨 계회를 기영연(耆英宴)이라 불렀고, 이후 관례가 되었다.[93] 성현의《용재총화》에 의하면, 상사일(上巳日)과 중양절에 보제루(普濟樓)에서는 기로연을, 훈련원에서는 기영회를 베풀어 술과 음악을 하사했다고 한다. 기로소에서 주관한 기로연과 기영회는 선조조까지는 기영회로 통칭되며 전승되었고, 다시 선조·광해조 연간에 오면 기영회 대신 기로회라고 불렸다.[94]

한편 사적 차원에서 시행된 기로회도 있었으니, 1404년 최당의 외손인 이거이(李居易, 1348~1412)가 해동기로회를 본떠 조직한 '후기영회(後耆英會)', 1414년 우의정 노숭(盧嵩, 1337~1414)과 성석린(成石璘, 1338~1432)이 결성한 기영회, 1433년 우의정으로 벼슬 자리에서 물러난 유관(柳寬, 1346~1433)이 주도한 기영회 등이 있었다.[95]

앞서 언급했듯이 유교적 가부장제로 작동하는 사회를 건설하고 싶었던 남성-양반은 조선 건국 이후 여성의 사회적 활동을 금지하고 가정 내부로 유폐하려 했다. 이는 다르게 말하면, 여성에게서 연회의 기회를 빼앗고자 했다는 것이다. 조선 건국 직후인 태조 1년(1392) 9월 21일 대사헌 남재(南在) 등이 12개조로 된 상언을 올리는데, 그중 하나를 살펴보면 그런 의도를 충분히 짐작할 수 있다.

> 옛날에는 시집을 간 여자는 친정부모가 죽었을 경우 근친(覲親)하는 의리가 없었으니, 그 근엄함이 이러했습니다. 전조의 말엽에 풍속이 타락한 나머지 사대부의 처가 권세가의 집을 찾아다니면서도 태연히 여기고 부끄러운 줄을 몰라 식자들이 수치스럽게 생각했습니다. 지금부터 문무 양반의 부녀자들은 부모·친형제·친자매·친백부·친숙부·친외숙·친이모를 제외하고는 왕래를 허락하지 않도록 하여 풍속을 바로잡으소서.[96]

여성이 비록 관료가 될 수는 없었다 해도 관료사회 이면에서 활동했던 것을 알 수 있다. 이 조항은 《경제육전(經濟六典)》에 실린 것으로,[97] 그 의도는 여성의 사회활동을 봉쇄하려는 것이었다. 여성의 사회적 활동을 봉쇄하는 것은, 곧 여성에게서 놀고 즐기는 일을 박탈하는 것이었다. 사실 조선 전기의 《실록》을 보면, 여성이 사찰의 불교행사와 이른바 음사(淫祀)로 불리는 굿에 적극 참여하는 것을 확인할 수 있다. 유교적 가부장제는 이것이 여성의 성적 일탈을 초래한다며 여성을 가정 내부로 봉쇄하고자 하였다. 앞서 인용한 《경국대전》의 형전 금제조를 거듭 인용해본다. "유생·부녀로서 절에 올라가는 자〔여승도 같다〕, …… 도성 안에서 야제를 지낸 자, 사족 부녀로서 산이나 물가에서 잔치를 벌이거나 직접 야제와 산천·성황·사묘에 제사를 지낸 자는 …… 모두 장 100대를 친다." 그전에 사찰에서 이루어지는 신앙 행위에는 오락적 요소가 있었으며, 야제 곧 굿은 오신(娛神)의 성격과 더불어 오락성도 그 본질적 성격의 한 축을 이루었다. 그렇다면 여성의 사찰 출입과 야제 설행을 금한 것은 여성에게서 잔치라는 오락을 박탈하려는 심산이 아니었을까. 또한 경치 좋은 산과 물가에서의 유연(遊宴)을 금함으로써 여성이 주체가 되어 잔치를 벌이는 일을 아예 봉쇄하려는 것이었다.

그렇다고 조선에서 여성이 연회를 주최하거나 향유자가 되는 경우가 아주 없지는 않았다. 《경국대전》 '연향'조[98]에서 보듯 왕비는 왕과 함께 회례연과 양로연을 개최하는 주체였으며, 내명부와 외명부는 고위 관직이 참여하는 공식 연회 중 일부에 향유자로서 참여할 수 있었다. 왕이 신하들과 공식 연회를 벌이면, 왕비는 따로 내외의 명부들을 불러 궁중의 다른 전각에서 잔치를 열었다. 이런 예는 조선 전기의 《실록》에서 광범위하게 관찰된다. 그리고 이것은 분명 조선 후기와 구별되는 현상이다.■ 하지만 이것은 궁중의 사례일 뿐이고, 민간 여성의 경우에서는 쉽게 관찰되지 않는다. 다만 다음 자료는 참고할 만하다. 성종 9년(1478) 4월 21일 사간 경준(慶俊)이 사치스런 결혼 풍조로 인해 제때 결혼하지 못하는 경우가 있다고 하자, 홍응(洪應)은 그 말을 받아 이렇게 말한다.

> 또 하나의 폐단이 있습니다. 사위의 아비와 며느리의 아비가 모여 잔치

■ 왕비가 내외 명부를 불러 연회를 개최하는 것은 조선 전기에만 관찰되는 현상이다. 조선 후기에는 이런 식의 연회 개최가 거의 이루어지지 않았다. 이는 조선 전기 여성의 지위가 조선 후기 여성에 비해 높았다는 증거다. 하지만 조선의 전체적 흐름을 놓고 보면 여성에게서 연회를 주최하고 향유할 기회를 박탈하는 쪽으로 갔다.

를 벌이는 것도 옳지 못한데, 지금은 사위의 어미와 며느리의 어미가 또한 뻔뻔스럽게 모여 잔치를 벌이니, 이는 아주 큰 폐단입니다.[99]

결혼식 때 여성이 남성과는 따로 잔치를 열었던 것을 증언하고 있다. 조선 전기만 해도 왕실과 민간에서 여성이 연회의 주최자가 되거나 향유자가 되는 게 드물지 않았다는 이야기고, 이는 조선 후기에 비해 조선 전기 여성의 사회적 지위가 훨씬 높았음을 입증해준다. 사실 조선 전기의 《실록》에서는 여성이 잔치의 주체로 참여한 허다한 사례를 뽑아낼 수 있다. 하지만 남성-양반이 수많은 계회를 결성하고 연회를 벌이며 모여서 술 마실 기회를 가졌던 데 비하면 여성이 참여한 경우는 훨씬 적었다. 게다가 남성-양반은 여성이 연회나 회음(會飮)을 통해 쾌락을 추구하는 것을 부도덕한 일이라 주장하면서 그 기회를 박탈하는 방향으로 제도를 만들어나갔다. 이로 인해 여성의 계회는 존재하지 않았고, 계회도로 남기는 경우는 더더욱 없었다. 보통 계회도는 남성의 것, 즉 여성을 지움으로써 성립한 것이었다. 물론 계회도에 여성이 전혀 등장하지 않은 건 아니었다. 계회도라는 그림 속에서 여성은 특수한 형태로 하나의 구성원이 되었던 것이다.

흥을 돋우기 위해 존재한 여성들

이제 여성이 함께 그려진 계회도를 살펴보자. 먼저 사적 차원의 계회인 '기영회'를 그린 기영회도다. 현재 남아 있는 계회도로 가장 오래된 것은 1499년에 제작된 〈십로도상도권(十老圖像圖卷)〉이다(그림 19). 조선 초기 문신인 신말주(申末舟, 1429~1499)는 전라도 순창에서

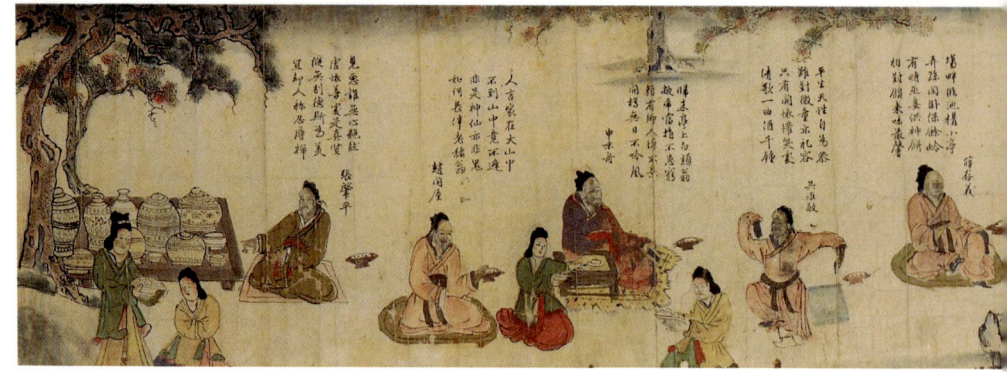

그림 19
작자 미상, 〈십로도상도권〉, 1499년, 삼성미술관 Leeum

귀래정(歸來亭)이라는 정자를 짓고 노년을 보내는데, 한동네의 일흔 넘은 노인 아홉 명■과 시주회(詩酒會)를 갖고 그것을 기념하여 그림을 그린다(1499년).¹⁰⁰ 이것이 〈십로도상도권〉이다. 이 모임이 향산구로회와 낙양기영회를 의방(依倣)하여 개최되었다는 점에서 기영회의 전통을 잇는다는 것은 굳이 췌언을 요하지 않는다.

  이 그림의 주 제재는 당연히 열 명의 노인이지만, 그림 속에는 여성도 있다. 여성은 모두 여섯 명이다. 먼저 신말주 주변에 두 명의 여성이 있다는 점에 주목하자. 신말주는 이 모임의 주최자답게 다른 사람과 달리 호피자리 위에 앉아 있고 남들에게는 없는 탁자도 옆에 두고는 거기에 오른팔로 몸을 기대고 있다. 그의 좌우로 여성 둘이 있는데, 왼쪽 여성은 신말주가 기댄 탁자 위에 술잔을 올리고 있고, 오른쪽 여성은 안주를 넓은 그릇에 담아 바치고 있다. 그렇다면 이 그림에서 여성들은 모임의 참석자라기보다는 남성들의 술시중을 드는 '조흥의 도구'로서 존재한다는 이야기다.

■ 이윤철(李允哲)·김박(金博)·한승유(韓承愈)·안정(安正)·오유경(吳惟敬)·설산옥(薛山玉)·설존의(薛存義)·장조평(張肇平)·조윤옥(趙潤屋)이다.

　신말주 외에도 안정 옆에, 한승유와 장조평 옆에 여성이 있고, 그림의 맨 왼쪽에는 무늬 있는 큰 자기를 얹어놓은 찬탁(饌卓) 앞에 여성 둘이 있다. 그중 한 여성은 음식 담긴 그릇을 들고 있고 나머지 한 여성은 앉아 있다. 두말할 나위 없이 이 여성들도 술과 음식을 담당하는 역할이다. 여성들의 신분은 분명하지 않다. 하지만 이 모임이 신말주의 귀래정에서 열렸음을 상기한다면, 신말주 집안의 여성임은 확실하다. 다만 신말주보다 신분처지가 낮은 여성으로 보아야 할 테니, 조심스럽게 추측하자면 아마도 사비(私婢)가 아닐까 한다.

　〈십로도상도권〉에 나타난 여성 형상은 어느 계회도에서나 동일하게 반복되는 여성의 모습이다. 즉 계회도에는 연회를 향유하는 주체가 아니라 그 주변부에서 시중을 들거나 춤과 노래로 모임의 흥을 돋우는 도구적 존재로서 여성이 그려지는 것이다.

　기로소에서 주관한 기로연이나 기영회는 해동기로회가 그랬듯 기념의 성격이 강한 그림을 남겼을 가능성이 있지만, 현재 남아 있는 작품은 기로소에서 주관한 공식적 기영회 장면을 그린, 1584년과 1585년의 기영회도 5점이고 그 외 1599년에 제작된 〈기로연시화첩(耆老宴

그림 20
작자 미상, 〈기영회도〉 부분, 1584년, 국립중앙박물관

詩畵帖〉〉은 사적으로 가진 기로회를 바탕으로 제작된 것이다.[101]

먼저 1584년에 제작된 〈기영회도〉를 보자(그림 20). 참석자는 우의정 홍섬(洪暹)을 비롯한 일곱 명이다.■ 이 그림에서도 당연히 우리의 관심은 여성이 등장하는 부분이다.

건물 내부에서 연회가 벌어지고 있다. 문지방을 사이에 두고 연회

■ 나머지 인물은 노수신(盧守愼, 1515~1590) · 정유길(鄭惟吉, 1515~1588) · 원혼(元混, 1505~1588) · 정종영(鄭宗榮, 1513~1589) · 박대립(朴大立, 1512~1584) · 임설(任說, 1510~1588)이다.

공간과 그 아래 연회를 돕는 보조 공간이 분리되어 있다. 연회 공간에 있는 일곱 명의 남자는 홍섬 등 고급 관료들이다. 이 공간에도 여성은 있다. 중앙의 기둥을 중심으로 하여 좌우에 여자 둘이 춤을 추고 있고, 기둥 왼쪽 공간에는 술잔을 올리는 여자가 좌우로 모두 셋 있다.

보조 공간에는 화탁(花卓) 오른쪽에 노란 웃옷을 입고 족두리를 쓴 여자가 열 명, 왼쪽에 푸른 웃옷을 입은 여자가 여섯 명 있다. 이들은 그 위의 술잔을 올리고 춤을 추는 여자들과 복색이 같다. 관청(기로소) 연회에 동원된 무희가 여염집 여성일 리는 없을 테니, 당연히 기녀(妓女)들이다. 이 외에 건물 왼쪽 모퉁이에 술단지가 놓인 탁자가 있고 그 오른쪽으로는 어떤 기명(器皿)을 얹은 화로가 보인다. 정확히는 알 수 없지만, 벌겋게 지펴진 화로를 보건대 물을 담은 넓고 흰 그릇을 숯불 위에 올리고 그 그릇 안에 술주전자를 얹어 술을 데우고 있는 것이 아닌가 한다.

이처럼 〈기영회도〉에는 여성이 등장하지만, 술과 음식을 마련하거나 상에 올리는 일을 하든지 아니면 가무로 흥을 돋우는 역할을 담당할 뿐이다. 계회도에 등장하는 여성은 이런 역할을 반복한다. 1년 뒤인 1585년 기영회(그림 21)에는 노수신·정유길·원혼·정종영·임열 등 전해의 기영회에 참석한 다섯 명과 심수경(沈守慶, 1516~1599), 강섬(姜暹, 1516~?)이 함께했다.

1584년 〈기영회도〉와 완전히 동일한 구성이다. 건물 내부 아래쪽 중앙에 탁자와 꽃병을 둔 것이나 그 좌우에 기녀가 앉은 것 그리고 기녀 둘이 춤을 추고 있고 술시중을 드는 기녀 등 그림의 세부가 완전히 일치한다. 기영회 연회는 원래 왕이 연회를 하사하는 사연(賜宴)이다. 사연은 반드시 장악원 악공, 춤과 노래, 술시중을 담당하는 기녀를

그림 21
작자 미상, 〈선조조기영회도(宣祖朝耆英會圖)〉, 1585년, 서울대학교박물관

'하사'한다. 이렇게 해서 연회의 형식이 동일해지므로 기영회도도 사실상 같은 구성을 취하게 되는 것이다.

관청의 연회란 〈기영회도〉에서 보여주는 연회와 대동소이한 형태를 띠고, 거기에 등장하는 여성도 다를 수 없다. 연회 장면을 그린 그림으로 가장 오래된 작품인 1535년 〈중묘조서연관사연도(中廟朝書筵官賜宴圖)〉를 보자(그림 22).

중종은 1535년 왕세자에게 경서를 강론하는 서연관(書筵官) 서른

그림 22
작자 미상, 〈중묘조서연관사연도〉, 1535년경, 홍익대학교박물관

아홉 명에게 연회를 베풀었는데, 이 그림은 바로 그 연회 장면을 그린 것이다. 연회의 주체는 당연히 양반 남성 관료들이고, 여성은 춤을 추며 흥을 돋우는 역할을 할 뿐이다. 이 그림에서 옷소매를 날리며 마주 보고 춤추는 사람 둘은 여기(女妓)이고, 그 앞에 앉은 노란 웃옷을 걸친 여섯 명의 여성도 같은 여기다.

앞서 말했듯 가장 많이 그려진 계회도는 동관계회를 제재로 삼은 것이다. 아마 고려 말부터 한 관청에 근무하는 관원 명단을 기록하던

제명록(題名錄)의 전통이 15세기를 통과하면서 발문과 그림을 붙이는 계회도의 형식을 갖춘 것으로 추정된다. 현존하는 조선시대 문집에는 15세기 계회도와 관련한 시문 및 서문·발문이 70여 건 남아 있어[102] 15세기에는 관료집단 내부에서 계회 결성이 성행했음을 짐작할 수 있다.

계회는 당연히 연회를 동반했다. 조선 전기에는 양반 관료는 물론이고 일반 평민들까지 모여서 술 마시는 풍습, 곧 회음이 성행했다. 또 15세기 후반 관변에서는 과거에 합격해 처음 관청에 입사(入仕)하는 신임 관원에게 선임 관원들이 연회를 베푸는 관례, 곧 신참례(新參禮)도 성행했다. 이것이 동관계회에 연회가 동반되는 중요한 계기로 작용한 것으로 보인다. 그리하여 동관계회도는 단순히 관청 건물만 그리는 경우, 산수 속에서 계회 장면이 극히 작게 그려지는 경우, 참석자가 열석(列席)한 모양만 그리는 경우, 차를 마시는 모습을 그리는 경우 등 다양한 형식을 갖게 되었다. 이런 경우에는 당연히 그림에 여성이 등장하지 않는다. 하지만 대다수의 계회도는 흥을 돋우는 도구적 존재로서의 여성을 등장시켰다. 1550년경 그려진 〈호조낭관계회도(戶曹郎官契會圖)〉를 보자(그림 23).

그림 중앙에는 술상을 받은 낭관들이 있고 바깥쪽 툇마루에는 여자들이 앉아 있다. 악공이 없는 것으로 보아 음악과 춤은 제공되지 않았을 테니 이 여자들은 관청의 비녀일 것이다. 같은 복색을 한 여성들이 건물 오른쪽 마당에 있는데, 위쪽에 술단지를 올려둔 탁자가 있으니 여기서 술을 제공했을 것이다. 이 그림에서도 여성은 연회에서 술과 음식을 올리거나 시중을 드는 보조적 존재로 나타날 뿐이다.

지금까지 기영회도나 기로회도, 사연도, 동관계회도 등 계회도에

그림 23
작자 미상,
〈호조낭관계회도〉,
1550년경,
국립중앙박물관

나타난 여성 형상을 검토해보았다. 한마디로 계회도란 대부분 잔치 장면을 그린 것이었고, 당연히 주된 인물 형상은 남성이었다. 이것을 여성과 관련지으면 잔치 그림은 여성을 배제한다는 의미를 갖지만, 이미 살펴본 것처럼 계회도가 여성을 전혀 포함하지 않는 건 아니었다. 남성이 계회를 맺어 잔치를 여는 경우 대개 잔치를 돕는 여성, 곧 술과 음식을 공급하거나, 춤과 노래로 흥을 돋우는 여성이 포함되는 경우가 적지 않았기 때문이다. 그때 여성은 조흥의 도구로 존재했다.

여성이 '조흥'이라는 도구적 존재로 표현되는 것은 가부장제 사회에서 대체로 관찰되는 현상이다. 다만 전술한 바와 같이 조선의 국가 이데올로기인 성리학은 남성-양반에게 욕망을 절제하는 윤리적 삶을 요구했기에 남성-양반은 기녀제도를 혁파하고자 했고, 기묘사림의 집권기에는 잠깐 기녀제도 혁파에 성공하기도 했지만, 1519년 기묘사림이 실각하면서 기녀제도는 복구되었다. 성리학은 남성-양반에게 욕망 절제를 요구했지만 성리학이 지향했던 가부장제는 남성의 욕망을 일방적으로 관철하려는 의도가 있었기 때문이다. 이로 인해 남성이 주체가 되는 연회 혹은 회음에는 그들의 즐거움을 고양하기 위해 여성이 동원되었다. 남성-양반은 기녀의 예능노동과 성을 착취해 쾌락을 충족했던 것이다. 이것이 계회도에 여성이 반드시 등장할 수밖에 없었던 이유다.

조선이 건국되자 유교적 가부장제가 도입되었고 이에 따라 남성-양반은 여성의 지위를 오직 남성에게 종속되는 존재로만 조정하고자 했다. 물론 그 과정은 더디게 진행되었다. 남성과 똑같이 여성도 초상화를 제작하던 고려의 풍속이 조선에서도 한동안 지속되었으니까 말이다. 미인도 제작 역시, 성리학적 윤리관이 확산되었을지라도 그것으로 충족될 수 있는 남성-양반의 성적 욕망은 사라지지 않았기 때문에 그대로 제작되었다. 물론 현재 그 실물을 확인할 수는 없다. 이는 모두 고려의 유제다.

　조선 전기에 제작된 회화에서 나타나는 여성 형상의 특징적 성격은 《삼강행실도》 열녀편 목판화의 열녀 형상과 경직도 등에서 확인할 수 있다. 그것이야말로 유가가 정말로 원하는 것, 즉 여성이 남성에게 성적으로 종속되는 방식과 여성의 노동을 형상화한 것이기 때문이다. 아울러 계회도에 비녀와 기녀의 형상이 보이는데 이들도 남성-양반의 유흥 활동에 동원되는 도구적 존재로서, 이러한 그림 역시 남성-양반의 가부장적 사회를 전제하면서 등장한 것일 터이다.

2장 — 조선 후기

남성의 시선으로 그려진 여성의 세속

1

본격화하는 가부장제

—여성 형상에 변화를 가져온 요인들

　임진왜란과 이어 일어난 병자호란을 거치며 유교적 가부장제는 조선에서 본격적으로 작동했다. 17세기를 통과하면서 유교적 사회로의 전환이 확실히 이루어진 것이다. 이는 곧 유교적 가부장제의 강고한 정착을 의미하고 또 모든 차원에서 여성의 지위가 낮아진다는 의미였다. 구체적으로 예를 들면, 장자 우대 상속제가 시행되자 여성이 재산 상속에서 배제되기 시작했고, 부처제(婦處制)가 부처제(夫處制)로 바뀌자 시집살이가 시작되어 결혼한 여성은 무조건 전혀 이질적이고 적대적인 공간 속으로 들어가야만 했다. 여성이 남성에게 성적으로 종속되는 존재라는 것이 다양한 측면에서 명백해진 것이다. 사족 여성의 수절이 당연한 풍습으로 고착되더니 점차 그것이 상민층까지 번지기 시작했다. 그리하여 18세기부터는 여성의 종사(從死), 즉 남편을 따라 죽는 일이 본격화되었다.

완전히 자리잡은 유교 이념

조선이 본격적으로 유교사회로 전환하고 가부장제가 완전히 정착하면서 회화 속 여성의 형상에도 일대 변화가 일어났다. 가장 큰 변화라면 여성의 초상화가 사라져버린 점이다. 남성의 초상화 역시 절에 봉안하지 않게 되었지만, 그래도 여전히 남성 초상화를 제작하는 일은 계속되었던 반면 여성은 아예 초상화를 그리는 일 자체가 사라지고 만 것이다. 여성의 사회적 지위가 떨어졌음을 반영하는 변화다. 아울러 회화의 제재나 화풍 자체가 유교적 가부장제를 온전히 반영했다. 먼저 김득신(金得臣)의 《행려풍속도병(行旅風俗圖屛)》을 잠시 검토해보자.

김득신의 《행려풍속도병》의 하나인 〈넉넉한 양반집〉은 유교적 가부장제를 완벽하게 형상화한다(그림 1). 그림의 가운데 부분에 큰 기와집이 있는데 그 위편 왼쪽 집들은 모두 초가집이다. 거기에 주목한다면 이 기와집이 이 마을을 실질적으로 지배하는 양반 지주의 집이라는 걸 짐작하기란 어렵지 않다.

기와집 안에는 장죽을 문 사내가 장침(長枕)에 기대어 책을 읽고 있다. 그 옆 횃대에는 매가 한 마리 있고, 다시 집 밖에는 벌통이 둘 있으며, 축대 위에는 다관(茶罐)을 얹어놓은 화로가 보인다. 큰 기와집에 작은 기와집도 딸렸다. 거기에선 사방관을 쓴 남자가 책을 이리저리 펼쳐가며 아들을 가르치고 있다. 큰 기와집에서 장죽을 물고 있는 노인의 아들과 손자일 터이다. 마당에서는 노비 둘이 새끼를 꼬거나 가마니를

그림 1
김득신,
〈넉넉한 양반집〉,
《행려풍속도병》,
삼성미술관 Leeum

짜고 있고, 그 왼쪽에서는 물동이를 인 계집종이 맨발의 아이를 데리고 물을 길러 갔다가 마당으로 들어오고 있다. 그림의 아랫부분에는 덕석을 덮은 소가 매여 있고 왼쪽에는 곡식을 쌓은 낟가리가 셋 있다.

이 그림은 조선의 사대부 체제가 이상으로 상정한, 조·부·손으로 이어지는 유복한 삼대의 양반 그리고 노비, 넉넉한 재산으로 표현되는 유교적 가부장제에 입각한 가문을 전형적으로 보여준다. 이런 식으로 유교적 가부장제는 다른 여러 그림 곳곳에서도 반복된다. 작자를 알 수 없는 속화 한 점을 더 보자.

〈서당집〉 역시 〈넉넉한 양반집〉과 동일한 구조를 지닌 그림이다(그림 2). 기와집이 말끔한 초옥으로 바뀌었을 뿐이다. 서당은 지금의 학교처럼 따로 공간이 있을 뿐만 아니라 넉넉한 양반이 자기 집 안에 개설하기도 했으니, 이 서당은 초옥 안의 사방관을 쓴 사내의 가옥으로 보면 맞을 것이다. 그림 위쪽 장독대에 놓인 큰 장독과 왼쪽 마구간에 매인 말(귀가 크니 나귀일지도 모르겠다)과 그 위에 걸친 화려한 안장 그리고 여물통 앞에서 나무통을 들고 있는 말구종 등으로 보아 이 집안 또한 꽤나 넉넉한 양반집이다.

사방관을 쓴 집주인 양반은 앉아서 쓰는 책상인 서안(書案)에 기대어, 마당에서 이미 관례를 올린 나이 많은 학생이 머리를 땋은 어린 학생에게 회초리 치는 모습을 내다보고 있다. 마루에 학생들이 꽤나 여럿 모인 것으로 보아 이 양반은 학식도 있는 데다, 마당에서 단정학(丹頂鶴) 두 마리를 기를 정도로 여유도 있다. 여자는 둘이 등장한다. 아래쪽에서는 머리를 길게 땋아 늘어뜨린 처녀가 머리에 광주리를 이고 집으로 들어서는 중이다. 처녀는 회장을 한 녹색 저고리와 붉은빛 감도는 치마를 입었는데, 비녀(婢女)는 아닌 것 같고 양반가 여성으로

그림 2
작자 미상, 〈서당집〉, 국립중앙박물관

보인다. 위쪽에는 소반을 들고 나오는 여자가 있는데, 그 차림새가 아래쪽의 처녀와는 사뭇 다르다. 아무래도 비녀인 모양이다. 서당의 선생과 학생은 모두 남성이고 일을 하는 사람은 모두 여성이다. 이 그림 역시 유교적 가부장제를 온전히 표현하고 있다.

〈넉넉한 양반집〉과 〈서당집〉은 강력한 가부장을 중심에 두고 그 주변으로 아이와 여성, 노비를 배치했다. 한데, 여기 등장하는 여성은 또 모두 노동하는 여성이다. 그렇다면 가부장제가 지배하고자 했던 성적(性的) 여성은 어디로 갔는가? 〈그림 3〉을 보자. 가부장제가 여성을 성적으로 지배하고자 했던 욕망은 이런 그림에서 보다 명료하게 표현된다. 김희겸(金喜謙)이라는 사람이 그린 〈석천한유(石泉閑遊)〉다.

이 그림에서 누각 위의 감투 쓴 사내는 전일상(田日祥, 1700~1753)이라는 인물이다. 전일상은 본관이 담양으로 5대에 걸친 무반(武班) 가문에서 태어났고, 이 그림이 그려질 당시(1748)에는 전라 우수사로 재직 중이었다. 전일상은 매를 오른손에 얹은 채 정자 아래 말을 보고 있다. 정자 바로 아래에는 사냥개도 두 마리 있다. 전일상의 머리 위 기둥에는 칼이 묶여 있다. 말과 매, 사냥개, 칼은 그가 무인임을 상징하는 장치다.[1]

하지만 이 그림에서 가장 중요한 것은 역시 네 명의 여성이다. 정자 위에는 둘이 있는데, 그중 한 여성은 젓대를 불고 있고 또 한 여성은 가야금을 뜯고 있다. 정자 계단을 내려오는 여성은 손에 술병을 들고 있고 그 아래 여성은 안주를 가지고 계단을 오르고 있다. 아마도 이 여성들은 계집종이거나 관기(官妓)일 것이다. 이 그림에서 여성은 오로지 남성에게 쾌락을 제공하는 도구로 존재할 뿐이다. 조선 가부장제의 이면적 욕망을 이 그림처럼 여실히 보여주는 것은 아마 없으리라.

그림 3
김희겸, 〈석천한유〉,
1748년, 전용국 소장

그렇다면 이것은 무슨 뜻인가. 조선 전기와 달리 이제는 회화에서도 유교적 가부장제를 선명하게 반영하기 시작했다는 이야기다. 이런 사실은 앞으로 살펴볼 여러 그림에서 연거푸 확인된다.

속화의 탄생, 세속을 그리다

유교적 가부장제 성립이 회화 속 여성 형상에 변화를 초래한 간접적 요인이었다면, 속화의 출현은 보다 직접적 요인으로 작용했다.

'속화(俗畫)'는 제재에 의해 분류되는 회화의 한 장르다. 속화는 저속한 제재의 그림이라는 뜻이 아니라, '세속적' 제재, 곧 인간의 생활을 제재로 선택한 그림을 말한다. 속화는 인간의 생활을 제재로 삼는다. 그렇다면 당연히 지배계급은 물론, 피지배층 백성은 물론 여성의 삶까지 제재로 포함할 것이다. 조선 후기에 출현한 속화 덕분에 전통회화가 인간 일상의 세부적 국면까지 형상화할 기회를 갖게 되었다는 점에서 속화는 회화사는 물론 풍속사와 생활사를 살피는 데서도 엄청나게 중요한 의미를 지닌다. 그렇다면 속화는 어떤 배경에서 출현한 것일까. 그리고 그것은 여성과 어떤 관련이 있을까.

전근대사회에서는 지배계급의 가치관 및 미의식과 연관되지 않는 건 애초 회화의 제재로 선택되지도 않았다. 예컨대 《경국대전》에 따르면, 당시 도화서 화원 취재(取才)의 화문(畫門)은 '죽(竹)' '산수' '인물' '영모(翎毛)' '화초(花草)' 등 다섯 가지였다. 또 이 다섯 개의 화문에 일정한 등급을 부여했는데 '죽'은 1등, '산수'는 2등, '인물'과 '영모'는 3등, '화초'는 4등으로 구분한 뒤 화문마다 기본 점수에 차등을 두었고, 점수를 계산할 때도 화문들 사이의 등급 차이가 매우 중요한 의미를 지니며 큰 역할을 했다. 요컨대 제재로 회화의 장르를 만들었고, 그 제재에 따라 일정한 평가가 동반되었던 것이다.

제재에 차등을 둔 데는 나름의 이유가 있었다. 《경국대전》이 만들어지던 조선 초기에는 고려 후기에 수용되던 소동파(蘇東坡)의 시서화일치론(詩書畫一致論)과 묵죽론(墨竹論) 중심의 중국 문인화론에 따른 영향이 강하게 남아 있었다. 그래서 그림의 제재 가운데서도 '죽'을 가장 중시하고 시정(詩情)을 표출하기에 가장 적합한 산수가

매우 중시되었던 것이다.[2]

하지만 속화의 전성기라고 할 18세기 후반에 오면 다른 양상이 나타난다. 위의 다섯 가지 장르와 함께 화원을 뽑는 하나의 화문으로 '속화'가 채택되는 것이다. 정조가 규장각의 자비대령화원(差備待令畵圓)을 선발할 때 인물·산수·누각·초충·영모·매죽과 함께 속화도 취재의 한 과목이 되었다.[3]

왜 하필 조선 후기에 속화라는 장르가 출현했던 것일까. 속화의 발생 기원은 명확히 밝혀진 바가 없다. 회화사 연구자들은 속화의 기원을 멀리는 고구려 벽화까지, 가까이는 고려와 조선조의 빈풍칠월도 계통 회화, 《삼강행실도》 판화 등으로 거슬러 올라가지만, 어떤 것도 결정적 요인은 아니다. 즉 우리가 최초의 속화로 인정하는 윤두서(尹斗緖, 1668~1715)와 조영석(趙榮祏)의 속화가 어떤 이유에서 제작되었는지 뚜렷이 밝혀진 바는 없는 셈이다. 다만 넓게 보아 속화는 유가(儒家)의 예술관에서 나온 것으로 보인다.

유가의 예술관은 기본적으로 유교적 정치의식에서 배태되었다. 유교적 정치의식에는 백성의 삶을 관찰하여 정치에 반영한다는 관념, 곧 관풍찰속(觀風察俗)의 관념이 있었다. 《시경》에 실린 민요에서 당시 그 민요가 유행하도록 한 그 사회를 관찰할 수 있다는 식의 생각은 유가들에게 상식이었다. 한나라 때 음악을 통해 민간의 질고를 알고 그것을 정치에 반영하자는 의도로 악부(樂府)라는 관청을 설치하여 민간의 음악을 채집한 것도 바로 그런 이유다. 이러한 유교적 예술관이 인간의 생활을 그림의 제재로 선택할 길을 열어준 것으로 보인다. 그리고 17세기 중반 이후 조선이 유교적 국가로 확실히 전환하자, 유가의 예술관 또한 문인과 학자들에게 상식이 되었던 것도 또 다른 근거가 되겠다.

통속을 예술적 제재로 삼는 것에 대한 거부감이 사라진 점도 중요한 원인이 되었다. 이덕무(李德懋)는 어떤 사람이 수집한 조영석의 속화 70여 점 중 〈세 여자가 재봉하는 그림〉 〈의녀도(醫女圖)〉 〈흙담 쌓는 그림〉 〈조기 장수〉 〈통메장이〉 〈미장이〉 등에 허필(許佖)·유득공(柳得恭)·이진(李璡) 등이 붙인 평문을 두고 이렇게 말한 바 있다.

> 문인재사(文人才士)로서 통속을 모른다면 아름다움을 다 발휘하는 재주라고 말할 수 없다. 이 몇 사람은 그 오묘함을 곡진히 표현했는데, 만약 속되다면서 물리친다면 인정(人情)에 맞지 않다. 청유(淸儒) 장조(張潮)의 말에 "문사는 통속 글을 지을 수 있지만, 속인은 문사의 글을 짓지 못하고 게다가 통속 글도 못 짓는다" 하였으니, 정말 이치를 아는 말이다.[4]

통속을 예술의 제재로 삼을 수 있다는 생각이 18세기의 문인 예술가들 사이에서 폭넓게 공감을 얻은 것이다.

또 하나 놓칠 수 없는 것은 중국에서 수입된 그림과 화보(畵譜)의 영향이다. 이것은 직접적으로 속화의 모델이 되었기에 대단히 중요하다. 속화라고 부를 만한 작품을 남긴 최초의 작가는 윤두서(1668~1715)이고 해당 작품은 〈나물 캐기〉이다(그림 4). 여기 등장하는 여성은 이전의 초상화나 미인도·연회도에 등장하던 여성과는 사뭇 다르다.

여자 둘이 나물을 캐고 있다. 왼쪽 여자는 왼손에 종다래끼를 들고 오른손에 캠대를 쥐고서는 무슨 나물을 캘지 찾는 중이고, 오른쪽 여자는 고개를 돌려 반대편에서 나물을 찾고 있다. 나물 캐기는 주로 여성의 노동으로 여겨왔다. 찬거리로, 때로는 구황 식물로, 나물을 채취

그림 4
윤두서, 〈나물 캐기〉, 윤영선 소장

하는 것은 여성이 하는 노동으로 인식되었다. 윤두서 역시 그런 사회적 관습을 그림에 고스란히 반영한 것이다.

하지만 〈나물 캐기〉는 다소 이색적인 데가 있다. 비록 조선 여성을 그린 것이기는 해도, 멀리 보이는 산은 한국에서는 쉬이 찾아보기 어려운 형태로, 《고씨화보(顧氏畵譜)》 중 마린(馬麟, 1195~1264년경 활동)의 〈산수인물도〉에 보이는 산의 모양을 닮았다. 또 그림 속 아낙의 옆얼굴이나 수건을 둘러쓴 모습 역시 《고씨화보》에 실린 두근(杜菫, 1465~1509년경 활동)의 풍속화에서 차용한 것으로 보인다. 즉 윤두서는 현실 속 여성을 표현하려 했으되 화보에 꿰맞추어 표현했던 것으로 보인다. 대체로 윤두서는 《고씨화보》에 실린 풍속화를 참고해 속화를 그렸고 이를 새로운 창작의 한 발판으로 삼은 것이다.[5]

조영석 역시 중국에서 수입된 회화에 영향을 받아 속화를 제작했던 것으로 보인다. 조영석이 남긴 서민풍속화도 원래 중국식 풍속 표현에서 시작되었는데 그러다 점차 중국풍을 덜어내고 자기 특유의 세계를 창출했다는 것이다.[6] 이때 중국식 풍속 표현의 근거는 윤두서와 마찬가지로 《고씨화보》 같은 중국에서 제작된 그림책들이었을 것이다. 하지만 《고씨화보》만으로는 그의 풍부하고 다양한 속화 제작 배경을 다 설명할 수 없다. 앞서 이덕무는 어떤 사람이 수집한 조영석의 속화가 70여 점이라 전하고 있으니, 실제로 조영석은 그보다 훨씬 더 많은 속화를 제작했을 것이다. 이덕무가 예를 들어 소개하는 〈세 여자가 재봉하는 그림〉 등 다섯 작품만 봐도 조영석은 의녀, 조기장수, 미장이 등 매우 다양한 인물 군상을 속화로 옮겼던 것이다. 조영석의 속화에 대해 이규상(李奎象)은 이렇게 평했다.

조영석은 또한 지금 시속의 물상을 묘사하는데 꼭 닮게 그렸다. 일찍이 그가 그린 소폭의 그림을 본 적이 있는데, 오동나무 아래에서 젊은 아낙이 다듬이질하는 모습을 그린 것이요, 또 하나는 경강(京江)에서 용산길에 병 거지를 쓴 사람이 땔나무를 실을 말을 몰고 가는 것이었다. 또 우리 집에 소폭의 그림이 있는데, 나귀 타고 가는 시체(時體) 사람의 복식을 그린 것으로, 신운(神韻)이 조금도 어긋남 없으니 참으로 신품이다.[7]

이 글에서 특히 눈길을 끄는 것은 '시속의 물상'이라는 부분이다. 조영석은 왜 시속의 다양한 물상을 풍부한 작품으로 남기게 되었을까. 그가 젊어서 보았던 〈청명상하도(淸明上下圖)〉에서 받은 영향 때문으로 짐작된다. 조영석은 18세에 이동산(李童山)■이 소장한 명나라 구영의 〈청명상하도〉를 본 뒤 엄청난 감동을 받는다. 〈청명상하도〉는 원래 북송 휘종(徽宗, 1082~1125) 연간의 화가 장택단(張澤端)이 청명절의 변경(汴京)을 그린 장권(長卷)으로, 인구 100만 명을 이루던 변경 시내의 온갖 인간 군상의 삶이 세세하고 구체적으로 그려졌다(그림 5·6). 장택단의 〈청명상하도〉는 이후 소장자가 수없이 바뀌었고, 그 과정에서 이 작품을 모사한 모본도 대거 유행했다. 조영석이 본 〈청명상하도〉도 구영이 그린 모본이었다. 조영석은 그 모본에 큰 충격을 받고는 이렇게 쓴다.

사람의 크기는 대추씨보다 작지만, 그 이목구비와 정신은 또렷하게 표현되었고, 늙은이와 어린아이, 남자와 여자가 각각 제 모습을 갖추고 있

■ 이동산이 누구인지는 알 수 없다.

그림 5
장택단, 〈청명상하도〉 부분

다. 길 가는 사람, 앉은 사람, 말을 타고 가는 사람, 종종걸음으로 가는 사람, 엎드린 사람, 고개를 쳐들고 무언가를 보는 사람들은 앞을 보고 등을 보이고 비스듬히 섰거나 똑바로 섰거나, 각각 그 묘를 다 표현하고 있어, 한 사람도 같은 사람이 없다. 사냥하는 사람, 돌아다니며 구경하는 사람, 장사치와 여행자, 거지, 장인(匠人), 노래하고 춤추는 사람, 싸움질하는 사람 등 무릇 사람이 하는 일로서 기뻐하고 놀라워할 일들이 섬세하기 짝이 없을 정도로 갖추어져 있어 이 그림을 보는 사람이 흡사 그림 속으로 들어간 것처럼 느끼게 하니, 정말 그림 중에서 너무나도 공교로운 것이다.[8]

도시 공간에서 벌어지는 다채롭기 짝이 없는 인간군상의 일상적 삶이 사실적으로 그려진 〈청명상하도〉는 묵죽이나 산수, 영모, 전통인물화만 보아온 조선 사람들에게 큰 충격이었을 것이다. 조영석은 〈청명상하도〉의 정밀한 묘사에서 '중화의 풍속이 있음'을 보게 되었노라고 말한다.[9] 그는 과거 범선지(范宣之)가 대안도(戴安道)의 그림 〈남도부도(南都賦圖)〉를 보았을 때 그 문물제도(文物制度)가 모두 근거

그림 6
장택단, 〈청명상하도〉 부분

를 지닌 것을 보고는 벌떡 일어나 "그림의 유익함이 이와 같다"고 했던 것처럼, 자신 역시 〈청명상하도〉에 대해 그렇게 생각한다고 말하고 있다.[10] 조영석은 인간의 일상 삶을 사실적으로 묘사한 〈청명상하도〉에 큰 감명을 받은 것이다. 그리고 〈청명상하도〉에 등장하는 수많은 인물의 묘사에서 어떤 발상을 얻은 것이다. 바로 조선 사람의 다양한 일상을 제재로 삼아 그리겠다는 발상이었다.

〈청명상하도〉는 조선 후기 속화가 기존의 화단(畵壇)에 순조롭게 정착하는 데 상당한 기여를 했던 것으로 보인다. 이 그림이야말로 서울의 고급사족, 즉 경화세족(京華世族)이 다투어 소장하고자 한 품목이었기 때문이다. 조영석이 〈청명상하도〉를 본 것은 그의 나이 18세 때, 즉 1704년으로 18세기 초다. 이로부터 10년쯤 뒤인 1713년 1월, 이번에는 김창업(金昌業)이 북경에서 〈청명상하도〉를 본다.[11] 이후 이 그림을 소장한 사람이 서울에 꽤나 늘어났던 것으로 보인다. 박지원은 〈청명상하도발(淸明上河圖跋)〉에서 자신이 발문을 쓰는 그 작품 외에도 자신이 직접 본 〈청명상하도〉가 모두 7점이라고 말한다. 그가 본 〈청명상하도〉로는 조선 후기에 고동서화(古董書畵)를 수장(收藏)하는 유행을 일으킨 상고당(尙古堂) 김광수(金光遂, 1696~?)의 소유였다가 김광수 사후 서상수(徐常修)의 손으로 넘어간 〈청명상하도〉와, 그의 일가였던 금성위(錦城尉) 박명원(朴明源)의 소장품, 홍대용의 소장품 등이 소개되고 있다. 또 박지원 그룹에 속했던 이덕무 역시 〈청명상하도〉를 본 적이 있다고 증언하고 있으니,[12] 북경을 드나들 수 있었던 경화세족 사이에 〈청명상하도〉 소장 붐이 일었다는 이야기다. 더욱이 이것은 박지원의 주변 인물에 한정된 자료일 뿐이니, 사실상 〈청명상하도〉를 소장하거나 직접 본 사람은 이보다 훨씬 더 많았을 터이다. 정조는 서울 시정을 〈성시전도(城市全圖)〉라는 그림으로 제작하라고 명했는데, 그렇다면 정조 역시 당시 경화세족에게 널리 인지된 〈청명상하도〉를 의식한 것이겠다.

여성의 생활을 그리기 시작하다

조선 후기의 속화는 넓게는 관풍찰속이라는 정치의식에서 배태된 유가적 예술관에 근거를 두는 한편, 중국의 《고씨화보》나 〈청명상하도〉 전래 등이 복합적으로 작용하여 발생한 것이라 할 수 있다. 윤두서와 조영석의 선구적 작업이 선례가 되자 속화는 점차 시대의 유행이 되었다. 급기야 18세기 후반에 이르면 김홍도(金弘道)와 김득신·신윤복(申潤福)처럼 빼어난 속화 작가가 나타나고, 앞서 말했듯 자비대령화원을 선발할 때 속화가 취재의 한 과목으로까지 지정되는 것이다.

인간의 생활이 워낙 다양하니 속화의 제재도 다양했다. 따라서 다양한 제재 중 하나로서 여성의 생활, 곧 여속(女俗)을 제재로 삼는 속화도 출현했다. 예컨대 《가림사고(嘉林四稿)》 8폭 병풍 그림에 쓴 제시(題詩)는 여성의 삶을 이렇게 요약한다.

① 뽕을 따다(采桑)
② 비단을 짜다(織)
③ 화장을 하다(粧)
④ 수를 놓다(刺繡)
⑤ 연을 따다(采蓮)
⑥ 빨래를 하다(浣紗)
⑦ 그네를 뛰다(鞦韆)
⑧ 춤추고 노래 부르다(歌舞)[13]

이 병풍은 '여속'이 속화의 한 제재로 인식되었음을 보여준다. 물론 여기에 소개된 여덟 가지 제재는 남성이 규정한 여성성을 이루는 행위다. 이처럼 여성에게 특정한 행위를 귀속했다는 것은 바꿔 말하면 유교적 가부장제가 이미 본격적으로 성립되었다는 의미다. 예컨대 18세기의 최고 학자 이익(李瀷)은 《성호사설(星湖僿說)》〈부녀자에 대한 가르침〉에서 여성을 이렇게 특화한다.

글을 읽고 뜻을 풀이하는 것은 남자의 일이다. 부인은 아침과 저녁, 여름과 겨울, 때에 맞추어 준비해야 할 물건을 준비하고, 제사를 지내고, 손님을 맞아야 한다. 어느 겨를에 책을 읽을 수 있겠는가. 나는 고금의 역사에 통달하고 예의에 대해 말하는 부인을 많이 보았으나, 그들이 그것을 꼭 실천하는 것도 아니었고 도리어 폐해만 한없이 많았다.

우리나라 풍속은 중국과 같지 않다. 무릇 문자 공부란 힘을 쏟지 않으면 불가능한 법이다. 애당초 부인에게 맡길 수 있는 일이 아닌 것이다.《소학》과《내훈(內訓)》등의 책을 읽는 것도 모두 남자의 임무에 속한다. 부인은 조용히 궁리하여 그 책에 실린 말을 알아듣고 일에 따라 실천하거나 가르침을 받을 뿐인 것이다. 규방의 부인이 만약 누에치고 길쌈하는 일을 소홀히 하고 책을 먼저 집어 든다면 어찌 옳은 일이랴?[14]

성호가 비록 사족을 의식하고 한 말이기는 하지만, 조선 후기에 와서 남성은 독서와 학문, 여성은 가사노동으로 성역할이 완벽하게 분리되었음을 짐작케 해준다. 여성은 오직 누에치기와 길쌈이라는 여성노동을 함으로써 존재의 의의를 부여받았다. 곧 17세기를 통과하면서 확립된 유교적 가부장제가 여성의 성역할을 엄히 규정하니, 속화는 자연스레 이를 형상으로 만들어냈던 것이다. 다만 여속이 오직 여성노동을 묘사하는 데 한정되지는 않았다.

속화가 여속을 독립된 제재로 인식하자 과거에는 상상하지 못한 현상이 나타났다. 즉 여속의 독립으로 인해 여성 삶의 세부적 국면들이 다양하게 포착된 것이다. 그리고 때로 그것은 성리학적 가부장제의 제한 범위를 벗어나기도 했다. 예컨대 신윤복은 아예 여속만 그린《여속도첩(女俗圖帖)》[15]을 남겼을 정도로 여속을 즐겨 제재로 삼았는데, 그의 여속화(女俗畵)는 실로 가부장제와 길항적 관계에 있는, 보다 다양한 여성의 삶을 형상화했다. 여속이 속화의 제재로 선택되면서 일궈낸 또 다른 성취라 말할 수 있다.

2

절개를 위해
신체를 희생하다

—《동국신속삼강행실도》의 열녀 형상

●

　17세기를 통과하며 유교적 가부장제가 확립되었다는 말은 여성에게 어떤 의미인가. 여성이 남성에 성적으로 종속되는 존재라는 정의가 온전히 관철되었다는 의미다. 이는 회화 이미지에서도 구체적으로 확인할 수 있다. 앞서 검토했듯이, 남성에 대한 여성의 성적 종속성을 주장하기 위해 남성―양반이 만든 텍스트가 바로《삼강행실도》열녀편이고, 여기에는 판화가 부기되었다. 판화로 쉽게 표현된 열녀편은 여성의 성적 종속성을 깊이 침투시키는 데 유효했으니, 1592년의 임진왜란이 그 점을 입증한다. 이 미증유의 전란 속에서 수많은 여성이 왜군에게 죽음을 당했는데, 그것은 조선 건국 이후 2세기에 걸쳐 유교적 가부장제에 의한 의식화가 여성들 사이에서 나름 성과를 거두었다는 뜻이다. 이에 남성―양반 체제는 임진왜란에서 희생된 여성의 죽음을 열행(烈行)으로 미화하는 텍스트를 또다시 제작해 궁극적으로는 여성의 성적 종속성을 강화하는 수단으로 삼으려 했다. 그 텍스트가 바로 방대한 분량의 《동국신속삼강행실도(東國新續三綱行實圖)》의 열녀편이다.

성적 종속성을 미화하는 텍스트

《동국신속삼강행실도》는 선조 때 기획되어 오랫동안 시행착오를 거친 끝에 1615년(광해 7) 10월에 인쇄가 완료되었다. 이 책은 세종 16년 초간본 《삼강행실도》와 중종 9년의 《속삼강행실도》를 각각 《동국삼강행실도》·《속동국삼강행실도》라고, '동국'이라는 이름을 씌워 먼저 배치하고,■ 그 뒤에 《동국신속삼강행실도》를 배치했다. 《동국신속삼강행실도》의 구성과 규모는 다음과 같다.

《동국신속삼강행실도》〈효자도〉 1·2·3·4·5·6·7·8권
《동국신속삼강행실도》〈충신도〉 1권
《동국신속삼강행실도》〈열녀도〉 1·2·3·4·5·6·7·8권

효자와 충신과 열녀라는 제재로 각각 8권, 1권, 8권을 꾸며 총 17권에 이르는 방대한 분량이다. 〈열녀도〉 8권에 수록된 열녀 수는 모두 719명이다.■■ 임진왜란 이후의 효자가 모두 253명인데 임진왜란을 배경으로 하는 열녀는 541명이니 임진왜란이 남성보다 여성에게 더 가

■ 《동국삼강행실도》는 효자도 4명, 충신도 6명, 열녀도 6명이었고, 《속동국삼강행실도》는 효자도 33명, 충신도 3명, 열녀도 20명이었다.

혹한 비극이었다는 사실을 미루어 짐작할 수 있다.

《동국신속삼강행실도》 역시 《삼강행실도》에서 마련한 원칙, 곧 목판화를 부기한다는 원칙을 그대로 따랐다. 이제 그중 몇 점의 판화를 살펴보자. 먼저 여성의 자살을 제재로 삼은 〈이부동사(二婦同死)〉와 〈이부추애(二婦墜崖)〉를 예시한다(그림 7·8).

〈이부동사〉는 두 명의 아내가 자살하는 이야기다. 유영겸(柳永謙)의 아내 김씨와 유영순(柳永詢)의 아내 신씨는 왜적이 시녀를 강간하는 걸 보더니 김씨는 목을 매어 죽고 신씨는 강물에 몸을 던져 자살한다. 〈이부추애〉 역시 마찬가지로 두 명의 아내가 등장해 함께 목숨을 끊는다. 주부 권굉(權紘)의 아내 박씨와 권굉의 누이이자 참봉 한영립(韓永立)의 아내인 권씨는 함께 피난하면서 만일 왜적을 만나면 자살하기로 맹세했고, 과연 왜적을 만나자 절벽에서 몸을 던져 자살한다. 판화는 강과 절벽에 몸을 던지거나 목을 매어 자살하는 장면을 그대로 그리고 있다. 남성에게 종속된 여성으로서 남편에 대한 절개를 지키고자 스스로 자신의 신체를 희생한 여성들의 모습이다. 잔혹한 장면 역시 반복적으로 그려진다.

〈김씨자흉(金氏刺胸)〉의 김씨는 장흥고(長興庫) 영(令) 장형(張迥)의 아내다(그림 9). 왜적에게 쫓기던 김씨는 나무에 목을 맸지만 딸이 돕는 바람에 죽지 못한다. 쫓아온 왜적이 강간하려 하자, 욕설을 퍼부으며 자신이 차고 있던 칼을 뽑아 제 가슴을 찔렀다. 이에 화가 난 왜

■■ 1편에 1명으로 계산했다. 물론 1편에 여러 사람이 수록된 경우도 있으나 논의의 편의를 위해 간단하게 1건으로 처리한다. 이렇게 계산하면 1권(92명), 2권(89명), 3권(95명), 4권(88명), 5권(87명), 6권(88명), 7권(90명), 8권(90명)으로 총 719명이다. 이 가운데 임진왜란 때 죽어서 열녀가 된 경우는 2권에 등장하는, 성박(成博)의 처 권씨가 왜적에게 살해되는 이야기부터 시작된다. 권씨부터 계산해보면, 임진왜란을 배경으로 하는 열녀는 모두 541명이 된다.[16]

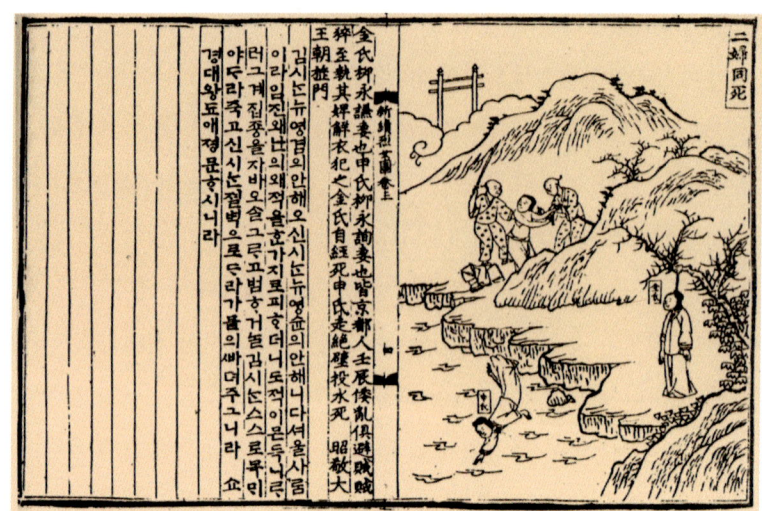

그림 7

〈이부동사〉, 《동국신속삼강행실도》, 열녀편, 규장각

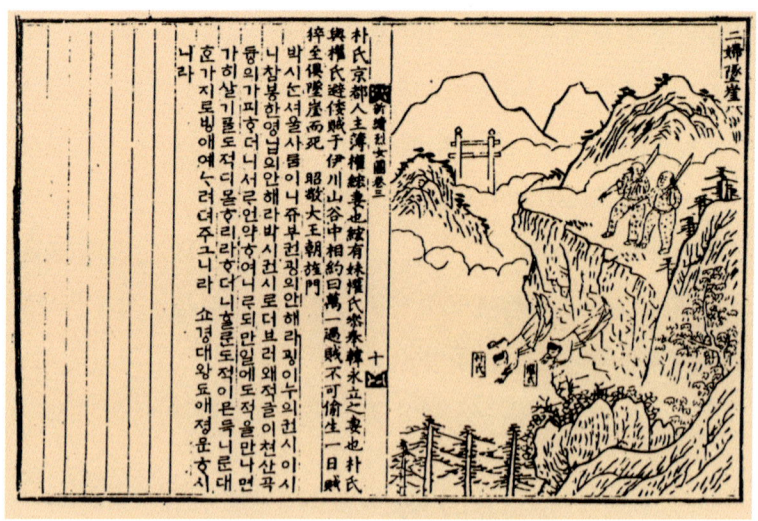

그림 8

〈이부추애〉, 《동국신속삼강행실도》, 열녀편, 규장각

적이 김씨를 난작(亂斫), 곧 난도질을 하고 갔다. 판화는 김씨가 스스로 목을 매는 장면과 김씨가 왜적 앞에서 가슴을 찌르는 장면, 그리고 왜적이 김씨를 난작하는 장면까지 연속으로 그려 보인다(그림 9).

〈이씨단지(李氏斷肢)〉에 등장하는, 유학 김이익(金以益)의 아내 이씨도 왜적이 강간하려 들자 욕을 퍼붓는다. 왜적은 먼저 이씨의 손을 잘랐고 이씨가 굽히지 않자 두 발을 잘랐다. 그래도 굴하지 않자 왜적은 굴복시킬 수 없음을 알고는 이씨를 토막토막 베어 죽이고 떠났다. 이씨의 잘린 두 손과 두 발이 바닥에 흩어져 있다(그림 10).

두 그림 모두 잔혹성을 적나라하게 드러낸다.《동국신속삼강행실도》의 판화는 잔혹한 장면을 적극 노출함으로써 여성이 어떤 고통을 당하더라도 남성에 대한 충성과 절개를 실천해야 한다는 점을 강조했고, 그러한 의도는 큰 성과를 거두었던 것으로 보인다.

조선 후기에도《삼강행실도》열녀편은 여전히 간행되었다. 정조 때 제작된《오륜행실도(五倫行實圖)》열녀편이 그것이다. 애초의《삼강행실도》에는 장유유서(長幼有序)와 붕우유신(朋友有信)이라는 두 윤리는 포함되지 않았는데, 중종 13년(1518)에《이륜행실도》라는 이름으로 그 두 가지를 따로 제작해 '오륜'을 완비했다. 그리고 정조 21년(1797)에《삼강행실도》와《이륜행실도》를 합해《오륜행실도》로 만들었던 것이다. 그 무렵 여기 등장하는 그림이 김홍도 화풍의 목판화로 바뀌어 과거의 판화보다 훨씬 세련된 형태를 띠게 되었다. 여기서는《삼강행실도》열녀편의 판화 〈취가취팽〉과 〈임씨단족〉 두 점이《오륜행실도》에 와서는 어떤 식으로 바뀌었는지 간단히 살펴보자(그림 11·12).

초간본《삼강행실도》나 그 이후의 축약본 등과 비교하면 그 구성이

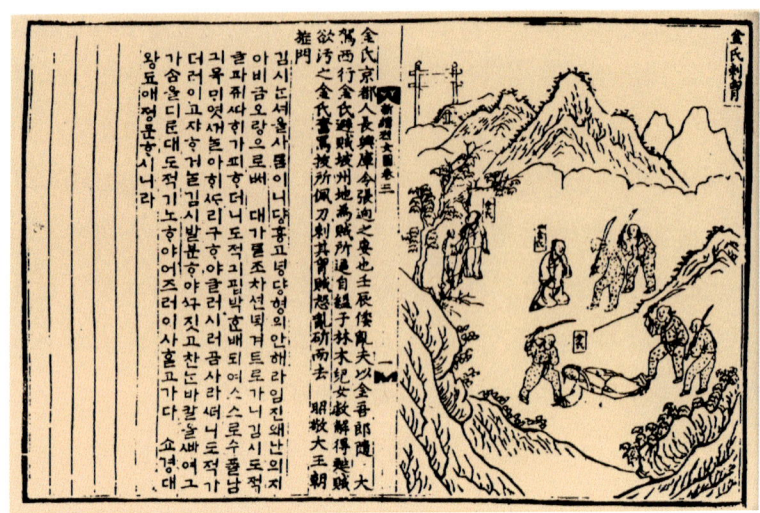

그림 9
〈김씨자흉〉, 《동국신속삼강행실도》, 열녀편, 규장각

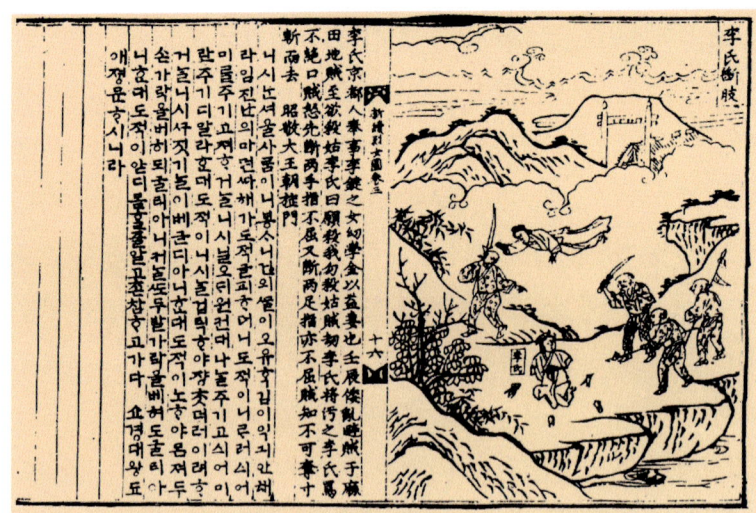

그림 10
〈이씨단지〉, 《동국신속삼강행실도》, 열녀편, 규장각

그림 11
〈취가취팽〉, 《오륜행실도》, 열녀편, 국립중앙박물관

그림 12
〈임씨단족〉, 《오륜행실도》, 열녀편, 국립중앙박물관

확연히 달라졌고 그림 솜씨도 훨씬 좋아졌음을 확인할 수 있다. 다만 그림의 잔혹성만큼은 전혀 달라지지 않았다.

세종 때 처음 만든 《삼강행실도》부터 시작해 《동국신속삼강행실도》를 거쳐 정조 때의 《오륜행실도》에 이르기까지 이 책들이 만들어낸 여성 형상은 오직 '남성에 대한 성적 종속성'을 실천하는 여자의 모습이다. 남성의 생명을 지키고 남성에 대한 여성의 절개를 지키기 위해 여성이 자신의 신체와 생명을 과감히 내던지는 장면인 것이다. 영향력으로 따지자면 이 어설프고 조악한 목판화야말로 유교적 가부장제가 가장 간절하게 원한, 또 조선 여성에게 가장 강력한 영향력을 행사한 여성 형상이었다고 말할 수 있다.

3

효 권하는 사회

—양로연도와 경수연도

⦿

　노인을 공경해야 한다는 가부장제 윤리로 인해 조선 후기에도 양로연은 계속 설행되었다. 하지만 양로연을 그린 그림인 양로연도에서 여성 형상이 온전히 살아남았던 것은 아니다. 양로연 장면을 그린 그림으로《풍산김씨세전서화첩(豊山金氏世傳書畫帖)》에, 김양진(金楊震, 1467~1533)이 1529년 황해도 관찰사로 부임해 베푼 양로연을 그린 〈해영연로도(海營宴老圖)〉, 1601년 김대현(金大賢)이 산음 현감(山陰縣監)에 임명되었을 때 베푼 양로연을 그린 〈환아정양로회도(換鵝亭養老會圖)〉, 김봉조(金奉祖, 1572~?, 김대현의 아들)가 1616년 단성 현감(丹城縣監)으로 있을 때 베푼 양로연을 그린 〈단성연회도(丹城宴會圖)〉가 남아 있다.

　〈해영연로도〉는 작자 미상이고, 〈환아정양로회도〉와 〈단성연회도〉

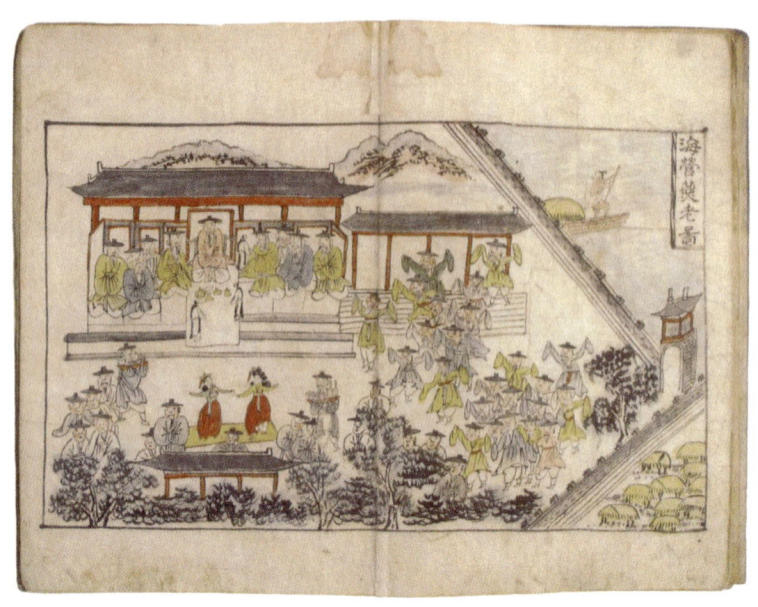

그림 13
작자 미상, 〈해영연로도〉, **《풍산김씨세전서화첩》**, 김윤 소장

는 단성현의 오삼도(吳三濤)라는 사람이 그린 것인데, 둘 다 그림 솜씨는 치졸하고 조잡하다. 다만 그림 내용은 앞서 1장에서 검토했던 조선 전기의 양로연도와 동일하다. 〈해영연로도〉에서 기와집 안에 앉아 있는 사람들은 나이 많은 사족이고, 왼쪽 마당에 앉은 사람은 상민이다(그림 13). 사족들 앞에는 자리가 펼쳐져 그 앞에 시동(侍童)이 있는데, 사족들의 자제라고 한다. 건물 밖 마당에 앉은 사람들은 상민이다. 그리고 오른쪽의 춤추는 이들은 잔치가 끝나 헤어지는 저녁 무렵에 잔치에 참여한 사람들로, 그들이 흥에 겨워 춤추는 광경을 담은 것이다.[17]

그림 14
오삼도, 〈환아정양로회도〉, 《풍산김씨세전서화첩》, 김윤 소장

양로연에는 초대받지 못한 노년 여성

〈환아정양로회도〉는 김대현이 1601년■ 임진왜란 때 참전했던 중국 장수 형개(邢玠)를 접대한 공로로 산음 현감에 임명되자 환아정을 짓고 낙성하는 날 민심 수습 차원에서 열었던 양로연 장면을 그린 것이다(그림 14).[18] 연회에 참석한 사람들은 산음현에 사는 70세 이상 노인이었다. 그림을 자세히 보자. 양로연이 열리는 곳은 그림의 왼쪽이다.

■ 원문에서는 '만력신축춘(萬曆辛丑春)', 즉 1601년 봄이라 하고는 이어지는 세주(細註)에는 '선조대왕 35년(宣祖大王 三十五年)', 곧 1602년이라 밝히고 있다. '만력신축춘'이라 한 것이 정확한 듯하다.

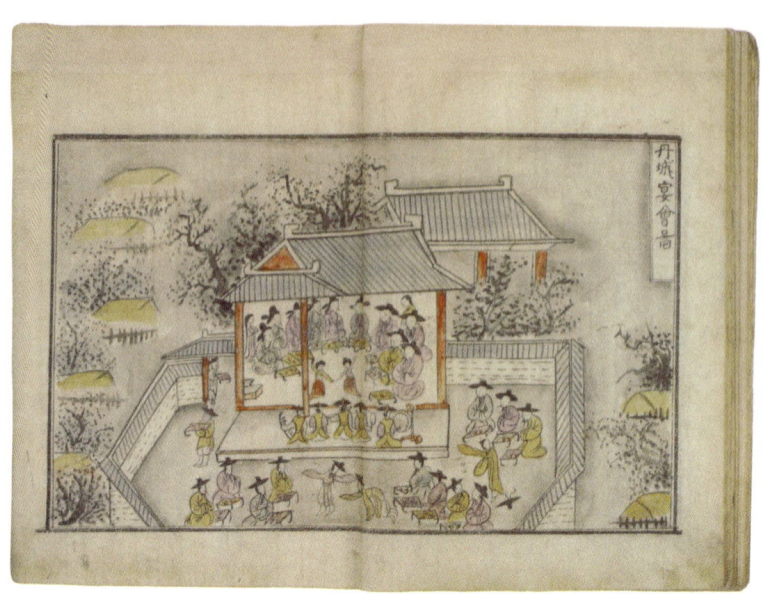

그림 15
오삼도, 〈단성연회도〉, **《풍산김씨세전서화첩》**, 김윤 소장

전각 안 병풍을 친 곳 바로 앞에 서서 춤추는 사람이 김대현일 것이고 그 옆에서 춤추는 여러 사람이 사족으로서 양로연에 참석한 손님들일 것이다. 마당에도 춤추는 사람들이 있는데, 이들은 전각 안의 사람들에 비해 신분이 처지는 사람들, 아마도 상민일 것이다. 마당 주변에는 대금, 해금, 피리, 북, 태평소 등을 연주하는 악공들이 있다.

〈단성연회도〉는 김대현의 아들 김봉조가 1616년 단성현에 부임해 양로연을 열었을 적의 모습을 그린 것이다(그림 15). 단성현은 원래 임진왜란이 난 뒤 산음현에 속했다가 김봉조가 1616년 현감으로 부임할 즈음 산음현에서 떨어져 나와 다시 단성현으로 세워졌으니, 김봉조의 단성현 양로연은 실로 김대현의 환아정 양로연을 계승한 것이라

하겠다.[19] 〈단성연회도〉의 내용도 〈해영연로도〉나 〈환아정양로회도〉와 동일하다. 전각 안에서는 사족이 술상을 받고 있고 마당에서는 상민들이 술상을 받고 있다.

이 세 점의 그림은 모두 양로연을 그린 것이지만 여성 노인은 전혀 등장하지 않는다. 또 각 그림마다 양로연을 베푸는 내력이 길게 붙어 있지만, 그 어디에도 여성 노인을 초청했다는 언급은 없다. 이 그림에 등장하는 여성이라고는 그저 춤을 추기 위해 동원된, 전각 안의 기녀들뿐이다. 한 가지, 여성에 관한 언급을 찾을 수는 있다. 환아정에서 양로연을 열었을 때 참여하지 못하는 사족 여성들에게 주육 등을 보내주었다는 이야기가 있다.[20] 여성을 배려했다는 뜻이다. 그러나 이는 곧 애초 여성을 연회에 초청하지는 않았다는 것이다.

여기서 조선 전기의 양로연도와의 차이를 발견할 수 있다. 조선 전기만 해도 여성 사족 역시 연회에서 상을 받았다. 그러나 조선 후기에 이르러 양로연이라는 공식 연회를 즐기는 주체가 오직 남성으로만 제한된 것이다. 여성이 연회에서 사라진 것, 그리하여 양로연도에서도 여성의 모습이 나타나지 않는 것은 유교적 가부장제가 확립되는 과정에서 여성의 지위가 천천히 저락해갔음을 보여준다.

단, 이현보가 1526년 9월 9일 양친에게 바친 잔치 그림 〈분천헌연도(汾川獻宴圖)〉는 여성의 형상을 담고 있다. 여성의 형상이 그림에 계승된 것은 이 여성이 '어머니'로 호명되기 때문이었다. 그러나 모든 어머니가 존중받은 건 아니었다. 어머니가 연장자가 되었을 때, 즉 장성한 자식을 둔 노인이 되었을 때 비로소 존중받은 것이다. 그리고 그때의 어머니는 이미 시집에서 가부장화(家父長化)한 존재다. 자식(곧 아들)과 가부장화한 어머니 사이에는 '효(孝)'라는 수직적 윤리가 당

위적으로 존재했다. 바로 이런 경우에만 여성의 회화적 형상이 나타날 수 있었다. 경수연도(慶壽宴圖)도 그런 경우다.

경수연도의 주인공은 '늙은' 어머니

관료로 출세하는 것이 가장 큰 사회적 가치였던 조선사회에서, 관료로서 출세한 자식은 종종 노년의 부모 또는 어머니를 기쁘게 한다는 구실로 특정한 날을 기념해 수연(壽宴)을 열며 자신의 효성을 과시했다. 또 국가는 조정 고관이나 임금을 가까이 모시는 시종신(侍從臣)이 향리로 어머니를 뵙기 위해 돌아가면 어머니를 위로하는 잔치를 열 수 있도록 관찰사 등으로 하여금 도와주게 했다. 예컨대 세종은 참찬 하경복(河敬復)이 어머니를 뵙기 위해 고향 진주로 돌아가자 경상도 감사에게 하경복의 어머니를 위해 잔치를 열게 하고 쌀과 콩 30석을 내리라 명했다.[21] 세조는 판한성 부사(判漢城府事) 심회(沈澮)가 모친을 봉양하고자 선산(善山)으로 돌아가자 경상도 관찰사에게 잔치를 베풀어 위로하라 명했으며,[22] 2년 뒤에는 역시 노모를 위로하기 위해 진주로 돌아가는 영의정 강맹경(姜孟卿)에게 역마를 주고 노모에게 잔치를 베풀어주라고 경상도 관찰사에게 명했다.[23] 이런 사례는 《실록》에서 적지 않게 발견된다. 임진왜란 중 잔치와 음악 연주는 금지되었지만 늙은 어버이를 위해 잔치를 벌이는 것은 금지되지 않았다.[24]

그리고 자식들은 이러한 연회 장면을 그림으로 그려 보존하고자 했다. 연회의 주체가 늙은 어버이였기에 여성-어머니의 모습이 담기지 않을 수 없었다. 노년의 어버이에게 바치는 연회 장면을 그린 그림을 경수연도라고 하는데, 현존하는 것으로 가장 오래된 경수연도는

1601년 허목(許穆)이 〈경수연도후서(慶壽宴圖後序)〉(己未)²⁵에서 거론하고 있다. 이는 선조 34년(1601) 신중엄(申仲淹)을 위한 수연 장면을 그린 그림에 덧붙인 것이다. 연회를 연 사람은 아들 신식(申湜)과 신설(申渫)이었다. 신식은 당시 호조 참판이었고 신설은 우승지였으니 당대 명문가였던 셈이다. 두 아들은 아버지를 위해 경수연을 열고 그것을 그림으로 남긴다. 참여한 사람 중 6명은 80세 이상이었다. 여기에 최립(崔岦)과 같은 당대의 문장가, 이산해(李山海)·김현성(金玄成)·한호(韓濩) 등 명필들이 글씨를 써주었다.²⁶ 최립이 이 그림에 붙인 〈신동추경수연도시서(申同樞慶壽圖詩序)〉를 보자.

  호조 참판 신식과 승정원 우승지 신설이 부친을 위해 사제(私第)에서 경수연을 베풀었다. 처음은 지난해 12월 아무 날이었고, 두 번째는 올해 4월 아무 날이었다. 기로소의 여러 어른과 조정에서 벼슬하는 여러 분을 잔치자리에 차례로 모셨는데, 벽제(辟除)하는 소리가 이어져 길거리에 흘러넘쳤고 붉은색 인끈, 보랏빛 인끈, 금관자, 옥관자가 잔치자리에 뒤섞였다.
  이때는 나라가 큰 난리를 겪은 뒤라 위에서도 아직 성대한 잔치는 베풀수가 없었다. 그래서 비록 풍악을 크게 잡힐 수는 없었지만 그나마 작은 연주가 있어 잔치의 흥을 도울 수 있었기에 줄을 지어 덩실덩실 반의(斑衣)의 춤을 출 수가 있었다. …… 참판군(參判君)과 승지군(承旨君)은 첫 경수연 때 화공(畫工)에게 명해 그때 일을 그림으로 그리게 했다. 거기다 여러 학사와 선생들이 지은 시를 자못 많이 얻어 큰 권축(卷軸)이 됨직하다. 외람되게도 내게 올해 경수연에 참석했다는 이유를 들며 서문을 써달라고 요청했다.²⁷

이 경우는 아버지를 위해 경수연을 연 것이지만 때로는 여성, 곧 어머니만을 위한 경수연도 열렸다. 이제 그 몇몇 예를 살펴보자.

조선의 창업 공신 권근의 7대손 권형(權詗)은 과거를 치르지 않고 조상의 공덕으로 벼슬을 얻는 음사(蔭仕)로 지방관직을 지내다가 1599년 신천(信川) 군수로 발령받은 직후 정식 과거에 합격했다. 권근으로부터 권형의 대까지 과거에 합격한 사람이 하나도 없었으므로 그의 과거 합격은 엄청난 경사가 아닐 수 없었다. 이때 권형은 나이가 52세, 그의 어머니는 82세였다. 가문에서는 1600년에 권형의 합격 축하 겸 모친의 장수를 축하하는 잔치를 열었고 그림을 그려 그것을 기념했다. 최립과 황정욱(黃廷彧)은 이 그림에 각각 서문과 발문을 쓴다.[28]

이런 사례는 적지 않게 발견된다. 1603년 이거(李遽)의 대부인(大夫人) 채씨가 100세가 되자 선조가 선물을 하사하고 이거에게는 가선대부로 벼슬자리를 올려주고, 한성부 우판윤으로 삼아 채씨를 위열(慰悅)한다. 그리고 이해 9월에 수연을 열었고 그 장면을 그림으로 그린다. 그 뒤 1605년 4월 한준겸(韓浚謙, 1557~1627)이 여러 재상에게 각자의 어머니를 모시고 100세를 넘긴 채부인에게 같이 헌수하자고 발의한다. 70세 이상 노친을 모시는 자제들이 함께 참여해 수계(修禊)하기로 결정한다. 계원은 아래의 열세 명이었다.

강신(姜紳): 진흥군(晉興君)

박동량(朴東亮): 금계군(錦溪君)

윤돈(尹暾): 판서

홍이상(洪履祥): 동지 중추부사

한준겸: 이조 참판

남이신(南以信): 형조 참판

이거: 동지 중추부사

강인(姜絪): 진창군(晉昌君)

민중남(閔中男): 여흥군(驪興君)

윤수민(尹壽民): 참지(參知)

권형: 장악원 첨정(僉正)

이원(李薳): 주부(主簿)

강담(姜紞): 익위(翊衛)

잔치는 4월 9일에 열기로 했다. 임진왜란 직후라 요란스럽게 음악을 연주할 분위기가 아니었다. 하지만 선조가 늙은 어버이를 위해 음악을 연주하는 것은 금지하지 않았기에[29] 강신 등 일곱 명은 예조에 그 사실을 상기시키며 선조에게 보고해 허락을 받아달라고 요청했다. 예조는 "대체로 사대부 사이에 노친을 위하여 수연을 베풀 때 풍악을 사용하는 일은 본디 평시에는 국상(國喪)을 당한 때에도 금지하지 말도록 특별히 허락하였으니, 이는 마땅히 행하여야 할 고사입니다"라고 하면서 풍악을 잡힐 수 있게 허락해줄 것을 요청했고 선조는 허락했다.[30] 선조는 팔도에 명해 잔치 비용을 도와주라 명한다. 이에 장흥동(長興洞) 갑제(甲第)에서 모여 잔치를 열고 경수연(慶壽宴)이라 칭했다.

1605년의 잔치는 100세를 넘은 노인이 생존한 데다 또 당대 최고위 관료와 명사가 벌인 것이었기에 특별하지 않을 수 없었다. 이런 까닭에 잔치는 그림으로 그려졌다. 현재 서울역사박물관이 소장한《경수연도첩(慶壽宴圖帖)》은 서문과 발문이 없어 화가가 누구인지 또 누가

화첩을 제작했는지 알 수 없지만, 대개는 1605년 당시에 그려진 게 아닌가 한다. 화첩도 여럿 제작되었겠지만 병자호란을 거치며 거의 없어진 것으로 보인다. 이 연회에 대해 남은 기록들, 예컨대 이경석(李景奭)의 〈백세채부인경수연도서(百歲蔡夫人慶壽宴圖序)〉와 허목의 〈경수연도기(慶壽宴圖記)〉는 모두 병자호란 때 망실된 원화(原畵)를 이거의 손자 이관(李灌)이 다시 제작한 것을 기념하여 쓴 것이다.[31] 현재 남아 있는, 1605년 경수연을 기념해 그린 그림들은 모두 후대에 다시 제작된 것이다. 홍익대학교박물관이 소장한 《선묘조제재경수연도첩(宣廟朝諸宰慶壽宴圖帖)》[32] 역시 1605년에 제작한 원화를 병자호란 때 잃어버려 1655년에 다시 그린 것이다. 위에 소개한 계원 중에 남이신이 있고, 그의 어머니 거창 신씨가 경수연에 참여했으니, 아마도 남이신 집안에서 다시 그린 것일 터이다.

두 화첩에 의하면, 계원 중 열 명의 어머니(大夫人)가 참석했고, 또 열 명의 며느리(계원의 아내)도 참석했다. 채부인이 103세로서 북쪽 벽에 앉았고 진흥군 강신의 어머니가 명부(命婦)로서 같은 반열에 나란히 앉았다. 나머지 대부인 여덟 명이 동쪽과 서쪽에 나누어 앉았고, 그 뒤로 부인들이 앉았다. 참석한 대부인과 부인의 명단은 이렇다.

● 대부인(大夫人) 좌석 차례

강신 | 파평 윤씨, 정경부인, 계미생, 83세.

이거 | 인천 채씨, 정부인, 갑자생, 103세.

박동량 | 선산 임씨, 정경부인, 신묘생, 75세.

윤돈 | 고성 남씨, 정경부인, 병술생, 80세.

홍이상 | 문경 백씨, 정경부인, 무자생, 82세.

한준겸 | 거창 신씨, 정부인, 무자생, 74세.
남이신 | 거창 신씨, 정부인, 병신생, 75세.
민중남 | □□ 이씨, 정부인, □□생, 84세.
윤수민 | 한양 조씨, 정부인, 갑신생, 86세.
권형 | □□ 김씨, 정부인, 무인생, 88세.

●차부인(次夫人) 좌석 차례
강신 | 동래 정씨, 정경부인, 을사생.
이거 | 전의 이씨, 정부인, 무술생, 93세.
박동량 | 여흥 민씨, 정경부인, 경오생.
윤돈 | 완산 이씨, 정부인, 계축생.
홍이상 | 안동 김씨, 정부인, 갑인생, 63세.
한준겸 | □□□
남이신 | 나주 이씨, 정부인.
민중남 | □□□
윤수민 | 청주 한씨, 정부인.■
권형 | □□□

이 외에 수십 명의 자제와 연회를 보조하는 인력이 참가했으니 정말로 보기 드문 성대한 행사였던 것이다. 이날의 잔치는 풍성했고 흥겨웠다. 이경석은 그 장면을 이렇게 전하고 있다.

■ 1655년 화첩에는 숙부인(淑夫人)으로 되어 있다. 정경부인은 정(正)·종(從) 1품 문·무관의 처에게, 정부인은 정·종 2품 문·무관의 처에게, 숙부인은 정3품 당상관 문·무관의 처에게, 숙인은 정3품 당하관 및 종3품 문·무관의 처에게, 유인은 정·종 9품 문·무관의 처에게 주는 주던 외명부(外命婦)의 작호(爵號)다.

그림 16
작자 미상, 《경수연도첩》, 1605년, 서울역사박물관

그림 17
작자 미상, 《경수연도첩》, 1605년, 서울역사박물관

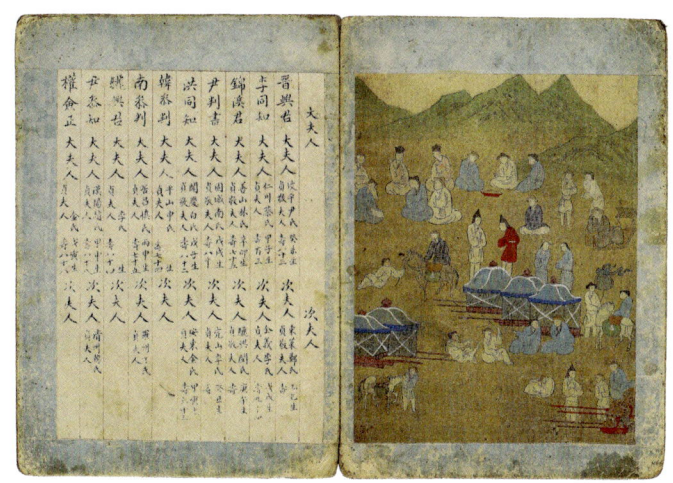

그림 18
작자 미상,
《경수연도첩》,
1605년
서울역사박물관

수레가 골목을 가득 메웠고 온갖 풍악이 함께 울려 퍼졌다. 여러 재신이 번갈아 앞으로 나아가 술잔을 올렸고 차례로 일어나 춤을 추었다. 사람들은 부러워해 마지않으면서 세상에 드문 성사(盛事)라고 했다. 대개 백세라는 수(壽)는 정말 거의 없는, 어쩌다 드물게 있는 일이다. 그 외 잔치에 모인 다른 경재(卿宰)의 대부인들 중 일흔 넘는 사람이 아홉 분이나 되었으니, 또 어찌 그리 성대한 일이던가?33

〈그림 16〉을 살펴보면 앞서 언급했듯 중앙에는 채부인과 강신의 어머니가 앉았고, 좌우로 재신들의 어머니와 아내 들이 앉았다. 그리고 그 앞에는 대부인들께 절을 올리는 재신과 일어나 춤을 추는 재신들이 있다. 그런데 재신들, 곧 아들들 역시 고위 관료로서 따로 잔칫상을 받았다. 〈그림 17〉을 자세히 살펴보면 각각 독상을 받은 재신이 있다.

그림 19
작자 미상, 《선묘조제재경수연도첩》, 1655년, 홍익대학교박물관

1605년에 그려진 이 그림은 화첩이 여럿 제작되어 잔치에 참여한 사람들에게 나눠주었을 것이다. 하지만 병자호란 때 흩어지고 잃어버리기도 해 뒤에 다시 복구되기도 했다. 경수연에 참여했던 남이신의 집안(의령 남씨)에서는 1655년에 복구본을 제작했다. 1655년 복구본을 참고로 제시한다(그림 19).

그림은 훨씬 정교하지만 내용은 동일하다. 잔치에 몰려드는 사람들, 음식을 장만하는 사람들, 잔치를 즐기는 자제들을 묘사하고, 맨 마지막에는 잔치의 주인공인 대부인들을 그렸다. 대부인들 앞에서는 재신 둘이 춤을 추고 있다.

이러한 경수연이 그 시절에는 퍽 유행했던 것으로 보인다. 몇몇 사

례를 추가해보자.

　1612년 강득룡(姜得龍)의 어머니가 89세였기에 경수연을 열었고, 그로부터 31년 뒤인 1642년 강득룡의 아들 강득윤(姜得胤)이 자기 어머니의 81세를 기념하여 다시 경수연을 열었다. 목백(牧伯) 강대수(姜大遂, 1591~1658)가 참가했고, 아들과 조카와 손자 70명이 참가했다.[34] 누가 그림을 그렸는지는 모른다.

　권태일(權泰一)은 1623년 전주 부윤으로 있을 때 어머니에게 수연을 올렸고 화가 이징(李澄)이 그 잔치 장면을 그림으로 그린다.[35]

　홍상한(洪象漢, 1701~1769)은 1735년 5월 조모인 정부인 이씨의 경수연을 크게 열었다. 이해에 홍상한 자신은 증광문과에 합격했고, 그의 아들 홍낙성(洪樂性)과 조카 홍봉한(洪鳳漢)이 진사시에 합격했다. 경사가 겹쳤기에 경수연을 특별히 더 크게 벌였고, 전통에 따라 그림으로 그렸던 것이다.[36] 이씨는 이조 판서 이민서(李敏敍)의 딸이다.

1721년 박민효(朴敏孝)가 진사시에 급제했다. 3월 18일은 그의 어머니 생일이었다. 박민효는 박민신(朴敏信)·박민도(朴敏道)·박민수(朴敏修) 등과 함께 81세 어머니와 88세 백모, 76세 계모(季母), 그리고 일가친척, 같은 동리 사람을 불러 거창한 수연을 올린다. 그리고 당연히 그 장면을 그림으로 그렸다.[37]

생략되거나 가려진 여성의 존재

이처럼 가부장제의 정착 과정에서 여성은 전반적으로 지위가 저락했지만 나이 많은 여성과 어머니로서의 여성은 존중을 받았다. 특히 '나이 많은 어머니'로서 여성은 자식과의 관계에서 '효'라는 수직적 윤리가 작용했다. 유가의 윤리 중 가장 중요한 것이 바로 효였다. 유가의 모든 윤리는 효를 전제로 성립했으며, 그것이 동시에 정치적 원리이기도 했다. 조선이 유교 국가로 전환되면서 '효'는 일상 속으로 깊이 스며들었다. 당연히 장수하는 어머니는 효도의 대상이었고, 덕분에 이 경우에는 드물게 회화적 형상이 남은 것이다.

그런데 가부장제가 확실히 정착하면서 경수연도에도 변화가 나타났다. 1605년의 경수연도로부터 86년 뒤인 1691년에 그려진 〈칠태부인경수연도(七太夫人慶壽宴圖)〉를 보자. 숙종은 1691년 8월에 재신과 시종신의 어머니로서 나이가 일흔 넘은 사람들에게 쌀과 비단을 하사했고, 그러자 이튿날 병조 판서 민종도(閔宗道) 등 16명이 입궐해 왕

그림 20
작자 미상, 〈칠태부인경수연도〉 부분, 1691년, 부산박물관

에게 올리는 전문(箋文)을 써서 그 은혜에 사례한다. 이어 잔치를 열어 임금의 은혜를 빛내고자 하였고, 이것을 들은 숙종은 잔치에 드는 비용과 음악을 하사했다. 8월 19일 삼청동 공해(公廨)에서 잔치가 열렸고 그 장면은 그림으로 남았다.[38]

잔치에 참여한 여성은 다음과 같다.

그림 21
작자 미상, 〈칠태부인경수연도〉 부분, 1691년, 부산박물관

정경부인 안동 김씨 78세〔아들, 공조 참의 민안도(閔安道), 병조 판서 민종도〕

정부인 파평 윤씨 80세〔아들, 한성 판윤 정유악(鄭維岳)〕

정부인 신평 이씨 71세〔아들, 행부제학 최해(權瑎)〕

정부인 해남 윤씨 71세〔아들, 행도승지 심단(沈檀)〕

정부인 청주 한씨 79세〔아들 전 광주 부윤(廣州府尹) 이태귀(李泰龜)〕

숙인 안동 권씨 75세〔아들 유학(幼學) 허석(許碩)〕

그림 22
작자 미상, 〈칠태부인경수연도〉 부분, 1691년, 개인 소장

유인 문화 유씨〔아들 시강원 보덕(輔德) 이원령(李元齡)〕

모두 17세기 말 명문가의 부인들이다. 그 점에서는 이전의 경수연도와 다를 바 없다. 하지만 그림 안에서는 중요한 변화가 나타난다. 〈그림 21〉을 보면, 중앙에 일곱 개의 붉은 주안상이 있고 그 아래쪽 좌우로 각각 다섯 개의 주안상이 마주보고 있다. 그런데 이는 〈그림

2장 조선 후기 · 남성의 시선으로 그려진 여성의 세속　　169

20)의 남자들 연회석과 확연한 차이를 보인다. 남자들 연회석 그림에는 주안상 앞에 사람, 즉 남자가 그려진 데 반해, 〈그림 21〉에서는 주안상 앞에 있어야 할 사람, 곧 여성의 모습이 전혀 그려져 있지 않다. 무슨 사정이 있어서 자리를 비운 것으로 생각할 수도 있겠지만, 그림 하단에 남자 둘(곧 자제다)이 춤추고 있고 또 그 위에는 술잔을 들어 올리는 자제가 있는 것으로 보아, 여성이 실제로 그 자리에 있었지만 의도적으로 그리지 않았다고 생각된다. 덕분에 주인공 없는 해괴한 그림이 되고 말았다. 〈그림 22〉는 같은 시기에 제작된 이본인데, 역시 주안상만 그려졌을 뿐 그 앞의 여성은 전혀 그려지지 않았다. 결국 당시 그려진 모든 그림에는 여성의 형상이 생략되었다는 이야기다.

남성은 연회석상에서 얼굴 표정까지 각각 다르게 묘사할 정도로 구체적으로 표현되었지만, 여성은 주안상만 있을 뿐 정작 해당 여성의 모습은 없다. 완벽하게 지운 것이다. 출세한 자식의 어머니는 효도의 대상으로서 공경을 받아 마땅한 존재지만 여성으로서는 얼굴을 드러낼 수 없는 존재라는 의미다. 어머니에 대한 효도를 다하는 정성 이면에서 가부장제는 또 다른 표정으로 작동하고 있었던 것이다.

여성의 모습을 없애버리거나 차폐해 드러내지 않으려는 가부장제의 의도는 그 외 다른 그림에서도 관찰된다. 1724년에 그려진 《담락연도(湛樂宴圖)》를 보자(그림 23).

《담락연도》는 1724년 월성(月城) 이씨 이종애(李鍾厓)가 아홉 남매 중 한 사람만 제외하고는 모두들 건강하게 살고 있고, 나이도 많게는 일흔에 가깝고 적게는 마흔이 넘었으므로 형제가 비용을 분담해 잔치를 베풀자고 제안해, 실제로 이틀간 잔치를 베풀어 그 모습을 그린 것이다.[39]

그림 23
작자 미상, 《담락연도》, 1724년, 권옥연 소장

이 그림에서 주목할 것은 여성이 그려진 부분이다. 남성들이 개방적 공간에 있는 반면 여성들은 실내에 있으며 게다가 창살로 얼키설키 가려졌다. 여성은 얼굴을 드러내면 안 되는 존재로 묘사된 것이다. 이 역시 유교적 가부장제에 의거한 생각, 곧 여성을 차폐하려는 관념에서 비롯되었을 터이다.

4

잘난 남자의
부록으로 그려지다

—회혼례도와 평생도

여성을 그림으로 표현하는 것과 관련하여 경수연과는 다른 새로운 형태의 연회가 조선 후기에 나타났다. 경수연을 기념해 제작되는 경수연도와 유사한 방식으로 이러한 연회를 통해 회화적 형상을 얻는 경우가 있었다. 회혼례(回婚禮)와 회혼례도가 그것이다. 앞서 검토한 수연은 모두 장수한 여성이 연회의 주체가 되지만 결혼 60주년을 기념하는 회혼례는 여성이 남편과 함께 연회의 주체가 되었다. 다만 회혼례는, 당연히 장수를 전제하는 것이므로 역시 일종의 수연이다. 회혼례는 대개 17세기에 생겨난 것으로 보인다.[40] 하지만 회혼례를 그린 회혼례도가 언제부터 출현했는지는 분명하지 않다. 지금 남아 있는 회혼례도는 대체로 18세기의 것들이다.

그림 24
작자 미상, 《회혼례첩(回婚禮帖)》, 18세기, 국립중앙박물관

특별한 여성만 누린 호화스런 잔치, 회혼례

우선 작자를 알 수 없는 회혼례도 한 점을 보자. 나이 든 여성과 남성이 나란히 앉아 성찬을 차려놓고 자식들이 올리는 술잔을 받고 있다. '결혼 60주년'은 매우 드문 일이었기에 특별히 일가친척을 모아 성대한 잔치를 벌인 것이다(그림 25).[41]

이 《회혼례첩》은 모두 5면으로 이루어졌는데 그중 두 면이다. 〈그림

그림 25
작자 미상, 《회혼례첩》, 18세기, 국립중앙박물관

24)를 보면, 기와집 밖 골목에서는 관복을 입은 늙은 신랑이 기럭아비를 앞세우고 신부를 찾아오는 중이고, 기와집 안에서는 대청에 초례청을 차려놓고 있다. 초례청에는 여자가 여럿이지만 정작 신부는 없다. 아마도 며느리나 딸 등 친족일 것이다. 그리고 마당에는 일손을 돕는 비녀가 여럿 서 있다. 〈그림 25〉는 노부부가 자식들로부터 장수를 기원하는 술잔을 받는 장면이다.⁴² 남성은 아들로부터, 여성은 며느리로부터 술잔을 받고 있다. 왼쪽과 오른쪽에는 아들과 손자, 며느리, 그리고

그 외의 가까운 피붙이들이 두 줄로 앉아 상을 받았다.

이처럼 회혼례를 치르는 여성은 기본적으로 '아내'로서의 여성이다. 유교적 가부장제 아래서 아내로 산다는 것은 곧 남편에 대한 종속적 삶을 의미한다고 누차 말했다. 다만 아내로서 그 여성이 많은 자식을 낳고 특별할 정도로 장수하며, 게다가 남편이 고급관료를 지냈을 경우에는 여성이라 할지라도 회혼례를 치르며 존중받을 수 있었다.

이 그림에서 보듯 조선 후기에 저토록 호화스런 회혼례를 치르는 것은 서울의 고급사족인 경화세족이 아니면 불가능한 일이었다. 즉 회혼례를 통해 자신의 형상을 얻을 수 있는 여성은 고급스런 양반가 출신뿐이었다는 이야기다.

오늘날 남아 있는 회혼례도는 내용이 거의 동일한데, 매우 고급스럽고 정교한 형태의 회혼례도도 간혹 있다. 〈그림 26〉은 민원식(閔元植)이라는 사람이 자기 부모의 회혼을 기념해 정사년에 베푼 회혼례를 그린 《회혼례도》 병풍이다. 그런데 민원식이라는 이름은 조선 후기에 꽤 흔한 이름이었다. 잘 알려진 인물로는 친일 언론인 민원식(1887~1921)이 있지만 그는 애초 고아 출신이니, 부모의 회혼례는 치를 수 없었을 것이다. 아마도 이 그림을 제작한 민원식은 다른 민원식이었을 것으로 여겨진다. 그리고 정사년이 언제인지도 분명하지 않지만, 그림에 판소리 광대가 초청되어 판소리를 부르는 장면이 있는 것으로 보아 아마 19세기에 그려진 게 아닐까 생각된다. 그렇다면 이 그림이 제작된 정사년은 1857년을 가리킬 가능성이 높다. 다만 확실한 것은 자기 부모가 각각 76세와 78세로 회혼을 맞이하자 친척들을 초대해 축하연을 베풀었으며 그날의 경사를 후세에 전하기 위해 병풍을 꾸몄다는 사실뿐이다.[43]

이 그림은 모두 8폭으로 구성된 병풍이다. 여기에 소개한 것은 1·2·3·4폭으로 앞뒤 그림이 서로 이어지는 것이다(그림 26).

초옥 앞에 큰 차양을 달고 그 아래에 일단 마루를 깔고는 거기에 다시 작은 마루를 덧대어 넓힌 공간에 잔치를 벌였다. 커다란 산수 병풍 앞에 앉은 노부부가 잔칫상을 받고 있다. 늙은 여성이 아내로서 남편과 나란히 앉아 있는 것이다. 좌우로는 이 노부부의 자제와 손자, 며느리, 딸이 서 있다. 늙은 여성은 그들의 어머니인 것이다.

그림의 배경이 되는 집은 비록 초옥이기는 해도 결코 가난한 집안은 아닌 듯하다. 병풍 1·2폭에 해당하는 그림의 오른쪽 중간을 보라. 기다란 담장이 보이고 담장 중간쯤에는 협문(夾門)도 있다. 꽤나 세력 있는 부자인 호부(豪富) 집안인 것이다. 늙은 부부가 상을 받고 있는 초옥 왼쪽으로는 큰 괴석이 보이는데, 이 역시 호부한 집안 주인의 호사스런 취미를 보여준다. 또 이 괴석 왼쪽의, 책이 잔뜩 쌓인 초옥은 이 집안 주인의 서재로 보인다. 사치스럽고 고급한 양반가의 주인이 번잡함을 피하고자 후원에 초옥으로 서재를 짓는 경우가 종종 있었기 때문이다. 그렇다면 지금 회혼례는 권세 있는 이 집안의 후원에서 벌어지고 있는 게 분명하다. 민원식은 병풍 말미에서 자기 집안의 장수한 조상을 꼽으며 의정공(議政公)과 돈녕공(敦寧公) 등을 들고 있다. 그의 집안이 조선 후기의 벌열(閥閱), 곧 나라에 공이 많고 벼슬 경력도 많은 여흥 민씨 가문의 한 줄기임을 알려주는 대목이다.■ 결국 권세 있는 부자 가문의 여성이 장수한 경우라야만 회혼례도에 자신의 형상을 올릴 수 있었던 것이다.

■ 민원식은 발문 끝에 "여흥 후인 민원식 근서(驪興後人閔元植謹書)"라고 적고 있다. 의정공은 좌의정을 지낸 민진원(閔鎭遠), 돈녕공은 판돈녕부사를 지낸 민진후(閔鎭厚)를 가리키는 듯하다.

그림 26
작자 미상, 《회혼례도》 8폭 병풍 중
1·2·3·4폭, 홍익대학교박물관

사대부의 평생도를 장식한 어머니와 며느리

회혼례도의 특징은 당연히 부부가 동시에 그려지는 데 있을 것이다. 회혼례란 장수한 부모에게 자식이 바치는 잔치이기 때문에 이때 여성은 장수한 어머니로서 그림 속에 자리 잡고 이는 당연히 아버지와 동등한 지위로 그려지는 것이다. 하지만 현재까지 전하는 회혼례도 전반을 살펴보면, 그 그림 속에서도 여성은 결코 남성과 동등한 지위를 얻지 못한다. 보통 회혼례도는 단독으로 그려지기보다 평생도(平生圖)의 한 폭으로 그려지는 경우가 많은데, 이 평생도의 핵심은 사대부, 곧 벼슬한 남성의 일생을 8폭(때로는 10폭, 12폭)으로 그린다는 점이다. 평생도는 대개 돌잔치, 결혼식, 과거 합격, 관력(官歷), 회혼식 등을 차례차례 그리는데, 그중 가장 많은 폭이 할애되는 것은 벼슬한 남성의 관력 부분이다. 유교적 가부장제 아래서 인간의 일생은 곧 남성-양반의 일생이고, 좀 더 정확히 말하면 남성-관료의 일생이기 때문이다.

따라서 조선시대에 그려진 평생도의 주인공은 두말할 나위 없이 남성-관료일 뿐 여성은 등장하지 않는다. 다만 희귀하게도 19세기 말~20세기 초에 그려진 민화풍의 평생도는 며느리가 시부모에게 처음 예를 올리는 현구고(見舅姑) 의식을 혼인식의 한 장면으로 묘사하고 있다(그림 27). 즉 평생도에서 여성이 등장한다면 그것은 유교적 가부장제의 단계적 부계친족제로 귀속된다는 의미를 밝히기 위해 그린 장면일 뿐인 것이다. 이 예외를 제외한다면 평생도에서 여성이 등장하는 것은 회혼례 장면뿐이다. 즉 여성은 남성-양반 혹은 남성-관료의 일생에 부속적 존재로 잠시 등장하는 것이다.

그림 27
작자 미상,
〈혼인식〉, 《평생도》,
19세기 말~20세기 초,
국립중앙박물관

이제 평생도의 한 부분으로 들어 있는 회혼례도를 검토해보자(그림 28). 세간에 널리 알려진 평생도로 '모당(慕堂) 홍이상(洪履祥) 평생도'라고■ 잘못 알려진, 김홍도의 작품이 있다. 이 평생도는 '한림 수찬 시(翰林修撰時)' '송도 유수 도임식(松都留守到任式)' '병조 판서 시' '좌의정 시' 등 그가 올랐던 벼슬자리를 중심으로 한 개인사를 매우 풍성하게 형상화하고 있다. 이렇게 화려한 관력을 열거한 뒤 마지막에 회혼례도가 그려진다.

늙은 신부와 신랑이 초례청을 앞에 두고 맞절을 하고 있다. 그 좌우에서 웃어른을 모시고 선 사람들은 자제들로 보인다. 사방의 집들이 모두 거창한 기와집이다. 이 평생도의 주인공 남성은 개성 유수와 병조 판서를 지내고, 마지막으로는 좌의정 자리까지 올랐다. 양반으로서는 더할 수 없는 출세를 했으니, 그 아내로서 장수한 여성도 회혼식을 치러 회혼례도에 자신의 얼굴을 남길 수 있었다.

김홍도가 그린 이 《평생도》에서 나타나는 회혼례 표현양식은 이 외의 다른 평생도에서도 거의 언제나 반복적으로 나타난다. '담와(淡窩) 홍계희(洪啓禧) 평생도'로■■ 잘못 알려진 작자 미상의 《평생도》에 포함된 회혼례 장면을 봐도 마찬가지다(그림 29). 역시 기와집 안에 마련된 대청에서 늙은 부부가 맞절을 하는 장면이다.

■ 이 그림이 정말로 홍이상의 일생을 그린 것인지는 의문이 있다. 왜냐하면 이 평생도에는 병조 판서를 지냈을 때와 좌의정을 지냈을 때의 그림이 있는데, 홍이상은 고위 관직으로는 대사간과 개성부 유수를 지냈을 뿐 병조 판서와 좌의정을 지낸 일은 없기 때문이다. 각 그림의 오른쪽 상단에 '병조 판서 시(兵曹判書時)' '좌의정 시(左議政時)'라는 소제목이 분명히 붙어 있는 이상 이 그림 속 인물은 홍이상이 아닌 다른 어떤 사람일 것이다.
■■ 이 평생도는 '좌의정 행차'와 '평양감사 도임'을 제재로 삼은 그림을 포함한다. 하지만 홍계희는 이조·예조·형조·병조·호조의 판서와 예문관 대제학, 경기도 관찰사 등을 지냈을 좌의정과 평양감사는 지낸 적이 없다. 무언가 오류가 난 것이다.

그림 28
김홍도, 〈회혼례〉,
'모당 홍이상 평생도'로
잘못 알려진 《평생도》,
국립중앙박물관

그림 29
작자 미상, 〈회혼례〉, '담와 홍계희 평생도'로
잘못 알려진 《평생도》, 국립중앙박물관

그림 30
작자 미상, 〈회혼례〉, 《평생도》,
국립중앙박물관

    이렇게 회혼식에서 장수한 어머니로서 효도의 대상이 된 여성은 회화적 형상을 얻었다. 하지만 여성의 형상은 여전히 남성에 비해 크게 차별받았다. 평생도라는 것 자체가 남성의 일생을 제재로 삼은 것이고, 그 남성이 얼마나 화려한 삶을 살았는가를 재현하는 데 그 목적이 있었다. 따라서 그런 그림 속에서 여성은 그 남성의 삶에 부록으로 그려지는 존재일 수밖에 없었다.

5

국가와 가족의 경제를 떠받치는 손

— 경직도와 속화에 표현된 여성의 노동

◉

　조선시대에 여성은 정치나 학문, 그 밖의 다른 사회적 활동을 하는 존재가 아니었다. 여성은 단지 그 사회가 여성에게 명한 이른바 '여성 노동'을 하는 존재였을 뿐이다. 바로 이러한 인식이, 조선 후기에는 더는 누구도 의심하지 않는 진리가 되었다. 특히 여성이 남성의 집으로 시집가서 사는 부처제(夫處制)가 17세기를 지나면서 본격적으로 작동하자 여성은 남성의 완벽한 통제 아래 놓이게 되었고, 가정 내에서 여성 노동이 갖는 중요성은 이전보다 더욱 높아졌다.

　부처제에 따라 여성은 시집이라는 완전히 이질적인 공간 속으로 들어갈 수밖에 없었고, 그러자 거기서 여성이 어떤 행위를 해야 하는지 구체적으로 지시해주는 텍스트도 이내 출현했다. 송시열(宋時烈, 1607~1689)이 그런 텍스트의 원형을 만들었다. 총 20장으로 구성된 국문

본 여성 교육서 《우암선생계녀서》가 바로 그것이다.

농사일과 집안일은 여성의 운명

《우암선생계녀서》는 부처제 성립 이후에 출현한 갖가지 여성 교육서의 핵심을 간직하는 텍스트였고 그래서 일제 식민지 치하에서도 여전히 필사되는 등 아주 오랜 기간 동안 읽혔다.[44] 조선 후기에 여성을 훈육하기 위해 만들어진 텍스트는 무수히 많지만 대개는 《우암선생계녀서》와 대동소이한 패턴을 띤다. 그러니 이 텍스트만 검토해도 조선 후기에 만들어진 여성 교육서의 전모를 능히 짐작할 수 있다.

《우암선생계녀서》의 20장은 두 가지를 기준으로 분류된다. 첫째는 부처제 아래, 곧 시집이라는 이질적 공간 및 거기서 맺는 새로운 인간관계 속에서 자신의 사고와 행위를 통제하는 방법, 곧 사실상 종속적 존재로서의 역할에 대한 반복적 훈육이다. 그리고 둘째는 여성 노동, 즉 가정 내에서의 노동과 관련된 내용이다. 예를 들면 이런 것들이다.

7)제사 받드는 도리, 8)손 대접 하는 도리, 11)재물 존절히 쓰는 도리, 12)일 부지런히 하는 도리, 13)병환 모시는 도리, 14)의복과 음식 만드는 도리, 15)노복 부리는 도리, 16)꾸이고 받는 도리, 17)팔고 사는 도리

세분되고는 있지만, 이 모두가 공히 여성에게 노동을 요구하는 내용이다. 실제로 송시열은 가부장제와 여성 노동의 관계를 아주 자세히 언급한다. 〈일 부지런히 하는 도리(12)〉를 보자.

천자 왕후도 놀지 아니하시고 부지런히 하신 말씀을 맹자께서 일러 계시니, 선비 아내 일 부지런히 아니하고 부모를 어찌 섬기며 자손을 어찌 기르리오.

잠 아니 자고 밥 아니 먹으며 과히 애써 병나는 부인도 있거니와 그는 구태여 할 것 아니나 심중이 놀지 아니하자 하면 옛 언문고담을 어느 겨를에 하리오.

시부모와 지아비 섬기기와 노비와 자식 거느리기 다 가모(家母)에게 달렸으니 재삼 삼갈 일이요. 제사와 방적과 장 담고 조석 양식 출입과 백 가지 일이 다 가모에게 있으니, 어느 적에 게으르고자 할 마음이 있으리오. 이럼으로 가모가 부지런해야 그 집을 보존하고 게으르면 기한에 골몰하여 자손의 혼인도 못하면 남이 천히 여기고 내 몸이 궁하여 마음이 부끄러운지라, 부디 부지런히 하기를 위주로 하여라.

이 글은 단순히 일반적 의미에서 노동과 근면의 중요성을 역설한 것이 아니다. 오직 여성의 노동과 근면을 강조하고 있을 뿐이다. 송시열은 시부모와 남편을 섬기는 데 필요한 육체노동, 노비를 통제하고 자식을 양육하는 일, 제사·방적, 음식과 조리 등이 모두 여성의 몫임을 밝히고 있다. 성에 따른 역할 구분을 기초로 해서 여성에게 보다 가혹한 노동의 임무를 편향적으로 부과한 것이다.

송시열이 〈재물 존절히 쓰는 도리(11)〉, 〈꾸이고 받는 도리(16)〉, 〈팔고 사는 도리(17)〉라는 항목을 설정한 것을 보라. 존절히 쓰라는 것은 알맞게 아껴 쓰라는 이야기고 꾸이고 받는 도리란 필요한 경우에는 다른 데서 돈을 꾸어 오라는 이야기다. 송시열은 양반가의 가정 경제에 관한 책임 역시 여성에게 떠맡기고 있는 것이다. "쓸 일이 없거든 잘 길거하야 자손을 위해 전답을 장만함이 또 옳은지라, 치가하는 법은 절용밖에 없느니라."(〈재물 존절히 쓰는 도리〉) 심지어 전답을 마련하고 재산을 축적하는 것 역시 아내의 임무가 되었는데 그 방법이 쉴 새 없이 일하는 것("길거")과 아껴 쓰는 것("절용")이다. 양반가에서 여성의 노동을 이런 식으로 규정했다면 형편이나 사정이 그 이하였을 평민과 노비 신분의 여성은 말할 것도 없을 터이다. 조선의 여성은 오로지 노동하는 여성으로만 규정되었으며, 이때 여성의 노동은 '여홍(女紅)' 또는 '여공(女工)'이라 불리며 특화되었다.

이러한 내용을 담고 있는 《우암선생계녀서》의 여성 노동을 조선 후기의 속화가 충실히 반영한다. 물론 《우암선생계녀서》에서 말하는 여성은 '사족(士族) 여성'이고, 또 송시열 시대부터 사족의 분화가 급격히 일어나 서울에 사는 경화세족 여성들은 이러한 고된 여성 노동에서 해방되었지만, 대부분의 사족 여성과 상민은 《우암선생계녀서》가 요구하는 혹독한 노동에 종사해야만 했다. 물론 여성 노동을 제재로 삼은 조선 후기의 속화 모두가 직접적으로 《우암선생계녀서》의 영향을 받았다고 단정 지을 수는 없다. 다른 계기들이 복합적으로 작용했다. 앞서 살폈듯 노동하는 여성의 형상은 조선 전기의 빈풍칠월도와 경직도에서 이미 만들어졌고 그 전통이 계속 이어져 조선 후기에도 빈풍칠월도와 경직도는 여전히 왕명으로 궁중에서 제작되었다. 다만 조선 후기에는 빈풍칠월도와 경직도가 궁중을 넘어 민간에도 확산되었고, 그것이 다시 속화로 침투한 듯 보인다.

중국의 영향에서 벗어나는 조선의 경직도

먼저 궁중에서 제작한 빈풍칠월도와 경직도류의 그림에 대해 간단히 검토한 뒤 속화에 나타난 여성 노동의 형상을 살펴보자.

1681년(숙종 7) 10월 21일 영의정 김수항(金壽恒)은 경연에서 《시경》의 빈풍(豳風)을 강의할 때 병조 판서 이숙(李翩)의 집안에 농가사시도(農家四時圖) 병풍을 가져와 복제할 것을 요청한다.[45] 이듬해인 1682년 4월 11일에 홍문관은 〈농가십이월도〉를 완성해 올린다.[46] 숙종 22년(1696) 12월 30일 숙종은 명대의 화가 왕세창(王世昌)의 〈빈풍도(豳風圖)〉를 얻자, 최석정(崔錫鼎)에게 시를 지어 바치게 했고,[47] 이에 최석정은 시[48]를 지어 올리며 백성을 걱정하는 숙종을 칭송했다.[49]

최석정은 경직도의 역사를 살필 때 각별한 의미를 갖는 인물이다. 그는 북경에 주청사(奏請使)로 갔다가 1697년 9월 6일 복명한다. 그런데 그로부터 약 한 달 보름 뒤인 10월 21일 교리 윤지인(尹趾仁)은 숙종이 화공을 많이 불러들여 그림을 그리게 하지만 한 달이 넘도록 끝나지 않고 있다면서 완호물 제작에 경비를 쏟아 붓는 것은 잘못이라고 비판했다. 이에 숙종은 마침 경직도를 얻은 뒤라 세자에게 농사일의 어려움을 알려주려는 의도로 그것을 복제해 병풍으로 만든 것이지 결코 한때의 완호물은 아니라고 답한다.[50]

숙종이 복제하게 한 원본 경직도는 다름 아닌 1696년에 제작된 《패문재경직도(佩文齋耕織圖)》로, 바로 최석정이 귀국할 때 구입해 온 것이었다. 《패문재경직도》는 1689년 강남의 한 인사가 송나라 진전(陳尃)의 《농서(農書)》, 진관(秦觀)의 《잠서(蠶書)》, 《누숙경직도(樓璹耕織圖)》 등 희귀한 장서를 강희제에게 바쳤던 바, 그것을 합해 보관하

그림 31
작자 미상, 〈누에 먹이기〉, 《누숙경직도》, 국립중앙박물관

다가 새롭게 제작한 책자, 곧 화첩으로 초병정(焦秉貞)의 그림을 동판으로 인쇄한 것이었다.[51] 《패문재경직도》는 경부(耕部) 23도(圖), 직부(織部) 23도로 모두 46장 그림으로 이루어졌다. 《누숙경직도》와 내용은 대동소이하지만 그림의 풍은 완전히 달라져 청나라의 새로운 궁정화풍을 따랐다.[52] 《누숙경직도》와 《패문재경직도》는 경도와 직도로 나뉘어 있으니, 직도의 직조 노동 대부분은 여성의 몫이었던 것이다.

숙종이 화공들에게 복제해 병풍으로 만들게 한 그림이 국립중앙박

그림 32
초병정, 〈비단 짜기〉, 《패문재경직도》, 한국학중앙연구원 장서각

물관에 1점 소장되어 있는데▪ 한 폭 그림 안에 직부(織部) 그림이 셋으로, 곧 〈누에알 씻기〉, 〈두 잠 재우기〉 〈세 잠 재우기〉 등을 앉힌 것이다.[53] 건국대학교박물관이 소장한 《패문재경직도병(佩文齋耕織圖屛)》[54]이나 국립중앙박물관이 소장한 작자 미상의 〈경직도〉 2종 그리고 김홍도가 그린 것으로 알려진 4폭 《경직도》는 모두 《패문재경직도》

▪ 진재해(秦再奚)가 그린 것으로 알려졌다.

의 영향을 받은 것으로 보인다.⁵⁵

이 외에도 다수의 경직도가 수입되었고 그것들은 여성의 노동을 함께 그렸다. 1704년 숙종은 북송의 8대 황제인 휘종(徽宗)의 그림(아마도 위조품일 것이다) 〈경잠도(耕蠶圖)〉를 구하고는 이렇게 말한다. "지난해 겨울 우연히 짧은 축화(軸畵)를 구했는데, 바로 도군(道君, 휘종을 말한다)이 그린 〈경잠도〉였다. 절묘한 솜씨로 농가의 괴로움과 여홍의 힘든 노동을 잘 표현했기에 펼쳐볼 때마다 직접 보는 느낌을 늘 받았으니, 한 폭의 그림에 두 가지 아름다움이 구현되어 있다 하겠다."⁵⁶ 여기서 "농가의 괴로움"이란 남성 노동을 가리키고 "여홍의 힘든 노동"이란 여성 노동을 말한다. 다시 말해, 여성 노동이란 대부분 직조다. 숙종이 쓴 〈제직도(題織圖)〉와 〈직녀도(織女圖)〉 역시 그 점을 의식한 것이었다.⁵⁷

이처럼 경직도 제작을 주도한 것은 숙종의 예에서도 보듯 왕이었다. 하지만 모든 경직도가 궁중에서 제작된 것은 아니다. 건국대학교 박물관과 국립중앙박물관에 소장된 경직도를 일괄하여 모두 궁중에 소장되었던 것이라 말할 수 없는 이유가 있다. 예컨대 《패문재경직도》가 18세기 후반 서울의 문인 지식인들에게 널리 알려졌던 것을 생각하면■ 민간에서도 경직도에 대한 관심과 수요가 꽤 있었던 것으로 보인다. 19세기 중반에 쓰인 〈한양가〉에 따르면 광통교의 서화 판매처에서 병풍 제작용으로 판매하는 그림 중에도 경직도가 있었으니, 아마 당시 경직도는 민간에서도 수요가 있었던 것이다.

■ 북경에 드나들 수 있었던 경화세족들은 유리창(琉璃廠) 서점가에서 《패문재경직도》를 발견하고 구입했던 것으로 보인다. 예컨대 북경에 여섯 차례 다녀온 여항시인(閭巷詩人) 조수삼이 《패문재경직도》의 운을 빌려 〈차경직도사십육수(次耕織圖四十六首)〉를 쓰기도 했다.

서울 시정에도 경직도가 쓰이고 또 집안의 행사치레용으로도 그 그림에 대한 수요가 있었다는 것은 곧 이런 그림이 적지 않게 제작되었다는 이야기다. 더불어 경직도가 애초의 《패문재경직도》에서 조선식으로 점차 바뀌는 도중에 놓여 있는 형태 혹은 완전한 조선식 경직도 등 다양한 형태의 경직도가 출현했으리라는 점을 짐작케 한다.■■ 그리고 그 명칭도 《세시풍속도(歲時風俗圖)》〈전가락사(田家樂事)〉 등으로 바뀌게 된다. 이한철(李漢喆)의 《세시풍속도》나 독일 게르트루트 클라센이 소장한 작자 미상의 민화풍 〈경직도〉와 개인이 소장한 작자 미상의 〈전가락사〉를 보면, 경직의 장면은 물론이고 배경까지 완전히 조선풍으로 바뀌었음을 실감하게 된다.

양반 지주를 위해 일하는 여성과 농민

경직도는 당연히 여성 노동을 포함한다. 실은 이것이 우리의 고찰 대상이다. 김홍도가 그린 것으로 전해지는 4폭 《경직도》를 표본으로 선택해 이야기의 실마리로 삼아보자(그림 33).

1폭은 사람들이 만월을 가리키는 것으로 보아 아마도 정월 보름의 풍속을 그린 것이다. 2폭은 모내기하는 모습을 그린 것인데, 그림 아래쪽에는 모심기를 하는 남자 다섯과 여자 셋이 있고, 그 위쪽에는 들밥을 먹는 사람들이 있다. 들밥을 먹는 사람들을 유심히 보면, 아래쪽에서는 여자가 밥을 퍼서 남자에게 건네는 중이고 그 뒤에 붉은 옷을 입

■■ 예컨대 김홍도의 작품으로 전해지는 두 가지 경직도 중 하나는 완전한 중국풍이고 하나는 완전한 조선풍이다.

그림 33
전 김홍도, 《경직도》 1·2·3·4폭, 국립중앙박물관

은 꼬마가 엄마의 치마를 잡아당기고 있다. 3폭에서는, 그림의 맨 위쪽에는 용두레로 물을 퍼 올리는 사내가 있고 그 아래는 방아 찧는 여자가 있으며 그 아래는 옹기장수에게 옹기를 사는 아낙이 있다. 맨 아래 오른쪽에서는 젊은 총각이 꼴을 베고 있고 그 건너편에서는 탕건을 쓴 사내가 참외를 팔고 있다. 4폭의 중간에는 뽕 따는 여자를, 그 아래에는 나물 뜯는 여자를, 집안에는 실 잣는 여자를, 그 왼쪽 개울에는 빨래하고 물 긷는 여자를 배치하고 있다.

이처럼 《경직도》는 여성의 일상적인 노동을 포괄한다. 이제 19세기에 그려진 이한철의 《세시풍속도》를 보자(그림 34·35).

《세시풍속도》는 원래 한 해 열두 달의 농촌 모습을 그린 것이니 모두 12폭이 제작되었을 텐데, 애석하게도 현재 남아 있는 것은 10폭뿐이다. 여성이 노동하는 모습을 중심으로 찬찬히 살펴보자.

먼저 1폭은 윗부분에 '月正元宵, 村老會, 扶杖玩月, 占歲豊凶'이라는 글귀가 쓰인 걸 보면 정월 보름의 풍습을 그린 것이다. 이는 "정월 보름 촌로들이 모여 지팡이를 짚고 달구경을 하며 그해 농사의 풍흉을 점친다"라는 뜻이다. 그림 맨 위 다리 위에서 여자 셋이 같이 달구경을 하는 장면이 보인다. 하지만 1폭에는 노동하는 여성의 모습이 전혀 없다.

2폭은 2월을 그린 것이다. 봄보리를 가는 장면이다. 여성 노동은 그림 중간쯤에서 나타난다. 큰 나무 위에는 머리를 땋은 미혼의 총각 셋이 올라가 있다. 붉은 저고리를 입은 총각은 막대기로 나무를 후려치고 있고 그 위의 흰 저고리 총각은 바구니를 자기 아래에 있는 총각에게 건네주고 있다. 뽕잎을 따는 장면인 것이다. 그리고 나무 아래에서 여자 둘이 뽕잎 담는 바구니를 가져가 뽕잎을 줍고 있는 듯 보인다.

앞으로 살펴볼 게르트루트 클라센이 소장한 민화풍 〈경직도〉에도 이 같은 장면이 나온다(그림 37). 다만 게르트루트 클라센 소장 〈경직도〉에는 뽕 따는 사람이 여자로 그려졌을 뿐이다. 이한철의 그림 2폭 아래쪽에는 물동이를 이고 가는 여자가 있고, 그 아래에는 오지그릇장수에게서 오지그릇을 사는 여자가 있다. 오지그릇장수는 오지그릇을 지게에 싣고 다니며 팔았던 모양인지 조금 위쪽으로 그릇장수의 지게가 놓여 있고 강아지가 있다. 그림 맨 아래 초가 안에서는 한 여자가, 정확하지는 않지만, 단지에서 무언가를 떠내는 중인 것으로 보인다.

3폭은 3월이다. 그림 중간쯤에서 여자 여럿이 김을 매고 있다.

4폭에는 여성의 노동이 묘사되지 않았다.

5폭은 모 심는 장면이다. 아래는 두레풍물을 잡히고 있는 모습이고 위는 모를 심는 모습이다. 모를 심는 사람들 중 붉은 저고리를 입은 사람을 유심히 보면, 아래옷이 바지가 아니라 치마임을 알 수 있다. 작게 그려져 잘 구분은 안 되지만 그 바로 위의 두 사람 역시 바지가 아닌 치마를 입은 것으로 보이니 역시 여자로 봐야 할 것이다. 이 그림에서 흥미로운 건 그림 맨 아래에 배치된, 집 안의 두 남자다. 두 남자는 투전(鬪牋), 곧 놀음판을 벌이고 있다.

6폭은 김매는 장면이다. 그림 위쪽으로 논에서 김매는 사내들이 보일 것이다. 그림 중간에는 수박장수가 팔베개를 한 채 누워 있고, 그 앞에는 수박 한 덩이를 막 베어 먹으려는 참인 농부들이 있다. 그리고 그 아래에는 활로 솜을 트는 남자 둘 그리고 솜을 덩어리로 뭉쳐 고치로 만들어 바구니에 담는 여자가 있다. 이 솜이 곧 직조 작업으로 이어질 터이다.

7폭은 벼가 익기 시작한 초가을 풍경이다. 그림 위쪽으로 익어가는 벼가 보인다. 그림 중간에는 주모 홀로 지키고 있던 주막에 나그네가 막 들어오는 참이다. 그 아래 마당에서는 물레로 솜뭉치에서 실을 뽑는 여자가 있고, 그 위 집 안에서는 베틀로 베를 짜는 여자와 다듬이질을 하는 여자들이 보인다. 이것이 전형적인 여성 노동이다.

8폭은 벼를 수확하는 장면이다. 그림 중간에 낫으로 벼를 베는 남자들이 보인다. 그 아래는 디딜방아로 벼를 찧는 여자들과 곡식을 말리는 여자들이 보인다. 이 역시 전형적인 여성 노동이다.

9폭은 타작하는 장면과 벼를 찧어 말리고 키질을 하며, 섬을 우그리고 낟가리를 묶는 등 곡식을 갈무리하는 장면이다. 여기에는 여성 노동이 없다.

10폭은 한창 겨울이다. 집 안에서 여자가 천을 짜고 있다. 마당에 염색한 실이 걸린 것으로 봐서는 비단을 짜는 게 아닌가 싶다.

이한철의 《세시풍속도》에 나오는 여성 노동을 정리하면 다음과 같다.

2폭 : 뽕잎 따기, 물 긷기, 밥 짓기
3폭 : 김매기
5폭 : 모심기
6폭 : 솜으로 고치 만들기
7폭 : 주모의 일, 물레질, 베 짜기, 다듬이질
8폭 : 디딜방아, 곡식 말리기
10폭 : 비단 짜기

그림 34
이한철,
《세시풍속도》 1·2·3·4·5폭,
동아대학교박물관

그림 35
이한철,
《세시풍속도》 6·7·8·9·10폭,
동아대학교박물관

그림 36
작자 미상, 〈전가락사〉, 개인 소장

    이런 유형의 여성 노동은 경직도에선 늘 반복된다. 다시 말해 이런 일은 이미 여성 노동으로 완전히 굳어진 것들이다. 다음에 제시할, 작자 미상의 민화풍 그림 〈전가락사〉나 게르트루트 클라센 소장 〈경직도〉의 각 부분에서도 이와 동일한 형태의 여성 노동을 찾아볼 수 있다.
    여기서 반드시 지적되어야 할 사실은 조선 후기에 널리 유행한 경직

그림 37
작자 미상, 〈경직도〉(1),
게르트루트 클라센 소장

그림 38
작자 미상, 〈경직도〉(2),
게르트루트 클라센 소장

도가 사족의 농민 지배와 남성의 여성 지배, 곧 남성-양반 가부장제의 완전한 성립을 배경으로 했다는 점이다. 다시 말해 경직도에는 대개 소작농이 그려졌으리라 여겨진다. 당연히 지주는 따로 있었을 것이다. 이는 곧 조선의 경직도들이 남성-양반이 지주로서 군림하는 조선사회의 생산구조를 그대로 반영한다는 의미다. 이한철의 《세시풍속도》 9폭 상단 부분을 다시 보자. 일꾼들의 타작 장면을 지켜보는, 갓을 쓰고 장죽을 문 양반 지주가 있다. 바로 이들이 노동하는 농민을 지배하는 남성-양반의 가부장제를 상징하는 것이다. 이런 구조 역시 경직도에서는 언제나 동일하게 표현된다.

게르트루트 클라센의 〈경직도〉(2)를 보자(그림 38). 마당에서는 타작이 한창인데, 그 아래 기와집 마루에서는 양반이 학동들을 가르치고 있다. 이것은 곧 사족-지주를 의미한다. 〈전가락사〉의 왼쪽 그림에서도 맨 위쪽에 자리를 깔고 앉아 담뱃대를 물고 있는 사내는 역시 사족-지주다(그림 36). 그뿐 아니라 행려풍속도 중 모내기와 타작, 수확 등을 제재로 한 그림에서 반복적으로 나타나는 사족-지주의 모습을 떠올려도 그것이 정확히 조선의 사회구조를 반영함을 인지할 수 있다. 이런 의도가 더욱 뚜렷이 드러나는 그림은 20세기 초반에 제작된 작자 미상의 〈경직도〉들이다. 그중 몇 가지를 살펴보자.

〈베 짜기〉 〈여름 휴식〉 〈소작료 바치기〉는 국립민속박물관이 소장하고 있는 《경직도》에 실린 그림들이다(그림 39·40·41). 주지했다시피 베 짜기는 경직도에 반드시 등장하는 여성 노동이다. 그런데 이어지는 〈여름 휴식〉은 어떤가. 다름 아닌 양반 지주의 여름 휴식을 뜻한다. 또 마지막 그림인 〈소작료 바치기〉는 결국 여성과 농민의 노동이 양반 지주를 위한 것임을 입증해준다. 이는 17세기를 통과하면서 사

그림 39
작자 미상, 〈베 짜기〉, 《경직도》,
국립민속박물관

그림 40
작자 미상, 〈여름 휴식〉, 《경직도》,
국립민속박물관

그림 41
작자 미상, 〈소작료 바치기〉, 《경직도》,
국립민속박물관

족-남성의 지배체제가 단계적 부계친족제 작동과 함께 완성된 조선의 당시 사정을 반영하는 것이다.

여성 노동만 따로 그린 속화

원래 경직도란 노동하는 여성이 노동하는 남성과 함께 그려지는 것이다. 그러나 조선의 속화는 경직도에서 여성의 노동을 따로 떼어낸다. 그중 가장 먼저 다뤄볼 제재는 직조다. 이것은 앞서 여러 가지 경직도에서 반복적으로 나타났듯 전형적인 여성 노동이다. 그리고 김홍도와 김득신은 바로 이 부분을 확대한다. 그림은 이제 완전히 조선풍이다.

두 그림 모두 남자는 사방관을 쓰고 자리를 짜고 있고, 방 한구석에서는 아이가 책을 펼쳐놓고 막대기로 글자를 짚어가며 읽는 중이다. 그림 여자는 무엇을 하고 있는가. 김홍도의 그림에서 여성은 물레를 사용해 실을 뽑는 중이고(그림 42), 김득신의 그림에서는 베틀에서 베를 짜고 있다(그림 43). 직조 노동이 여성의 것임을 다시 한 번 보여주는 셈이다. 이 그림은 몰락한 양반 가정을 그린 것으로 짐작된다. 조선 후기 일부 사족이 토지를 잃고 경제적으로 몰락해 육체노동에 내몰렸던 바, 이 그림은 그런 사정을 반영하는 것이다.

물레에서 뽑은 실은 곧 베 메기와 베 짜기로 이어진다. 직조의 대부분은 면포였다. 조선시대에 면포는 곡물과 아울러 가장 중요한 생산품이었다. 면포는 군포, 곧 세금으로 국가에 납입되어 국가 재정의 절반을 차지했으며, 동시에 화폐 구실까지 했다. 그토록 중요한 것이 오직 여성 노동으로만 생산되었으니, 여성이 당시 국가 재정을 절반을 담당하고 있었던 셈이다. 면포가 기본적으로 가족의 의복을 마련하고 기타 생필품을 구입할 수 있는 화폐 구실을 했으니, 좀 더 구체적으로 말하자면 여성의 손이 국가와 가족의 경제를 떠받친 것이다. 그랬기 때문에 더더욱 남성들은 끊임없이 여성의 직조 노동을 강조했다. 이덕무는 "대문에 들어섰을 때 안에서는 물레질 소리, 베틀 소리가 들리고, 바깥에서는 시를 외고 글을 읽는 소리가 들리면, 그 집안이 법도가 있는 것을 알 수 있다. 안에는 소설을 읽는 소리가 있고, 밖에서는 장기바둑을 두는 소리가 들리면, 그 집안이 잘되고 어지러움을 알 만하다"[58]라고 말하며 여성의 직조노동을 강조했다.

경직도를 위시한 농업 노동을 그린 속화에서 여성이 논이나 밭을

그림 42
김홍도, 〈실뽑기와 자리 짜기〉,
《단원풍속화첩》, 국립중앙박물관

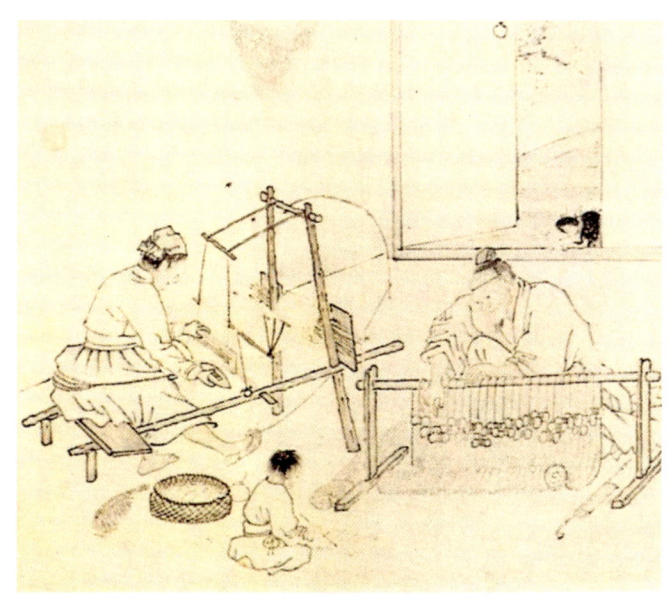

그림 43
김득신, 〈베 짜기와 자리 짜기〉,
개인 소장

그림 44
유운홍(劉運弘), 〈길쌈〉, 〈풍속도〉,
국립중앙박물관

갈고 모내기를 하는 장면이 아예 등장하지 않는 것은 아니지만, 주로는 들밥과 관련해 형상화되었다. 이는 또한 경직도의 전통이기도 했다. 비록 후대에 그려진 것이지만, 앞서 검토한 게르트루트 클라센이 소장한 〈경직도〉(2)에 들밥 먹는 장면이 나온다(그림 38). 그리고 속화에서 '들밥' 혹은 '새참'을 최초로 형상화한 화가는 조영석이다.

〈그림 45〉 중간의 광주리 앞에서 왼손에 밥그릇을 든 사람과 맨 오

그림 45
조영석, 〈새참〉, 개인 소장

른쪽에서 광주리를 내려놓고 있는 사람이 여자다. 여자가 음식 광주리를 이고 나르는 장면은 김홍도의 《행려풍속도병》 중 〈들밥 내가기〉에서도 볼 수 있다.

〈그림 46〉 아래쪽, 여자가 소반 위에 보자기를 덮은 광주리를 이고 가는 중이다. 뒷날 '새참' 혹은 '들밥'을 제재로 한 그림에서 여성은 거의 이런 이미지로 표현된다.

김홍도가 그린 《단원풍속화첩》의 〈새참〉은 들밥 먹는 장면을 제재로 한 그림 중 가장 탁월하다(그림 47). 반원을 이루고 앉아 밥을 먹는 남자들의 포즈를 다양하게 잡아냈다. 왼쪽 아래에서 뭔가 먹을 게 떨어질까 하여 우두커니 사람들을 바라보는 강아지 배치 역시 절묘하다. 사람들만 있었다면 조금은 단조로웠을, 즉 조영석의 그림에서 보

그림 46

김홍도,
〈들밥 내가기〉,
《행려풍속도병》,
국립중앙박물관

그림 47
김홍도, 〈새참〉,
《단원풍속화첩》,
국립중앙박물관

이던 단조로운 구성에 변화를 주면서도 아울러 그림 전체에 통일성을 부여하는 것이다.

여기서 중요한 것은 물론 오른쪽 아래에 있는 여성이다. 이 여성은 어린아이이게 젖을 물리고는 사랑스런 눈길로 내려다보고 있다. 그 옆에서는 네댓 살쯤 먹은 아이가 밥그릇을 들고 숟가락질을 하고 있다.

이런 이미지는 거의 정식화된다. 김득신의 《풍속팔곡병》 중 한 점인 〈들밥〉도 동일한 구성을 취한다(그림 48). 남자들이 둘러앉아 밥을 먹고 있고, 여자는 광주리를 곁에 두고 아이에게 젖을 먹이는 중이다.

2장 조선 후기-남성의 시선으로 그려진 여성의 세속　211

그림 48
김득신, 〈들밥〉, 〈풍속팔곡병〉,
삼성미술관 Leeum

게르트루트 클라센이 소장한 〈경직도〉에서도 동일한 제재와 구성과 형태가 나타나는 것으로 보아, 김홍도의 〈새참〉이 뒷날 그려진 경직도에 큰 영향력을 미친 것으로 보인다. 물론 김홍도의 〈새참〉도 이전의 경직도가 지녔던 전통에서 나왔을 가능성이 크다.

직조와 들밥은 조선의 경직도와 속화에서 여성 노동의 제재로 가장 널리 채택하는 것이었다. 이 외에 속화가 즐겨 택한 제재는 여럿 있었다. 그중 몇 가지를 검토해보자.

여성의 노동으로 인식된 대표적인 것으로 나물 캐기를 꼽을 수 있다. 최초의 작품은 앞서 검토한 윤두서의 〈나물 캐기〉다(그림 4). 하지만 윤두서의 〈나물 캐기〉는 중국의 화보(畵譜)와 속화에서 받은 영향이 그대로 반영되었다. 하지만 윤두서의 손자 윤용(尹熔)이 그린 〈나물 캐기〉는 할아버지의 그림과는 달리 완벽하게 조선적 정조를 표현하고 있다(그림 49).

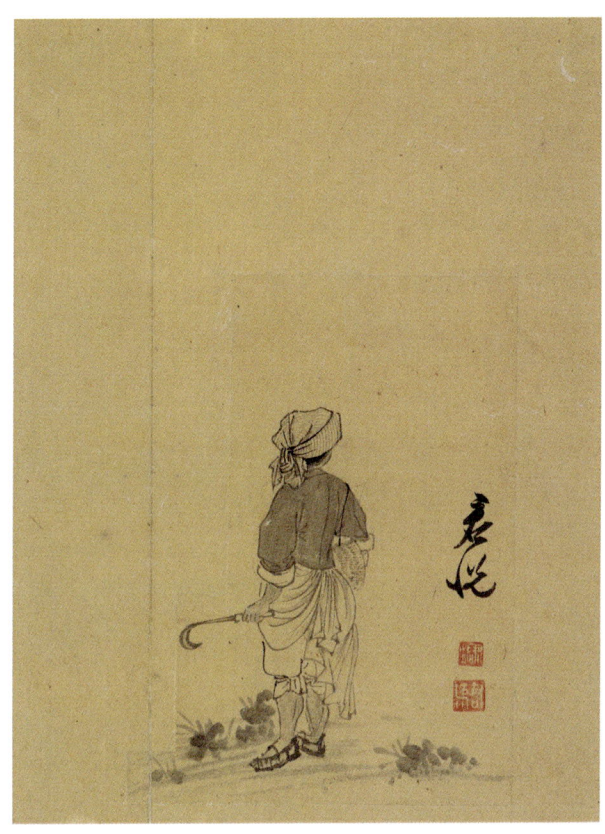

그림 49
윤용, 〈나물 캐기〉,
간송미술관

그림 속 여자는 짚신을 신었고 머리엔 수건을 썼다. 종아리를 걷은 채 왼손에 호미를 쥐고 나물이 어디 있나 찾는 중이다. 완벽하게 재현된 조선의 상민(常民) 여성이다.

나물 캐기는 여성과 관련한 속화에서 이후 즐겨 다루는 제재가 되었다. 조선 후기 화가 마군후(馬君厚)의 〈나물 캐기〉와 작자 미상의 〈나물 캐기〉 역시 여성 노동의 하나로 나물 캐기를 제재로 삼은 작품들이다(그림 50·51).

그림 50
마군후, 〈나물 캐기〉, 간송미술관

그림 51
작자 미상, 〈나물 캐기〉, 국립중앙박물관

마군후의 〈나물 캐기〉에는 두 여성이 호미로 나물 캐는 장면이 묘사되었다(그림 50). 오른쪽 여성은 나물을 캐다 말고, 보채는 아이에게 젖을 물린 상태다. 왼쪽 여성은 고개를 돌려 옆의 아이엄마에게 말을 건네면서도 여전히 오른손으로는 호미로 나물을 캐고 있다. 작자 미상의 〈나물 캐기〉 역시 그림 상태가 좋지 않아 분명하지는 않지만, 역시 나물 캐는 장면을 그린 듯 보인다(그림 51).

김홍도의 〈춘일우경(春日牛耕)〉 아랫부분을 보면 아이 업은 여자가 캠대와 종다래끼로 나물을 캐고 있다. 윗부분에는 소로 밭 가는 장면을 그리고 아래에는 캠대로 나물을 캐는 장면을 그린 것이다(그림 52).

지금까지 이야기한 것은 여성이 담당해야 했던 노동 중 농사와 관련된 노동이다. 하지만 여성은 바깥에서 하는 노동 외에, 집 안에서 이루어지는 각종 가사노동도 감당해야 했다. 조선 여성의 일상이란 한마디로 이 두 가지 노동의 반복이었다.

그림 52
김홍도, 〈춘일우경〉, 《행려풍속도병》,
국립중앙박물관

그림 53
조영석,
〈절구질하는 여인〉,
간송미술관

여성의 가사노동과 관련해서는 먼저 조영석의 그림을 보자. 앞서 언급했듯이 윤두서 이후 속화에 가장 큰 발전적 변화를 가져온 화가가 바로 조영석이다. 이덕무가 조영석의 속화를 70여 첩이나 수집했을 정도라고 하니, 조영석은 대단히 많은 속화를 제작한 모양이다. 남은 속화 중 여성의 가사노동을 제재로 삼은 작품을 보자. 〈절구질하는 여인〉이다(그림 53).

왼쪽에는 초가를 얹은 집의 측면이 조금 보이고 오른쪽 화면의 대부분은 그 중간에서 절구질을 하는 늙은 여성, 곧 허리 굽은 할멈에게 할애되어 있다. 할멈은 헐렁한 흰색 저고리에 푸른 치마를 입었다. 간단한 옷차림을 한, 실은 남루한 입성이다. 앞서 본 미인도 속 여자들과는 딴판이다. 이 여자는 늙은 계집종으로 여겨진다. 할멈의 건조한 표정에서 달갑잖은 반복적 노동의 괴로움이 느껴진다. 초가집 담과

그림 54
신윤복, 〈장터에서 오는 길〉,
국립중앙박물관

나무에 줄을 매어 빨래를 널어놓은 것도 이 그림에 현실감을 더한다. 담백하달 수밖에 없는 이 그림은 "관아재의 필법은 늘 신묘한 경지에 들어가니 어찌 사랑하지 않을 수 있을까?"[59]라는 평가를 낳았다. 피곡(皮穀)의 껍질을 벗기는 일인 절구질은 여성이 밥을 지으려면 반드시 해야 하는 노동이었다. 그런데 조영석 이전에는 그 누구도 여성의 이런 일상적 노동을 포착한 경우가 없었다. 그만큼 조영석의 속화는 파격적이었다. 조영석은 18세기 문인과 화가들의 예술관에 상당한 충격을 던진 것으로 보인다.

절구질은 취사와 관련된 것이었으며, 이와 아울러 식재료 구입도 여성의 몫이었다. 신윤복의 〈장터에서 오는 길〉이 바로 그런 제재로, 시장에서 생선과 푸성귀를 사서 돌아오는 여성의 일상을 그린 것으로 보인다(그림 54).

그림 55
조영석, 〈재봉〉, 개인 소장

직조와 아울러 여성 노동을 대표하는 일은 재봉이었다. 역시 조영석의 그림으로 〈재봉〉을 살펴보자(그림 55).

여자 셋이 재봉에 열심이다. 이덕무가 전한, 서화가 허필(許佖)의 평은 바로 이 그림을 두고 쓰인 것으로 보인다.

한 아낙은 가위질 하고
한 아낙은 주머니 접고
한 아낙은 치마를 깁는다.
아낙 셋이 '간(姦)'자가 되니,
접시를 엎고도 남겠네.[60]

재봉에 골몰한 여인네의 모습이 자연스럽다. 특히 맨 왼쪽, 치마를

그림 56
신윤복, 〈다림질〉, 개인 소장

집고 있는 여자를 보라. 자세의 균형을 맞추기 위해 왼발을 앞으로 쑥 내밀었다.

당연한 이야기겠지만, 노동하는 여자들의 복색은 뒤에 살펴볼 미녀도에 등장하는 미녀나 기녀의 복색과는 확연히 다르다. 조영석의 〈재봉〉 속 세 여자는 모두 저고리가 허리까지 내려올 정도로 길고 고름과 동정, 곁마기에 회장(回裝)이 전혀 없으며 머리에 꽂는 수식(首飾)이나 몸에 장신구를 달고 있지도 않다. 가체(加髢)도 없다. 머리카락 형태를 보아 왼쪽의 두 젊은 여자는 아마 결혼을 하지 않았을 것이고, 맨 오른쪽 여성은 결혼을 했을 것이다. 이들 모두가 계집종이거나 상민 여성이 아닐까 짐작된다. 신윤복의 〈다림질〉도 마찬가지로 비슷한 성격의 여성 노동에 종사하는 여성들을 다룬 그림이다(그림 56).

직조, 재봉, 다림질과 관련해 여성이 맡아야 하는 중요한 노동으로

그림 57
신윤복, 〈빨래하러 가는 길〉,
《행려풍속도병》, 국립중앙박물관

그림 58
신윤복, 〈빨래터〉, 《혜원전신첩》,
간송미술관

그림 59
김홍도, 〈빨래터〉,
《단원풍속화첩》,
국립중앙박물관

의복을 세탁하는 일인 빨래가 있었다.

신윤복의 《행려풍속도병》의 하나로 〈빨래하러 가는 길〉이라는 그림을 살펴보자(그림 57). 그림의 윗부분을 거대한 바위산으로 채워놓은 것과 아래에 조그맣게 여자들을 그려넣은 것이 썩 어울리지는 않지만, 어쨌든 이 여자들이 머리에 인 커다란 보퉁이와 함지박에는 빨랫감이 가득 들어 있다. 이들은 지금 계곡의 빨래터로 향하는 중이다. 사실 이 그림은 산수도로 취급해야 할지, 속화로 봐야 할지 어중간한 작품이다. 빨래를 제재로 삼았다고 보기에는 산수의 비중이 너무나 커서 그렇다.

반면 신윤복의 또 다른 그림 〈빨래터〉는 너무나 분명하게 빨래하는 장면을 그대로 형상화하고 있다(그림 58). 즉 〈빨래하러 가는 길〉이라는 모호한 그림이 《혜원전신첩》에 들어간 〈빨래터〉에 이르러서는 온전히 제 성격을 드러내게 된다. 〈빨래터〉는 여성의 나신(裸身)을 향하는 남성의 성적 욕망을 표현한 그림으로 여겨지기도 하지만, 한편으로 이 그림의 주 제재는 여성 고유의 노동인 빨래인 것이다.

개울가에 여자 셋이 서 있거나 앉아 있다. 상반신을 완전히 드러낸 할멈은 막 빨래를 끝낸 것인지 천을 털어 풀밭에 펼치고 있고, 그 아래 물가에서는 여자가 쪼그리고 앉아 방망이로 빨래를 두드리는 참이다. 빨래하는 여자 옆 작은 함지박에 빨랫감이 들었다. 그 위쪽 비껴 앉은 젊은 여인은 젖가슴을 살짝 드러낸 채 가체를 풀어 다시 엮고 있다. 이 여자의 발치에도 큰 빨래 보퉁이가 있다. 그림 왼쪽, 곧 개울가 건너편에서 활을 쥐고 걸어가는 한량만 없다면, 여성들이 일상적으로 하는 세탁 노동의 한 장면인 것이다. 하지만 신윤복은 거기에 남성의 성적 욕망을 슬쩍 끼워 넣었다.

김홍도의 〈빨래터〉도 마찬가지다(그림 59). 개울에서 여자들이 빨래하는 모습을 세부적으로 정밀하게 그렸다. 모두 상민이거나 노비로 보이는 여자들이다. 아예 개울 안으로 들어간 여자는 빨랫감을 비틀어 짜고 있고, 그녀의 맞은편 개울가에 앉은 여자 둘은 수다를 떨며 방망이질을 하는 중이다. 그들의 위편 너럭바위에는 막 목욕을 끝낸 아낙네가 속속곳이 다 보이도록 다리를 벌린 채로 머리를 땋고 있다. 그 옆에서는 아랫도리를 드러낸 아이가 엄마 젖을 만지작거리고 있다. 한편 그림의 맨 오른쪽 바위 뒤에서는 부채로 얼굴을 살짝 가린 선비가 여인들을 엿보고 있다.

　여성의 일상적 노동으로는 물 긷기도 있었다. 앞서 본 김득신의 《행려풍속도병》(그림 1)과 작자 미상 〈전가락사〉의 오른쪽 그림 중간에 물동이를 이고 걸어가는 사람 역시 모두 여성(비녀이거나 상민)이었다(그림 36). 물을 길어 이고 오는 사람이 속화에서는 언제나 여성으로 그려졌다는 이야기다.

　신윤복의 〈우물가〉는 만월이 뜬 밤에 우물가에서 여자 둘이 대화를 나누는 광경을 제재로 삼고 있다(그림 60).■ 우물가에는 물동이가 둘 있고, 왼쪽 여자는 두레박줄을 쥐고 있다. 머리에 똬리를 얹은 여자는 앉아 있는 여자의 이야기에 귀를 기울인 참이다.

　김홍도의 〈우물가〉 역시 우물물 긷는 장면을 포착했다(그림 61). 우물의 형태는 신윤복이 그린 우물과 같다. 약간 나이가 들어 보이는 중년 여성은 지금 막 두레박을 우물 안에 던져 넣었다. 그 오른쪽 곱상한 젊은 아낙은 목마른 길손에게 두레박을 넘겨주는 참이다. 더위에

■ 이 그림의 내용에 관해서는 강명관, 《조선 사람들, 혜원의 그림 밖으로 걸어나오다》, 푸른역사, 1999에서 이미 설명한 바 있다.

그림 60
신윤복, 〈우물가〉,
《혜원전신첩》,
간송미술관

그림 61
김홍도, 〈우물가〉,
《단원풍속화첩》,
국립중앙박물관

지친 사내는 옷을 풀어헤쳐 털이 북슬북슬한 가슴을 드러냈다. 옆의 아낙이 민망한지 애써 고개를 돌려 외면한다. 그 위쪽에는 이미 물동이를 채운 아낙이 자신의 두레박을 쥐고는 우물을 떠나 집으로 향하고 있다.

이처럼 조선 후기의 회화에서 여성은 자기들에게 주어진 노동을 하는 경우에 그림의 제재로 널리 채택되었다. 그것은 곧 유교적 가부장제가 여성에게 요구한 책임이었다. 노동하는 여성 역시 가부장제의 권력적 자장 안에서만 회화로 표현될 수 있었던 것이다.

행상과 주모, 주변부 여성의 노동

조선은 농촌 사회였고 또 가부장제 사회였기 때문에, 지금까지 살펴보았듯 여성 노동의 주류는 농업노동과 가사노동이었다. 하지만 그것이 전부는 아니었다. 비록 소수에 불과하기는 해도 그 외의 범주에 속하는 여성 노동도 있었다. 그것은 사회적으로 꼭 필요한 주변적 노동이었는데, 때로 여성은 그런 노동에 종사했으며, 그중 몇몇 경우에는 그 일을 통해 상당한 부를 쌓기도 했다.

먼저 살펴볼 것은 여성의 상업 활동이다. 가장 대표적인 것이 여인전(女人廛)인데, 정조 시대 서울 120곳의 시전 중 여인이 경영하는 여인전이 18곳이었다.[61] 현재 확인되는 여인전은 상우전(上隅廛), 하우전(下隅廛), 전우전(典隅廛), 송현우전(松峴隅廛), 정릉우전(貞陵隅廛), 문외우전(門外隅廛), 족두리전, 백당전(白糖廛), 채소전, 내분전(內粉廛), 외분전(外粉廛), 침자전(針子廛), 문내좌반전(門內佐飯廛) 등 13곳이다. 상우전부터 문외우전까지 6곳의 우전은 '모퉁이에 있는

그림 62
김홍도,
〈부부 행상〉,
《단원풍속화첩》,
국립중앙박물관

전'이라는 뜻으로 과일 파는 가게였다. 그리고 족두리전은 부녀자의 머리 장식을 팔았다. 또 침자전은 바늘을, 내분전과 외분전은 여성들이 얼굴에 바르는 분을 파는 곳으로 주로 여성의 화장과 관련된 용품을 팔았다. 백당전과 채소전, 문내좌반전은 북경에서 수입한 사탕과 채소, 좌반 같은 간단한 식료를 파는 곳이었다.

조선시대에 여성이 운영하는 가게가 이렇듯 분명히 존재했지만, 회화적 형상은 남아 있지 않다. 상업과 관련하여 여성이 회화적 형상을 얻은 경우는 아주 희소한데, 먼저 널리 알려진 김홍도의 그림 〈부부 행상〉을 보자(그림 62).

그림 63
김홍도, 〈포구의 행상 여인들〉,
《행려풍속도병》, 1778년,
국립중앙박물관

왼쪽의 사내가 진 지게에 얹힌 것은 나무로 만든 둥근 통이고 그 안에 담긴 것은 젓갈이다(이런 지게를 통지게라고 한다). 사내는 낡은 벙거지를 쓰고 긴 저고리를 입었다. 다리에는 행전을 쳤다. 여자는 머리 위에 넓은 광주리를 이었는데, 남편이 통지게에 젓갈을 넣고 다니며 판다면 여자가 파는 것은 생선일 가능성이 높다. 김홍도의 〈포구의 행상 여인들〉에도 이런 광주리를 인 여자들이 있는 것을 보면 생선이 확실하다(그림 63).

〈부부 행상〉에서 여자의 차림은 남편과 마찬가지로 남루하다. 치마를 걷고 행전을 쳤으며, 저고리는 아무런 장식이 없다. 곱게 틀어 올리지 못해 덥수룩한 여자의 머리털을 보라! 게다가 저고리 속으로는 간난아이까지 업었다. 행상의 신산(辛酸)한 삶이 이 여성의 형상에서 또렷이 드러난다. 아마도 조선 후기 속화가 만들어낸 여성 형상 중에선 〈부부 행상〉이야말로 최고의 리얼리티에 도달한 것이 아닌가 싶다.

사실 김홍도는 여성 행상만 따로 떼어 다룬 적이 있다. 〈포구의 행상 여인들〉은 단원 김홍도가 34세 때 그린 것이고 〈부부 행상〉은 그 뒤에 그려진 것이다. 따라서 이 그림이 〈부부 행상〉의 원형인 셈이다.

여자들은 모두 오른쪽에서 왼쪽으로 걸어가고 있다. 그림의 맨 오른쪽에 아이 업은 여자가 있는데, 〈부부 행상〉에 등장하는 여자와 같은 모습이다. 광주리를 이고 아이를 업은 것이 꼭 같다. 그 바로 옆에 한 사람이 끼어 있는데(얼굴과 상체만 조금 보인다), 이 사람은 여자가 아니고 남자다. 왜냐 하면 치마 입은 모습이 보이지 않을 뿐만 아니라, 머리 위로 삐죽 나온 건 지게뿔로 보이는 탓이다. 이 사람을 제외하면 여자는 모두 여섯이다. 맨 왼쪽 여성이 머리에 인 것은 나무로 만든 통인데, 위를 덮고 줄로 단단히 봉한 걸 보면 〈부부 행상〉에서 남자가 진 통지게와 같은 것임을 알 수 있다. 즉 젓갈을 담은 나무통이다. 그 뒤에 오는 여자는 오지동이를 이었는데, 국자자루가 꽂힌 걸 보면 아마 이 역시 젓갈 같은 것을 담은 게 아닌가 한다.

그 뒤를 걷는 여자 넷은 모두 광주리를 이고 있다. 이 역시 〈부부 행상〉의 광주리와 꼭 같은 형태다. 도대체 여기에는 무엇이 담겨 있을까? 이 그림에 붙은 강세황(姜世晃)의 화제(畵題)를 읽으면 그 내용물을 조금은 눈치 챌 수 있다. "밤과 게, 새우며 소금을, 광주리와 오지동이에 가득 채우고 새벽에 포구를 떠나니, 갈매기·해오라기 깜짝 놀라 날아오른다. 그림을 펼쳐보니 비린내 코에 물씬 풍긴다."62 밤이란 아마 성게를 말하는 것일 터이다. 밤송이와 성게는 모습이 비슷하지 않은가. 그림으로는 확인할 길이 없지만 포구에서 소금과 젓갈, 성게, 게, 새우, 생선 등 비린 것을 사서 머리에 이고는 그것들을 팔고자 도시로 떠나는 행상들을 그린 것으로 여겨진다.

갯가의 비린 것을 파는 여자 행상은 종종 속화의 제재가 되었다. 유한준(兪漢雋)은 서울로 들어와 게를 파는 여자 행상을 제재로 삼은 속화에 이런 화제를 남기고 있다. "소성(邵城)·계양(桂陽) 일대는 바닷가로, 방게가 난다. 봄과 여름이 갈릴 즈음에 포구의 아낙들이 방게를 주워 떼를 지어 서울로 들어와 헌옷과 바꾸어 간다. 이것은 소성과 계양의 풍습이다."63 소성과 계양 일대란 지금의 인천을 말한다. 즉 인천 앞바다에서 나는 게를 가져다가 서울에서 파는 여성들을 그린 그림이 있었던 것이다.

행상으로 나서는 여성은 대부분 가난했다. 토지 없는 사람들이 행상이 되었던 것이다. 이처럼 토지에서 밀려난 사람들은 사회적 신분상 가장 주변부에서 살아갔다. 하지만 이런 주변부 인간에 대한 기록

그림 64
작자 미상, 〈초라한 주막〉, 국립중앙박물관

은 극히 드물고 여성에 관한 것은 더더욱 그렇다. 다만 속화가 이들 여성을 더러 포착하는데, 술장수도 바로 그런 사례다. 판소리계 소설 《가루지기타령》의 주인공 옹녀와 강쇠는 토지에서 축출된 인간이다. 옹녀의 노동으로 이 부부는 살아가는데, 옹녀가 선택한 것은 술이 팔릴 만한 곳을 찾아가 간단한 노천 술집을 벌이는 일, 곧 들병장수였다. 남성이 들병장수를 하는 경우가 없지는 않았지만(예컨대 유숙(劉淑)의 〈대쾌도(大快圖)〉에는 남자 들병장수가 나온다), 술장수는 대부분 여성이었다. 술장수는 여성의 노동으로 여겨졌던 것이다. 작자 미상의 〈초라한 주막〉이라는 그림을 보자(그림 64).

이 작품을 성세창(成世昌, 1481~1548)의 것으로 보는 견해도 있지만, 성세창은 임진왜란 이전의 인물이다. 그림 속에 담뱃불 붙이는 장면이 있는데 담배는 임진왜란 이후에 들어온 것이다. 당연히 성세창의 작품이 아니라는 이야기다.

그림 중간에서 조금 위쪽으로는 눈이 내린 겨울 산의 풍경을 그렸고, 중간에서는 어느 양반이 말을 타고 길을 가는 중이다. 양반은 너무 추운 나머지 언치 위에 붉고 두꺼운 담요를 얹고 그 위에 가부좌를 하고 간다. 그 뒤에 담뱃대를 쥔 어린 말구종이 따라간다.

이 그림에서 가장 중요한 부분은 아래쪽이다. 기둥을 넷 세우고 바닥에는 거적을 깔고, 지붕에는 짚을 대충 덮은 간단한 주막이 있다. 왼쪽 벽을 거적으로 둘러 바람만 겨우 막았을 뿐 그 외에는 추위를 막을 아무런 수단도 마련되어 있지 않다. 있다면 그저 담뱃불을 댕기는 화톳불이 있을 뿐이다. 주막 안에서는 노파가 술단지의 술을 국자로 떠내는 중이다. 그 앞 길가에서 한 행인이 주머니에서 돈을 꺼내고 있다. 이곳은 아마도 행인들의 발걸음이 잦은 곳일 테고, 노파는 간단한 초막을 지어 술을 팔러 나선 참일 터이다.

하지만 대개 속화에 등장하는 주점은 임시 초막이 아니라 정식으로 지은 건물이었다. 김득신의 속화 한 점을 보자(그림 65).

이 그림의 공간은 주막거리로 보인다. 그림에서 오른쪽 부분의 긴 초가 공간은 두 군데로 나뉘는데, 위쪽 대문 앞에는 나귀에서 내려 막 문 안으로 들어서는 양반과 벙거지를 쓴 말구종이 있고, 그 오른쪽에는 이들을 맞는 주막집 아이가 있다. 아마 그 아이 아래쪽에서 머리를 땋은 아이가 끌고 가는 나귀가 방금 양반이 타고 온 나귀일 것이다. 대

그림 65
김득신, 〈주막집〉,
〈풍속팔곡병〉, 삼성미술관 Leeum

문 아래쪽에는 삿자리로 처마를 내단 주막이 보인다. 주막 안에선 부채를 든 주모가 술단지와 안주를 좌우에 펼쳐놓고 손님을 기다린다.

술장수는, 주모라는 말이 있듯 늘 여자다. 그림의 아랫부분을 보자. 초가 안에도 주모가 있는데, 손님이 오니 손으로 술단지에서 술을 뜨고 있다. 그 뒤 방 안에선 꼬마가 엄마를 바라보고 있다. 삿갓을 쓴 사내가 술값을 치르려고 주머니를 뒤지고 있다. 그가 끌고 온 길마 없은 소로 봐서 그는 이 소로 무언가 물건을 나르고 온 참이다. 이런 그림에서 보듯 대체로 술 파는 사람은 언제나 '주모'라고 불리는 여성이었다.

〈그림 66〉은 김홍도가 그린 간단한 주막이다. 패랭이를 쓴 사내가 국밥 그릇을 기울여 마지막 한 숟갈을 떠내고 있고, 그 옆에는 맨 상투의 사내가 입에 짧은 곰방대를 문 채 주머니를 열고 있다. 밥값을 내려는 참인 게다. 차림새로 봐서 두 사내는 장사꾼이거나 상민일 것이다. 주모는 구기로 술독에서 술을 떠내고 있고 옆에는 치마꼬리를 잡고 칭얼대는 어린 아들이 있다. 무표정한 주모의 얼굴이, 주막을 생계수단으로 삼아 사는 여성의 고달픈 삶을 보여주는 듯하다.

조선 후기에 와서 여행객이 많은 곳에 점차 객점(客店)이 생겼고, 여기서 장사하는 여인도 적지 않았다. 배전(裵婰, 1845~?)의 한문 단편 〈거여객점(巨余客店)〉을 읽어보자. 경주의 선달(先達) 김기연(金基淵)은 벼슬을 얻기 위해 서울 권세가에게 돈을 바쳤지만 결국 벼슬을 얻지 못하고 고향으로 돌아간다. 귀향길에 그는 거여[경기도 광주군 송파(松坡) 근처의 지명] 객점에 들다가 거지 여인을 보고 불쌍한 마음이 들어 돈 두 꿰미를 준다. 여자 거지는 그 돈을 밑천 삼아 객점에서 허드렛일을 하며 장사를 한다.

그림 66
김홍도, 〈주막〉, 《단원풍속화첩》, 국립중앙박물관

그 여자는 객점의 빈 칸 하나를 세내어 어물·과일·생강·마늘·치자·쪽·지초·백반 3등속을 얼른얼른 사고팔고 하니, 그해 겨울에 가서는 여러 곱 이득을 보게 되었고, 돈이 벌림에 따라 전포도 늘렸다. 짚신·미투리·종이·명주·비단 등 손쉽게 교역할 수 있는 것도 취급하고, 겸하여 떡이며 청주·탁주까지 팔았다.[64]

물론 이것이 소설이기는 해도, 여성이 상업이라는 업종에 진출해 부를 쌓았던 실제 사례에 기초한 이야기일 터이다. 주막과 객점은 여성이 치부(致富)할 수 있는 주요한 수단이었던 것이다.

지금까지 살펴본 주막들은 주로 여행자들이 많은 곳에 자리를 잡았다. 별반 큰 시설을 들이지 않아도 되는 곳에 여성이 주막을 차리고 술과 간단한 요깃거리를 팔았던 것이다. 하지만 오로지 술과 안주만 파는 도시의 주점도 있었고, 여기서도 주모는 여성이었다. 신윤복은 〈선술집〉에서 바로 그런 곳을 그렸다(그림 67).

중앙의 붉은 옷을 입고 초립을 쓴 사람은 별감(別監)이고, 맨 오른쪽의 까치등거리를 입고 깔때기를 쓴 이는 의금부 나장(羅長)이다. 별감은 방금 술을 한잔 들이켰는지 젓가락으로 안주를 집으려는 참이다. 그의 뒤에 바로 붙어 있는 두 사내와 나장 왼쪽의 사내는 신분을 알 수가 없다. 나장 왼쪽의 사내는 부채를 든 품이 얼른 가자고 채근하는 것으로 보인다. 마루에는 푸른 치마를 입은 젊은 여자가 구기로 술을 뜨고 있는데, 곧 주모다.

이렇게 술꾼들이 서서 술을 마시는 술집을 선술집이라 한다. 선술집은 정조 이후 본격적으로 서울 시정에 등장했다. 이런 선술집은 주로 시정 왈패들이 열었고, 주모는 대개 왈패들의 지배하에 있었다. 조

그림 67
신윤복, 〈선술집〉, 《혜원전신첩》, 간송미술관

선 후기의 서화가이자 시인이던 조희룡(趙熙龍)은 《호산외기(壺山外記)》의 〈김양원전(金亮元傳)〉에서 김양원이 "젊어서 유협(遊俠) 노릇을 했고, 계집을 사서 목로에 앉혀 술장수를 시켰다"[65]고 증언했다. 김양원의 술집은 목로주점 곧 선술집이고, 주모는 김양원이 돈을 주고 사서 데려온 여자인 것이다. 이 그림 속 여성도 아마 돈에 팔려온 여성일 것이다.

2장 조선 후기 — 남성의 시선으로 그려진 여성의 세속

농업이 주류인 사회에서 토지를 갖지 못한 빈곤한 여성은 때로는 행상에 나섰고 때로는 주막이나 도시의 주점에서 술을 팔아 연명했다. 특히 후자, 술 파는 일은 조선시대에 여성의 본래 역할로 규정된 음식 조리와 관련되어 있어 여성이 맡게 되었다. 그런데 술을 사서 마시는 쪽이 남성이었기 때문에 주막과 주점의 여성은 대개 남성들의 성적 희학(戱謔)이나 욕망의 대상으로 노출되어 있었다. 《가루지기타령》에서 주인공 옹녀가 들병장수로 나섰을 때 뭇 사내의 성적 욕망의 대상이 된 것은 바로 그런 사정을 입증해준다 할 것이다. 결국 주막이나 주점에 있던 여성의 형상마저도 모두 유교적 가부장제의 작동과 불가분의 관계에 놓였던 것이다.

6

여자를 엿보고
여자 때문에 싸우고

—가부장제의 성적 욕망과 여성 형상

가부장제는 윤리의 이름으로 어머니인 여성을 기념했다. 그것이 경수연도라는 회화 형태로 나타났으나, 희한하게도 그 경수연도에서 여성의 형상은 존재하지 않고 빈 좌석으로만 그려졌거나 때로는 창으로 차폐된 공간 안에서만 묘사되었다.

한편 회혼례에서도 조선 여성은 자기 모습을 드러냈다. 그렇지만 그 역시 노인이 된 여성으로서, 그리고 남편의 화려한 관력에 부록처럼 덧붙이는 종속적 존재로만 표현된 것이었다. 가부장제는 여성의 형상을 지우거나 차폐하거나 아니면 종속적인 모습으로만 그려낸 것이다.

여성의 형상을 지우거나 차폐하거나 종속적 형태로 만드는 가부장제의 욕망 밑바닥에 깔린 것은 다름 아닌 성적 욕망이다. 가부장제는 자신의 친족, 예컨대 어머니거나 아내로서의 여성은 타인의 성적 욕망이 닿지 않도록 그 시선으로부터 보호하고 차폐한다. 하지만 가부장제가 아무리 윤리적 언어를 동원한다 해도 그것은 본질적으로 남성의 일방적인 성적 욕망의 충족을 추구한다. 여성은 오직 남성이 지닌 성적 욕망의 대상으로서만 존재해야 하며 욕망의 주체가 되어서는 안 된다고 설파한 것이다.

그리하여 조선 후기의 속화는 남성의 성적 욕망의 대상으로서 존재하는 여성의 형상을 점차 노골적으로 드러낸다.

남성의 눈길이 그린 여성의 모습

김홍도의 〈여자 엿보기〉 아랫부분을 보면, 여자 둘이 목화를 따고 있다(그림 68). 여자들과 비스듬하게 위쪽으로는 말구종을 대동하고 말을 타고 가는 젊은 사내가 있는데 양반임에 분명하다. 그는 부채로 얼굴을 가리는 척하면서 여자들을 곁눈질로 힐끔거린다. 부채는 남성의 성적 욕망을 가리는 도구다. 유가적 도덕의 명령에 온전히 충실하려면, 이 남자는 눈길을 아예 반대편으로 돌리거나 부채로 얼굴을 완전히 가렸어야 한다. 하지만 그 넓은 부채도 남자의 욕망을 다 가리지는 못했다. 도덕적 금제를 상징하는 부채를 뛰어넘어 젊은 양반의 눈길은 왼쪽 젊은 여자의 얼굴에 꽂힌다. 이 그림에 그 젊은 양반 없이 오직 여자 둘만 있다면, 목화를 채취하는 여성의 노동 활동을 그린 그림이 되었을 것이다. 하지만 남성의 시선을 통해 이 그림에서 여성은 남성의 성적 욕망의 대상이 되어버린다.

이 그림은 흔히 볼 수 있는 길 가는 남성을 그렸다는 점에서, 그 성

그림 68
김홍도, 〈여자 엿보기〉,
《행려풍속도병》, 국립중앙박물관

적 욕망이 '일상적'이라는 사실을 드러낸다. 상존하는 성적 욕망을 일상의 한 장면을 통해 드러냈기 때문에 이 그림은 재래의 자연을 제재로 삼은 산수화·사군자·화조화와는 물론, 인간의 내면적 인격을 드러낸다는 초상화와도 완전히 다른 차원에 놓이게 된다. 이 그림은 남성의 욕망, 곧 가부장제의 이면적 욕망을 노골적으로 드러낸다는 점에서 퍽 의미가 있는 것이다.

여성에 대한 남성의 성적 욕망은 그 시선이 결코 일회적이지 않고 매우 반복적이다. 남성의 눈에 포착된 여성은 언제나 성적 욕망의 대상으로서 존재한다.

김홍도의 〈길거리에서〉 역시 같은 《행려풍속도병》의 한 폭이다(그림 69). 왼쪽 길에서는 장옷을 뒤집어쓴 여자가 소를 타고 간다. 아직 앳된 젊은 여자가 품에 어린아이를 안은 모습이다. 그 뒤를 따르는 남자는 넓은 갓을 썼고 역시나 아이를 업고 있다. 이들은 한가족인 것이다. 여자가 장옷을 덮어쓰고 내외한다는 점에서, 이 여자와 남자는 양반 부부다. 그림의 오른편 길에서는 젊은 양반 하나와 수염 난 중년 양반 하나가 말을 타고 다가온다. 그림의 주제는 여전하다. 젊은 양반은 부채로 얼굴을 가리고 눈만 빠끔히 내놓은 채 남의 아내를 훔쳐보고 있다. 남성의 성적 욕망은 대상을 가리지 않는다는 걸 여실히 드러낸다.

김홍도는 그 유명한 《단원풍속화첩》에서 이 주제를 다시 반복하는데, 〈길을 가다가〉가 《행려풍속도병》의 주제를 다시 보여준다(그림 70). 여기서 김홍도는 배경은 완전히 생략해버리고 오직 그 주제로만 보는 이들의 시선을 집중시킨다. 여성은 여전히 장옷을 입고 아이를 안은 채 소를 타고 길을 가고 어린아이를 업은 남편이 뒤를 따른다.

그림 69
김홍도, 〈길거리에서〉,
《행려풍속도병》, 국립중앙박물관

그림 70
김홍도, 〈길을 가다가〉,
《단원풍속화첩》,
국립중앙박물관

맞은편에서 오는 남자는 꼬마 말구종을 앞세우고 길을 가다가 젊은 아내를 포함한 그 가족을 만났다. 양반이 탄 말에는 생황이 삐죽 나와 있다. 이로 보아 이자는 평소 풍류깨나 즐기는 남자다. 젊은 양반은 〈길거리에서〉 속의 젊은 양반과 마찬가지로 부채로 얼굴의 아랫부분을 가리고 장옷 쓴 여자를 훔쳐보고 있다. 이 그림에서 여성은 뒤를 따르는 남편과의 관계가 아니라, 오직 부채 너머 여자를 훔쳐보는 사내와 관련해 의미를 갖는 형상이 된다. 여성이 남성의 성적 욕망의 대상으로서만 형상화된 것이다.

남성의 이러한 성적 욕망은 일상의 거의 모든 곳에서 출현한다. 그래서 남성의 성적 욕망이 포착한 여성의 형상이 반복적으로 탄생하게

그림 71
성협,
〈길거리에서〉,
국립중앙박물관

된다. 성협(成夾)의 〈길거리에서〉를 보자(그림 71).

왼쪽의 남자는 길 가는 두 여성을 슬쩍 바라본다. 큰 갓에다 도포를 입은 걸 보면 분명 행세하는 양반이다. 그가 왼손에 든 것은 차면선(遮面扇)이다. 조선에서는 보통 상주가 얼굴을 가릴 때 사용하거나, 보통의 상황에서도 내외나 방한을 위해 쓰는 도구다. 이 양반은 차면선으로 얼굴을 가렸다. 차면선이 부채처럼 욕망을 감추는 도구로 활용된 것이다. 하지만 그의 눈동자를 보라! 눈동자는 여자들이 있는 오른쪽으로 돌아가 있다. 여자 둘은 모두 젊다. 왼쪽 여자는 흰 가죽(아마도 담비가죽)으로 만든, 얼굴 감싸는 방한구를 머리 뒤로 걸치고 있는데, 방한구 끝에 조이는 끈이 있는 것으로 보아 성협은 여자의 얼굴

그림 72
전 신윤복, 〈영감님과 아가씨〉, 《풍속도첩》, 국립중앙박물관

을 노출하기 위해 의도적으로 방한구를 풀어둔 게 분명하다. 오른쪽 여자는 머리 위에 검은색의 두터운 방한구를 쓰고 있다. 두 여자 모두 머리에 전모를 쓴 것으로 보아 기녀로 짐작된다. 양반은 길을 가다가 젊은 기녀들을 본 것이고, 도덕적 금제를 넘어 얼른 훔쳐보고 있는 것이다. 성적 욕망이 가득 담긴 남성의 시선이다.

사실 성적 욕망은 인간의 근원적 욕망이다. 그것은 성별과 나이를 초월해서 존재한다. 신윤복이 그린 것으로 전해지는 〈영감님과 아가씨〉는 오른쪽에 수염 난 늙은 사내를, 왼쪽에는 머리를 길게 땋은 젊은 처녀를 배치했다(그림 72). 늙은 사내의 시선은 아가씨에게 꽂혔다. 이 사내의 집은 호사스러워 보이지 않는다. 다만 방 안에 책이 쌓였고 사내 역시 왼손에 책을 잡은 것으로 보면, 조선시대의 맥락에서

그림 73
전 김홍도, 〈빨래하는 여자〉, 국립중앙박물관

분명 이 늙은 사내는 성현의 글을 읽었음직한 지식인이다. 하지만 그런 영감님조차 읽던 책을 내려놓고 문을 활짝 열어, 지나가는 처녀를 바라볼 수밖에 없는 것이다. 이 시선에도 남성의 성적 욕망이 담겨 있다.

성적 대상으로서 여성을 바라보는 남성의 시선은 결국 여성의 신체 자체, 즉 나신(裸身)을 요구하게 된다. 하지만 여성의 나신을 볼 수 있는 공간은 제한적이어서, 여성이 신체를 드러내는 게 허용되는 공간에서나 가능하다. 예컨대 빨래터가 그렇다. 김홍도가 그린 것으로 전해지는 〈빨래하는 여자〉에서도 나신을 보려는 남성의 내밀한 욕망을 읽을 수 있다(그림 73).

그림의 왼쪽 아래를 보자. 개울에서 여자 둘이 종아리를 걷어 빨래를 하고 있다. 그림의 오른쪽 위를 보자. 절집이 있고 거칠게 쌓은 담장이 그려졌는데 그 뒤에서 중이 여자들을 내려다보고 있다. 이 '담장'은 앞서 살펴본 그림들에서 여자를 엿보던 남자들의 부채나 차면선 같은 구실을 한다.

빨래는 여자들만의 노동이었고 따라서 빨래터는 여자들만의 공간이다. 빨래터는 물이 흐르는 공간이었으므로 자연스레 여자들의 몸이 노출되었다. 따라서 그림에서 빨래터라는 공간 설정은 '빨래'라는 여성의 노동이 아니라 '여성과 그들의 드러낸 몸'이 제재가 된다. 이것은 앞에서 검토했던 신윤복의 〈빨래터〉에서 젊은 여성의 젖가슴을 응시하던 한량의 모습으로 이미 확인한 바 있다(그림 58).

이 성적 욕망의 시선은 나신의 범위를 더욱 확장한다. 신윤복의 그림 중 가장 유명한 작품인 〈단옷날의 개울가〉를 보자(그림 74).

왼쪽 윗부분에서 까까머리 승려 둘이 보인다. 김홍도의 그림으로 전해지는 〈빨래하는 여자〉(그림 73)에서 승려로 형상화된 것과 마찬가지 존재다. 여성의 나신이 있는 곳에는 늘 등장하는 남성이 아니던가. 꺾어져 흐르는 개울에서 목욕을 하는 여자 넷은 거의 반라 상태다. 맨왼쪽에 선 여자를 보라. 치마로 허리만 살짝 가렸을 뿐 젖가슴과 배 그리고 엉덩이 아래를 그대로 노출하고 있다. 다른 여성 역시 비슷한 차림이다. 지나치다 싶게 붉은색으로 그린 유두는 성적 욕망을 노골적으로 자극한다. 개울에 들어간 네 명의 여성은 물론이고, 보퉁이에 술과 안주를 담아 오는 계집종을 제외한 나머지 세 명의 여성 역시 오직 성적 형상으로만 읽힌다. 세 여자는 모두 젊고 미모가 출중하다. 노란 저고리와 붉은 치마를 입은, 그네 타는 여자를 보라. 옷차림도 그렇거니와 붉은 입술, 가는 눈썹, 살포시 미소 띤 얼굴은 색정이 넘친다. 그 오른쪽에서 거대한 가체를 매만지는 약간 앳된 표정의 여자와

그림 74
신윤복, 〈단옷날의 개울가〉, 《혜원전신첩》, 간송미술관

그 옆에서 고개를 살짝 젖힌 여자 모두 다양한 형상으로 성적 매력을 풍긴다.

이 모든 여성의 형상은 결국 남성의 성적 욕망이 만들어낸 것이다. 특히 신윤복의 그림은 이 형상의 극한에 도달했다고 평가할 수 있다.

성적 욕망의 이상적 표현, 미인도

지금까지 살펴본 그림들에서는 남성의 성적 욕망이 포착한 여성의 형상이 어떤 구체적인 상황 속에 존재했다. 그리고 그런 시선을 던지는 남성이 그림 속에 여성과 함께 존재했다. 하지만 이와는 다르게 남성의 성적 욕망이 그림 외부에 존재하면서 여성의 온몸을 집중적으로 형상화하는 경우가 나타났다. 미인도가 그것이다.

앞서 말했듯 조선 전기에도 미인도는 중국에서 수입되었고, 또 조선 땅에서도 중국 고사를 제재로 삼아 미인도를 제작했다. 때로는 조선 여성을 그린 경우도 있었던 것으로 보이지만 작품이 전하지 않아 구체적 성격을 짐작할 수는 없다.

조선 전기를 이어 조선 후기에도 미인도는 여전히 사대부 남성의 감상물로 유행했다. 미인도의 실물도 여러 폭 전하고 있어 검토가 가능하다. 먼저 미인도가 여전히 유행할 수 있었던 사정을 알려주는 문헌을 검토해보자.

남성 사대부들이 미인도를 선호했던 증거는 여러 문헌에 남아 있다. 이민구(李敏求, 1589~1670), 임상원(任相元, 1638~1697), 조구명(趙龜命, 1693~1737), 신광수(申光洙, 1712~1775), 변종운(卞鍾運, 1790~1866) 등 일급 문인들이 미인도를 보고 쓴 시가 풍부하게 남아 있어[66] 사대부들 사이에 미인도를 감상하는 풍습이 있었던 것을 알 수 있다. 적실한 예를 들자면, 숙종 연간의 문인 주명신(周命新)은 방 안에 늘 미인도를 걸어놓는 친구가 자신에게 그에 관한 시를 써달라 요구했다고 말하고 있다.[67] 이러한 미인도 가운데 상당수는 중국에서 수입된 게 아닌가 한다. 특히 병자호란 이후 청(淸) 체제가 안정되어 유례없는 번영을 누리자 북경에 파견되는 조선사신단이 북경의 세련된 문화에 주목하게 되었다.

그 문화에는 당연히 회화도 포함되어 있었다. 조선사신단이 머무르는 숙소에 책이나 서화, 차 등을 팔기 위해 중국 상인들이 찾아왔고, 조선사신단은 그들로부터 미인도를 빌려 보거나 구입했다. 예컨대 김상헌(金尙憲, 1570~1652)의 〈왕지린(王之麟)이 그린 미인도에 제하다〉[68]는 왕지린이라는 중국 화가가 그린 미인도를 보고 쓴 것이다. 아마도 가짜였겠지만, 중국에서 송대와 원대의 화가가 그린 미인도를 보는 경우도 있었다. 김상헌의 증손자 김창업(金昌業, 1658~1721)은 1713년 북경에 체류할 때(1월 23일) 숙소에서 최수성(崔壽星)이 가져온 송나라 휘종의 〈백응도(白鷹圖)〉 모작과 〈미인도〉 두 폭을 감상한다. 미인도에 대해서는 "한 여인이 의자에 앉아 목을 빼어 나비 한 쌍이 날아가는 것을 보고 있는데, 미목(眉目)이 마치 살아 있는 듯하다"라고 평가했다. 그는 미인도를 며칠이나 곁에 두고 감상하다가 돌려보낸다.[69] 김창업은 그것을 며칠 동안이나 감상했던 것이다.

1780년 북경에 갔던 박지원은 《열하일기》 관내정사(關內程史) 7월 27일 일기에서 자신이 그곳에서 본 양한적(養閒的)이라 불리는 기생 셋을 두고, "세 기생이 모두들 특별한 자색은 없으나 대체로 당화(唐畵) 미인도에서 보이는 여인과 같았다"라고 평한다. 여기서 '당화 미

그림 75
김홍도, 〈사녀도〉, 국립중앙박물관

인도'란 보통은 당나라 때 제작된 미인도가 아니라 '중국 미인도'를 가리키는 것이니, 중국제 미인도가 서울 사대부 사이에서 유행했음을 짐작할 수 있다.

수입된 미인도의 실례도 찾을 수 있다. 18세기 후반 서화 수장가(收藏家)로 유명하던 남공철(南公轍, 1760~1840)이 만주(滿洲) 미인을 그린 그림에 제발을 썼는데, 이 역시 수입된 그림일 터이다.[70] 이유원(李裕元, 1814~1888)은 이규현(李奎鉉)이 중국에서 구입한 〈사녀의권도(仕女倚倦圖)〉를 자신에게 보여주었고 거기에 신위(申緯)가 칠언절구 5수를 썼다고 소개했다.[71] 조선 후기의 서화가 혹은 서화 수장가들은 사녀도를 더러 소장했던 것으로 보인다.[72]

특정 화가의 미인도가 많이 수입되기도 했다. 〈여협도〉와 〈청명상하도〉 모본의 작가였던 구영의 그림이 그런 예로, 꽤나 여러 점 수입된 것으로 보인다. 이현석(李玄錫, 1647~1703)이 1636년에 쓴 시 〈제십주미인도(題十洲美人圖)〉[73]와 박윤묵(朴允默, 1771~1849)의 〈제구십주미인도(題仇十洲美人圖)〉를 통해 구영의 미인도가 적지 않게 수입되었던 것을 확인할 수 있다.[74]

고사의 미녀를 그린 그림도 여전히 유행했다. 이서우(李瑞雨)는 이윤(伊尹)과 부열(傅說)·강태공·황석공(黃石公) 등의 고사를 제재로 한 그림 14폭에 대한 제시를 남겼는데, 거기에 서시(西施)·무산신녀(巫山神女)·왕소군(王昭君) 등이 포함되었다.[75] 남아 있는 문헌적 증거로만 보면, 역시 왕소군이 국경을 나서는 장면을 그린 그림이 인기가 있었던 것 같다. 신위의 3폭 그림에 대한 제발에도 주방(周昉)의 왕소군 그림에 대한 제발이 남아 있다.[76] 임수간(任守幹, 1665~1721)은 조맹부의 작품으로 알려진 〈명비출새도(明妃出塞圖)〉에 대한 발문을 적었다.⁷⁷ 이처럼 고사의 미인을 그린 작품은 대개 중국에서 수입해 온 것이었다.

한편 그림 내용으로 볼 때 중국에서 수입했으리라 추정만 할 수 있는 경우도 있다. 예컨대 최창대(崔昌大)가 쓴 〈화육첩미인찬(畫六疊美人贊)〉은 6첩 미인도에 대한 찬(贊)인데 그 내용으로 그림을 짐작해볼 수 있다. 즉 각 그림의 미인은 고려부채나 둥근 부채를 들고 있고, 비파나 금(琴) 혹은 생황을 연주하고 있다. 때로는 여도사(女道士)의 모습으로 그려지기도 했다.⁷⁸

또 사대부가 직접 미인도를 그리기도 했고, 당연히 중국 고사를 제재로 삼는 경우도 있었다. 남태응(南泰膺, 1687~1740)이 《청죽화사(聽竹畫史)》에서 "판서 김진규의 그림은 품격이 매우 높았으며 채녀(彩女, 궁녀)와 수선화를 잘 그렸으나 재주껏 그리기를 즐기지 않았다. 그러나 윤두서가 그의 채녀도를 보고는 선비의 그림 중 제일로 꼽았다"라고 평가했던 바, 김진규(1658~1716)와 윤두서 같은 17세기 후반의 사대부 화가들이 채녀도의 주요한 작가로 알려졌던 것이다. 신명연(申命衍, 1809~?)은 아버지 신위의 명으로 중국 역사에 등장하는 미인 열두 명의 초상을 백묘(白描)로 그린 적도 있었다.⁷⁹

하지만 이러한 미인도는 모두 현재까지 전하지 않거나 존재 여부가 확인되지 않고 있다. 특히 중국에서 수입된 미인도는 참고하려 해도, 한국 회화사 연구에서 잘 다뤄지지 않아 현존 여부조차 확인할 수 없다. 따라서 남아 있는 다른 작가의 미인도를 통해 그 모습을 어림짐작할 뿐이다. 먼저 김홍도의 미인도 한 점을 보자(그림 75).

흔히 〈사녀도〉로 알려졌지만, 김홍도가 붙인 이름은 아닐 것이다. '사녀'는 원래 전근대의 관료 가문 여성, 곧 상층의 부녀를 지칭하는

그림 76
김홍도, 〈군선도〉 부분,
삼성미술관 Leeum

말이다. 그림 속 여자는 머리에 꽃을 꽂았고 타원형 비단부채를 들었다. 배경 그림이 전혀 없어 오직 이 여성에게만 집중하게 된다. 여자의 얼굴은 갸름하고 키는 늘씬하게 크다. 물론 이 그림은 현실에 존재하는 여성을 그린 것은 아니다. 김홍도가 중국에서 전해진 화첩이나 화본(畵本)을 보고 상상력을 동원해 중국풍으로 그렸으리라 짐작된다. 김홍도의 〈군선도(群仙圖)〉에 등장하는 여성이 〈사녀도〉의 여성과 동일한 모습인 걸 보면 충분히 가능한 짐작이다(그림 76).

김홍도의 〈사녀도〉와 〈군선도〉를 통해 중국풍으로 그려진 조선시대의 미인도가 어떤 형상을 담았는지 추정할 수 있을 것이다.

중국풍 상상력의 소산으로서 미인도가 어떤 모습이었는지는 이 이상 확인할 길이 없다. 그러나 조선 여인을 그린 게 분명한 미인도는 다수 남아 있다. 그런 그림들에서 조선의 미인 형상을 짐작할 수 있다. 먼저 신윤복의 〈연당의 여인〉을 보자(그림 77).

공간적 배경은 연꽃이 활짝 핀 연못이다. 여자는 툇마루에 앉아 오른손에는 생황을, 왼손에는 장죽을 쥐었다. 아마도 생황을 불다가 담배 생각이 나서 장죽을 한 모금 뺀 뒤 고개를 돌려 무엇인가를 보는 것 같다. 장죽을 물고 생황을 부는 여성이 여염집 여성일 리는 없고, 기녀가 분명하다. 여자는 얼굴이 작아 보일 정도로 큰 가체를 하고 있고, 가는 눈썹에 입술은 꼭 다물고 있다. 연못이 펼쳐졌는데도 이 그림은 연꽃이 아니라 오직 여성의 존재만 드러낼 뿐이다. 그림을 보는 사람은 오로지 이 여성에게만 집중하게 된다. 즉 한 여성의 형상 그 자체만 온전한 시선의 대상으로 배치했다.

여기서 중요하게 지적할 것은 여성 자체를 화면의 전면(全面)에 채우고 주 제재로 삼는 경우가 전에 없던 일이라는 사실이다. 윤두서의 〈나물 캐기〉와 윤용의 〈나물 캐기〉가 여성만으로 화면의 전면을 채우기는 했지만, 사실 그것은 여성 자체가 아니라 '여성-노동'을 재현한 것이었을 뿐이다. 하지만 신윤복은 다른 무엇과 결합한 상태의 여성이 아닌, 오직 홀로 존재하는 여성 형상을 화폭의 전면에 내세웠다. 신윤복의 그림을 하나 더 보자.

〈전모를 쓴 여인〉의 주인공 역시 한 여자다(그림 78). 이 젊은 여자는 푸른 치마에 녹색 저고리를 입었다. 신은 붉은색 가죽신이다. 치마

그림 77
신윤복, 〈연당의 여인〉, 《여속도첩》, 국립중앙박물관

그림 78
신윤복, 〈전모를 쓴 여인〉, 《여속도첩》, 국립중앙박물관

는 걷어 올려 속바지를 드러냈다. 이것은 분명 성적인 사인이다. 머리에 제법 큰 가체를 얹었고 그 위에 다시 기녀들이 쓰는 가리마를 썼다. 그리고 다시 또 그 위에 전모를 썼다. 앞으로 살펴볼 미인도에서 흔히 볼 수 있듯 가는 눈썹과 붉고 작은 입술, 달걀형의 약간 갸름한 얼굴이다. 전형적인 미인상이다.

〈전모를 쓴 여인〉 속의 여자와 〈연당의 여인〉 속 여자는 근본적으로 달라 보이지 않는다. 《여속도첩》에 같이 실린 그림이니 신윤복의 머릿속에 있는 여성 이미지가 반복적으로 등장했으리라는 건 두말할 필요가 없다. 하지만 두 그림 사이에는 결정적으로 중요한 차이가 하나 있다. 〈연당의 여인〉과 달리 〈전모를 쓴 여인〉에서는 배경 그림이 완전히 생략되었다는 것이다.

그러므로 이제 시선은 더더욱 여성에게만 집중된다. 그 시선의 소유자는 이 그림을 그린 신윤복과 이 그림의 구매자 혹은 감상자다. 남성 앞에 여성은 다른 콘텍스트는 제거된 채 오로지 '여성'이라는 존재로서만 드러나고 있다. 이는 그 여성이 한편으로는 미적 대상으로 또 한편으로는 성적 대상으로 인식된다는 의미다. 그림 속 여성의 오른쪽에는 이런 글귀가 씌어 있다. "전인미발가위기(前人未發可謂奇)", 곧 "과거 사람들이 그려내지 못한 것이니 기이하다 할 만하다"라는 뜻이다. 남성의 성적 시선 앞에서 여성은 그 어떤 것에서도 분리되어 홀로 미적 제재가 되었다. 이것이 바로 미인도의 본질적 속성이다.

이제 전형적인 미인도를 몇 작품 보자.

우선 작자 미상의 작품으로, 해남 윤씨 가문에서 소장하고 있는 〈미인도〉다(그림 79). 여자는 눈썹이 가늘고 입술은 작고 붉다. 얼굴형 또한 갸름한 것이 말 그대로 전형적인 조선시대 미인상이다. 여자는 두

그림 79
작자 미상, 〈미인도〉, 18세기, 해남 윤씨 가문 소장

손으로 풍성한 가체를 매만지고 있다. 당시 풍성한 가체란 곧 여성미를 상징했다. 여자가 입은 저고리는 둥근 무늬─별문이 있는 고급 비단이다. 아주 부잣집 여성이라는 이야기다. 저고리는 상체의 젖가슴을 겨우 가릴 정도로 아주 작으며, 게다가 소매는 팔목에 꼭 맞을 정도로 통이 좁다. 이에 비해 치마는 매우 길다. 치마가 발끝까지 완전히 덮은 걸 보면 행세하는 양반집 여성이다. 특히 눈에 띄는 것은 젖가슴까지 올라간 넓은 치마끈이다. 원래 조선 전기에는 치마끈을 허

리에 맸지만 영조·정조 이후 치마 위쪽 가슴 부분에 매기 시작했고 그 넓이가 갈수록 넓어져 나중에는 가슴에서 복부에 이르는 부분을 싸매게 된 것이다. 하지만 이 미인도의 미적 성취는 그리 높은 수준이 아니다. 저고리가 섬세하게 표현되기는 했어도 약간 부자연스럽고, 치마의 주름과 음영 처리 역시 어딘지 어색하고 도식적으로 보인다.

주목할 것은 극도로 작은 저고리와 긴 치마 그리고 넓은 치마끈이다. 이는 조선 후기 여성들 사이에서 미적 표징이었기 때문이다. 이덕무는 이렇게 증언한다.

옷깃을 좁힌 적삼과 폭을 짧게 줄인 치마는 복요(服妖)다.[80]

가체는 몽고가 남긴 풍습이다. 요사이 부녀자들은 하는 수 없이 습속을 따른다고 하지만, 가체를 사치스럽고 크게 하려 들어서는 안 될 것이다. 부귀한 집안에서는 가체를 마련하는 데 7, 8만 전(錢)까지 들인다고 한다. 가체를 널찍하게 옆으로 돌려 감아 마치 말이 떨어지는 형태로 만들고, 웅황판(雄黃版)·법랑잠(法琅簪)·진주수(眞珠繐)로 꾸미는데, 그 무게는 거의 감당할 수 없을 정도다. 가장이 그것을 금할 수 없으니, 부녀자들은 갈수록 더 사치스럽게 하고 갈수록 그것을 더 크게 만들지 못할까 걱정이다.

근래 어떤 부잣집의 열세 살 난 며느리가 가체를 높고 무겁게 만들었다. 시아버지가 방 안에 들어오자 며느리가 갑자기 일어서는 바람에 가체에 눌려 목뼈가 부러졌다고 한다. 사치가 사람을 죽일 수 있으니, 아아 슬픈 일이다.[81]

요즘 유행하는 옷은 저고리는 너무 짧고 좁으며, 치마는 지나치게 길고

넓으니, 복요다.⁸²

예전에 어른들로부터 이런 말을 들었다. 옛날에는 여자들의 옷을 넉넉하게 만들었기 때문에 시집올 때 입었던 옷을 소렴(小殮) 때도 사용할 수 있었다는 것이다. 살았거나 죽었거나 늙었거나 젊었거나 간에 몸집의 크고 작기가 같지 않으니 그 옷이 솔지 않았음을 알 수 있는 것이다. 하지만 지금은 그렇지 않다. 새 옷을 시험 삼아 입어보면, 소매에 팔을 꿰기가 아주 어렵다. 팔을 한번 굽히면 솔기가 터진다. 심지어 어렵사리 입었다 하더라도 그러고 나면 팔에 혈기가 돌지 않아 부풀어 오르고 벗기가 어렵다. 소매를 찢고 팔을 빼내기까지 하니, 어찌 그리도 요망한가?

대저 화장이며 장신구, 옷에서 유행이라고 하는 것은 모두 창기(娼妓)들의 여우 같은 아양에서 나온 것이다. 세상 남자들이 거기에 빠져 깨우치지 못하고, 제 처첩(妻妾)에게 그것을 권하고 본받고 서로 전하며 익히게 하고 있다.

아, 시례(詩禮)를 닦지 않아 규방의 부인들이 갖가지 기생 차림을 하니, 부인네들은 빨리 그것을 고쳐야 할 것이다.⁸³

조선 후기 여성 복식의 특징을 언급할 때면 반드시 인용되는 이 자료는, 앞서 본 작자 미상 〈미인도〉의 복식이 단순히 상상력의 소산이 아니라 현실을 정확히 반영한 것임을 알려준다. 길이가 짧고 소매가 좁은 저고리, 풍성한 가체가 18세기 여성들 사이에 미의 증표로 유행했던 것이다.

여기서 주목해야 할 것은, 창기 곧 기녀들이 '아양을 떠는 자태'를 보이기 위해 작고 좁은 저고리, 긴 치마, 풍성한 가체를 만들어냈다고 말

그림 80
작자 미상, 〈미인도〉, 19세기,
일본 동경국립박물관

하는 부분이다. 그런 옷은 기존의 넓은 옷이 차폐했던 여성 신체의 성적 매력(남성들이 보기에)을 보다 확실히 (남성들 앞에서) 드러내기 위해 고안된 것이었다. 따라서 이 〈미인도〉는 조선 후기 여성의 신체에 대한 남성의 성적 욕망이 구현된 것이라 볼 만하다. 동일한 형태의 입상(立像) 미인도가 여러 점 제작되어 전하는 것도 바로 이런 이유에서다.

일본 동경국립박물관이 소장한 작자 미상의 〈미인도〉를 보자(그림 80). 여자는 옅은 미소를 띠고 있으며 왼손에는 꽃을 들고 있다. 여자

그림 81
송수거사,
〈미인도〉,
온양민속박물관

그림 82
신윤복,
〈미인도〉,
간송미술관

의 삼회장저고리는 길이가 매우 짧아 속살이 비쳐 보인다. 발까지 완전히 가린 긴 치마는 입체감 있게 묘사되었다.

창백한 미인으로 알려진 송수거사(松水居士)의 〈미인도〉 역시 유사한 형상의 미인을 그린 것이다(그림 81). 풍성한 가체를 한 여자는 오른손으로 속옷고름을 살짝 잡고 왼손으로는 검은색의 긴 천을 가볍게 쥐어, 단조로울 수도 있는 입상에 변화를 주었다. 가체와 저고리는 역시나 아주 단조롭게 그려졌다. 다만 치마는 주름을 잔잔하게 넣고 아랫부분에는 음영을 주어 풍성한 입체감을 느끼게 한다. 그림의 전반적 느낌은 차갑다. 갸름하고 창백한 여자의 얼굴에서는 거의 아무런 표정도 느껴지지 않는다.

아마도 조선 후기에 제작된 미인도는 이런 종류의 입상이 가장 보편적 형태가 아니었을까 싶은데 그중 최고로 빼어난 작품이 바로 신윤복의 〈미인도〉다(그림 82).

예외 없이 풍성한 가체, 작고 짧은 저고리, 넓게 맨 치마끈 그리고 긴 치마의 여자 입상이다. 다만 신윤복의 〈미인도〉는 여타의 미인도가 따라올 수 없는 수준에 도달해 있다. 저 섬세한 가체 표현을 보라. 다른 미인도의 가체와는 비교가 되지 않는다. 송수거사의 〈미인도〉에서 가체는 그저 검은 덩어리로 단순하게 표현되었지만, 신윤복의 〈미인도〉는 가체가 겹치는 부분까지 섬세하고 자연스럽게 묘사되었다. 사실적으로 그려진 저고리와 푸릇한 치마의 풍성한 입체감, 더욱이 치마 아래 살짝 내민 왼발은 자칫 밋밋할 수도 있었을 치마 밑자락 표현에 활기를 돌게 한다.

하지만 신윤복의 〈미인도〉가 지닌 진정한 탁월함은 다른 미인도와 달리 여인의 표정이 생생하다는 점이다. 방울을 손에 쥐고는 뭔가 골

똘한 생각해 잠긴 듯한 눈매와 꼭 다문 입술에서 도도한 여성의 내면 성정이 읽힌다. 앞에 본 작품들이 주로 상상 속의 이상적 미인을 형상화한 것이라면, 신윤복의 이 작품은 특정 여성을 모델로 삼아 그린 초상화가 아닌가 여겨지는데, 그렇다면 이 미인도는 초상화로서도 성공을 거둔 훌륭한 작품이다.

신윤복의 〈미인도〉가 전신(傳神)의 경지, 곧 그림으로 그려진 그 사람의 얼과 마음을 보는 사람도 느끼도록 하는 수준에 이른 것은 신윤복의 빼어난 천품에 기인한 것이기도 하지만, 동시에 여성에 대한 그의 끊임없는 관찰 결과이기도 할 것이다. 예컨대 앞서 간단히 살폈던 〈연당의 여인〉(그림 77)에서도 신윤복은 여인의 일상적 삶의 한 장면을 놓치지 않았음을 알 수 있었다. 또 그의 다른 작품인 〈기다림〉 등에서도 신윤복은 여인의 심리에 대한 놀라운 통찰을 드러낸다. 바로 이런 섬세한 관찰력이 〈미인도〉의 높은 완성도를 가능케 했으리라 여겨지는 것이다. 아울러 앞서 다룬 세 종류의 미인도 중 동경국립박물관의 〈미인도〉와 송수거사의 〈미인도〉는 모두 신윤복의 〈미인도〉에서 영향을 받은 것으로 여겨지고 있다.[84]

그런데 여성을 특화하는 것, 그것도 아름다운 여성을 특화하는 것은 어떤 의미인가? 미인도의 감상자는 대개 남성이다. 따라서 그것은 여전히 남성적 욕망의 대상이고, 이는 곧 성욕의 대상이라는 뜻이다. 다르게 말하자면 성욕의 미적 표현이다. 신윤복을 비롯한 다양한 미인도의 작자들 역시 가부장제의 욕망에서 벗어날 수 없었다는 뜻이다.

여전히 잔치에 불려 나온 도구적 여성들

조선 후기 미인도에서 여성은 거의 언제나 홀로 등장해 미적 제재로서의 역할을 온전히 감당했다. 이는 여성 형상 제작의 역사에서 매우 유의미한 변화다. 그러나 중요하게 다뤄볼 만한 미인도는 그 시대에 몇 작품 제작되지 못했다. 당시 여성 형상이 표현되는 것은 여전히 주로 계회도류의 그림을 통해서였다. 더욱이 그 시절의 여성 형상이란 앞서 여러 번 강조했듯이 '주변적이고 보조적인' 것이었다. 그러한 예로, 1730년에 제작된 〈이원기로회도(梨園耆老會圖)〉를 보자(그림 83).

잔치를 받는 주체인 기로(耆老)들이 반원형으로 앉아 있다. 처용무를 추는 악공이 그림의 중앙을 중심으로 오른쪽에 있고 왼쪽에는 포구락(抛毬樂)을 하는 기녀 셋이 있다. 중앙 아래쪽으로는 술병을 세워놓은 붉은 탁자가 있고 그 좌우로는 가야금 뜯는 기녀가 둘씩 앉았다. 그 외의 여성들 역시 복색을 보아 하니 기녀다. 이런 형식의 그림은 이미 조선 전기의 '기로회도'에서 본 적이 있고 또 문인계회를 그린 그림 중 '동관계회도'에서도 반복적으로 나타난 바다. 조선 후기의 허다한 계회도에도 이런 양상은 전혀 변함이 없다. 왜인가. 이런 연회가 대체로 일정한 절차에 따라 진행된다는 점이 하나의 이유일 것이다.

조선 전기의 계회도를 살펴보면서 거기 등장한 여성들이 대체로 잔치의 흥을 돋우기 위한 보조적 존재로 그려졌을 뿐임을 이미 확인했다. 조선 후기에도 이런 잔치 그림에서 여성은 여전히 춤과 노래를 제공하거나, 음식과 술을 공급하는 노동을 맡는 도구적 존재로 그려질

그림 83
작자 미상, 〈이원기로회도〉, 1730년, 국립중앙박물관

뿐이다. 이런 그림에 흔히 등장하는 기녀와 비녀는 기본적으로 노비다. 가부장제는 노비제도를 유지했고, 체제의 주체인 남성-양반은 이들로부터 예능노동과 성(性)을 수탈해 쾌락을 얻을 수 있었다. 당연히 이런 그림에서 여성이 다른 형태로 표현될 리 만무했다.

특히 유교적 가부장제가 조선사회에서 완전하게 성립되고 정착하면서 사대부는 여성에 대한 지배를 더욱 공고히 했다. 그것이 여성의 예능노동과 성에 대한 수탈을 강화하고 확대했으리라는 점도 두말할 나위 없을 것이다. 그러한 예로 작자 미상의 그림 한 편을 보자. 제목은 〈작부〉다(그림 84).

화가는 돌로 얕게 쌓은 축대를 그렸고 그 뒤에 약간 거칠게 나무 세

그림 84
작자 미상, 〈작부〉, 개인 소장

그루를 그렸다. 나무 앞에 갓을 쓴 남자 하나와 탕건을 쓴 남자 둘이 앉아 있다. 수묵으로 그린 문인화풍 작품이다. 이 그림은 남자 셋의 만남을 기념하고자 그린 것으로 짐작된다. 앞에서 말한 바와 같이 조선 후기에도 계회도류의 그림은 대단히 풍성하게 창작되었고, 모임 자체도 매우 호사스럽고 거창했다. 그에 비해 이 그림에서 표현하고 있는 모임은 아주 소박하다. 친구들 두셋이 모여 간단히 술자리를 갖고 있으니 말이다. 남자들의 옷차림을 봐도 이것이 매우 일상적인 모임임을 분명히 알 수 있다.

하지만 관심의 대상이 되는 것이 있으니, 바로 그림 왼쪽의 여자다. 여자는 오른손에 술병을 쥐고 있다. 어떤 신분의 여성인지는 알 수 없지만, 적어도 양반가 여성은 아닌 것 같다. 그리고 춤과 노래 등에 특별한 재능이 있는 여성으로도 보이지 않는다. 오직 술을 따르기 위해 불려온 여자일 뿐이다. 문제는 당시 조선 남자들은 이처럼 간소한 일상적 모임 자리에도 여성을 불렀다는 사실이다. 또 술자리에서는 그 여성을 상대로 온갖 희롱과 농지거리가 오갔을 것이다. 그 역시 여성의 성을 착취하는 한 방식이었다. 여성을 자기들 모임에 흥을 돋우는 도구적 존재로 이용하려 했던 가부장제의 욕망은 이미 일상에까지 광범위하게 스며들었던 것이니, 작자 미상의 〈작부〉가 그 점을 입증한다 하겠다.

다만 이 그림에서 우리가, 조선 후기에 제작된 계회도류의 그림에서도 조선 전기와 마찬가지로 여성이 주변적 존재로서 또 조흥의 도구로서 반복적으로 등장한다는 사실만을 재확인하려는 것은 아니다. 그 같은 여성 형상이 '반복'되면서도 동시에 중요한 '변화'를 동반한다는 점을 살피려는 것이다. 〈작부〉에서 여성이 남성과 같은 자리에서 동일한 사이즈로 그려진다는 사실은 주목할 만한 변화다. 이 그림에서처럼 조선 후기의 속화에서도 여성은 비록 조흥을 위한 도구적 존재지만 이전과는 달리 남성과 동일한 공간에서 훨씬 더 클로즈업된 상태로 형상화된다.

김득신이 1815년에 제작한 8폭 그림《행려풍속도병》중 한 장면을 보라(그림 85). 깎아지른 절벽 아래 양반 일곱이 모여 술자리를 베풀었다. 이것은 공식 연회가 아니고 사적으로 연 간단한 풍류 모임이다. 이런 자리에서는 보통 거문고를 뜯고 한시를 지으며 술 마시고 즐기

그림 85
김득신, 〈풍류〉, 《행려풍속도병》, 1815년, 삼성미술관 Leeum

는 것이, 남성-양반들이 생각하는 운치 있는 놀음이었다.

지금 풍류를 벌이는 공간은, 왼쪽 아래에 축대를 쌓은 흔적이 있는 것으로 보아, 약간 인공을 가한 곳이다. 그림 오른쪽을 흐르는 개울은 굽이지며 아랫부분으로 흐른다. 다리는 이 개울 위에 놓은 것이다.

이 풍류 모임에도 당연히 흥을 돋우는 여성이 있다. 키 큰 소나무를 중심으로 해서 오른쪽에 거문고를 뜯는 양반이 있고 그 옆에 여자 둘이 앉아 있다. 여자는 그림 아랫부분에도 있으니, 곧 보자기를 덮은 함지박을 이고 다리 위를 건너오는 여자들이다. 그 뒤로는 술단지를 안고 따르는 아이가 있다. 자리 잡고 앉은 두 여성은 기녀일 테고, 아래 두 여자는 비녀일 것이다. 기녀와 비녀가 조흥을 위한 도구로 등장한다는 점에서 이 그림의 여성 역시 형식화된 기로회도나 동관계회도에 등장하던 여성과 같은 역할이다. 사실상 앞의 계회도와 동일한 형식의 그림인 것이다. 하지만 달라진 것이 있으니, 기녀 둘이 남성들과 같은 공간에 나란히 앉아 있고, 여성의 얼굴이 보다 사실적으로 표현되었다는 사실이다. 그 점에 주목할 필요가 있다.

기녀와 비녀가 등장하지만, 계회도의 고정된 형식과 달리 그들이 연회 공간 외곽에 위치하지 않고 연회 공간의 내부에 자리 잡고 있으며, 표정까지 선명하게 드러난 것은 속화를 제작하게 되면서 가능해진 일이다. 작자 미상의 그림 〈후원유연(後園游宴)〉을 보자(그림 86).

거문고를 연주하는 양반과 그 소리를 듣는 양반이 있고, 그림 왼쪽에는 가리마를 쓴 기녀가 앉아 있다. 그림의 아랫부분에는 주안상을 들고 오는 비녀가 둘 있다. 〈후원유연〉 역시 앞에서 본 김득신의 〈풍류〉와 등장하는 인물은 약간 달라도 구성은 거의 같다. 그런데 흥미로운 것은 기녀가 남성이 연주하는 거문고 소리에 귀를 기울이고 있다

그림 86
작자 미상, 〈후원유연〉,
국립중앙박물관

는 점이다. 여성이 오히려 남성의 연주를 감상하는 입장에 있는 것이다. 사실 조선 후기는 물론 조선 전기의 모든 계회도에서 여성은 음악과 춤을 '제공'하는 도구적 존재였지만, 동시에 그 음악을 감상하는 존재이기도 했을 것이다. 하지만 회화의 관습은 감상 주체로서의 여성 형상은 생략해버린 것이다. 하지만 속화는 인간 일상의 세부적 국면을

그림 87
김홍도,
〈후원유연〉,
《사계풍속도병》,
프랑스 기메박물관

형상화하려 했고 그러면서 생략된 부분을 복원하기 시작한 것이다.

이처럼 기녀를 부르고 거문고 등의 악기를 연주하는 간단한 연회를 제재로 한 그림은 18세기와 19세기에 빈번히 제작되었던 것으로 보인다.

김홍도의 《사계풍속도병(四季風俗圖屛)》에 실린 〈후원유연〉 역시 구성은 같다(그림 87). 이 그림이 앞서 검토한 작자 미상의 〈후원유연〉에 영향을 주었는지 그 반대인지 알 수는 없지만, 두 그림이 서로 영향을 주고받는 관계에 있는 것은 분명하다. 다만 김홍도의 그림에는 젓대를 부는 사람이 추가되고 남녀가 여럿 더 등장한다. 그러나 그림 중심에 놓인, 부채를 쥐고 몸을 약간 굽힌 채 거문고 연주를 듣는 기녀의 모습과 주안상을 나르는 비녀 둘의 배치는 이미 검토한 작자 미상의 〈후원유연〉(그림 86)과 완전히 동일하다.

두 그림의 구성이 동일하다는 것은 사실 이 그림을 제작한 화가들의 친연성을 의미하기도 하지만, 보다 근본적으로는 이런 형태의 유연(遊宴)이 성행했다는 데 있을 것이다. 이 유연은 계회도와 같은 공식적 성질을 띠는 유흥 공간이 아니라, 개인의 집이라는 사적 공간에서 이루어졌다. 특히 김홍도의 〈후원유연〉에서 유연이 이루어진 공간은 취병(翠屛)까지 설치한 고급스런 저택이다. 18세기에 이런 저택은 대체로 경화세족 소유였으리라 짐작된다. 그리고 앞서 본 김득신의 〈풍류〉(그림 85)와 작자 미상의 〈후원유연〉(그림 86)에서 유연이 펼쳐진 공간 역시 자연 속의 공간이 아니라, 경화세족의 저택 내에 꾸며진 공간으로 짐작된다.

신윤복의 〈후원유연〉 역시 동일한 성격의 공간, 즉 경화세족의 저택을 배경으로 삼은 듯 보인다(그림 88). 연꽃이 핀 연못, 네모 난 돌

그림 88
신윤복, 〈후원유연〉, 《혜원전신첩》, 간송미술관

을 2단으로 쌓아 올린 화단, 그 뒤 돌로 정교하게 쌓은 담 등으로 보아 이곳 또한 부호 양반가의 후원이다. 남자들이 입은 비단 도포, 그리고 넓은 갓과 호박갓끈 등 호사한 차림으로 보아 권세를 누리던 양반임이 분명하다. 이들은 어느 날 기녀 셋을 후원으로 불러들였고 거문고를 뜯게 하며 하루를 즐긴다. 이 집의 주인으로 짐작되는 왼쪽의 맨상투바람 사내는 기녀를 자기 무릎 위에 앉혀놓고는 손으로 기녀의 몸을 더듬고 있다. 가부장제의 남성-양반의 성적 욕망이 여성-기녀의 예능노동과 성을 수탈했음을 이처럼 명료하게 보여주는 그림은 없을 것이다.

이 그림은 기녀를 불러 예능노동을 수탈한다는 점에서는 재래의 계회도와 동일하지만, 기녀가 불려 온 공간이 사적 공간임에 주목할 필요가 있다. 이 그림만 그런 것이 아니라, 앞서 본 김득신의 〈풍류〉부터 김홍도의 〈후원유연〉까지 모두 기녀들은 사적 공간으로 불려 왔다. 기녀가 사적 공간에 집중적으로 출현한 것은 예능노동과 성을 수탈하려는 남성-양반의 욕망 때문이겠지만, 한편으로는 임진왜란과 병자호란 양란 이후 기녀에 대한 관(官)의 지배 방식에 변화가 일어난 데도 원인이 있었다.

그림의 주인공이 된 기녀

임병양란 이전에는 지방 관청의 비녀를 3년에 한 번 골라 뽑아(選上) 서울로 올려 보내면 국가의 장악원에서 예능 곧 춤과 노래를 가르쳤고 그녀들이 왕실과 관청의 연회에 동원되었다. 이것이 기녀제도를 설치한 본래 목적이었다. 하지만 기녀는 관청의 비공식적 연회와 양반들의 사적 연회에도 불려나갔다. 그러다 임진왜란과 병자호란을 거치며 국가 재정이 부족해지자 기녀를 선상하는 제도가 유명무실해졌고,■ 이후 왕실에 큰 연회가 있을 때 임시로 삼남(三南)의 기녀를 뽑아 올리는 방식으로 제도가 바뀌었다.

■ 1746년에 편찬된 《속대전》에 와서야 기녀선상제도는 공식 삭제된다. 물론 그 이전에 이미 유명무실해진 제도였다.

서울로 올라온 기녀는 내의원과 혜민서, 공조(工曹)와 상의원(尚衣院)에 의녀(醫女)와 침선비(針線婢)로 소속되었다. 기녀는 연회가 끝나면 원래 자신이 살던 고장으로 내려가는 게 원칙이었으나 잘 지켜지지 않았다. 기녀는 사대부나 부호에 의해 점유되기도 했고, 그중 일부는 시정에서 기방(妓房)을 열었다. 국가가 선상된 기녀에게 숙식과 의복, 노동의 대가를 제공할 만한 재정적 능력이 없었기 때문이다. 그리하여 액정서(掖庭署) 별감, 의금부 나장, 승정원 사령, 포도청 포교 등이 국가를 대신해 기녀들에게 숙식과 의복을 제공했다. 이들을 기부(妓夫), 그러니까 시쳇말로 '기둥서방'이라고 한다. 기부는 기녀를 앞세워 기방을 열어 영업을 했다. 기녀는 기방에서 영업을 하는 한편 장악원 악공과 그룹을 만들어 민간의 음악 수요에 응하기도 했다.

기녀가 민간에서 영업하는 것이 허락되자, 기녀가 사적 연회 공간으로 진출하는 일도 더욱 확대되었다. 대가만 지불한다면 누구나 기녀의 예능과 성을 살 수 있게 된 것이다.

기녀의 예능노동과 성이 보다 널리 소비된 데는 또 다른 이유도 있었다. 1724년부터 1776년까지 53년간 영조의 강력한 금주 정책으로 연회에 술을 쓰지 못하게 되자, 민간 연회에서는 그 대신 기녀·악공의 춤과 연주 등을 대량으로 소비하기 시작했다. 기녀의 예능이 민간에서 소비되면서 궁중과 고급 양반들 사이에서만 제한적으로 향유되던 기녀의 예능이 민간으로 확산되었고, 또 그 나름의 발전을 보이기도 했던 바, 그것을 향유하는 사람들로부터 관심의 대상이 되었다. 예컨대 김재찬(金載瓚, 1746~1827)은 〈제여악도(題女樂圖)〉라는 시에서 기녀의 예능, 곧 향발(響鈸)·아박(牙拍)·헌선도(獻仙桃)·포구락·무수(舞袖)·발선(發船)·처용·검무(釼舞)·학무(鶴舞)·사무(獅舞) 등

그림 89
신윤복, 〈검무〉, **《혜원전신첩》**, 간송미술관

그림 90
신윤복, 〈선유〉, 《혜원전신첩》, 간송미술관

을 그린 그림 11점을 보고 각각에 관해 시를 남겼다.[85]

또한 일상적 삶의 세부 국면까지 재현하는 속화가 출현함으로써 회화에서도 기녀의 모습이 축소되기는커녕 오히려 중심 제재로 형상화되었으니, 신윤복의 〈후원유연〉에서 기녀가 양반과 같은 공간에서 담배를 피우고 특유의 표정을 지닌 생생한 얼굴로 그려진 것은 바로 이런 연유다.

이제 기녀는 그림에서 주변적 존재가 아니라 그림의 중심에 놓이게 된 것이다. 예컨대 신윤복의 〈검무〉와 〈선유〉를 보자.

〈검무〉에 등장하는 기녀는 넷이다(그림 89). 칼을 들고 공작우(孔雀羽) 꽂힌 벙거지를 쓰고 치맛자락을 휘날리며 한창 춤을 추는 무기(舞妓)가 둘, 그리고 그림 위쪽의 자리에 앉은 기녀가 둘이다. 아래쪽에는 악공이 여섯 있다. 악공들이 앉은 자리 맨 왼쪽, 차면선을 쥔 사람은 양반이다. 악공은 그림 오른쪽부터 북 하나, 장구 하나, 대금 하나, 피리 둘, 해금 하나, 이렇게 해서 삼현육각(三絃六角)을 이룬다. 대개 조선 후기에는 기녀와 장악원 악공이 한 팀을 이루어 시정의 예능 수요에 응하는 경우가 많았다. 악공 역시 조선 후기에 와서 장악원이 급료를 지불할 수 없게 되자 시정에서 예능을 팔지 않을 수 없었던 것이다.

〈검무〉에 등장하는 네 명의 기녀 중 일부는 여전히 조흥의 도구적 존재로서 중심 공간 주변에 위치한다. 그림 상단의 담배를 피우는 기녀와 그 옆의 기녀가 그렇다. 하지만 춤추는 기녀는 주변에 위치하는 것이 아니라, 예능-검무로 그림의 중심부에 배치된다. 이 그림의 주제는 양반의 유흥이 아니라, 사실상 기녀의 예능-검무인 것이다. 조선 전기 그리고 그것을 계승한 조선 후기의 계회도에서 기녀가 그림 주변부에 머무는 조흥의 도구적 존재에 불과했다는 사실을 상기하자.

이제 기녀는 그림의 중심적 제재가 된 것이다.

검무는 사실 18세기 양반들이 가장 좋아하던 기녀의 예능 종목이다. 18세기 후반 최고의 지식인이자 문인이던 박제가와 유득공이 각각 〈검무기(劍舞記)〉와 〈검무부(劍舞賦)〉로 당시 서울 시정의 유흥 자리에서 인기 있는 기녀의 예능인 검무를 기념했고, 검무의 일인자가 밀양 출신 기생 운심(雲心)이라 증언하기까지 했으니,[86] 기녀의 예능이 새삼 향유자들 사이에서 관심의 대상으로 떠오른 것이다. 신윤복의 〈검무〉는 그런 사정을 반영한 것이라 하겠다.

한강에서 노니는 '선유(仙遊)'는 조선 후기 서울 젊은이들이 가장 선호하는 놀음이었다. 윤기(尹愭)는 봄가을이면 서울 젊은이들이 매일 선유놀음을 벌이는데 거창한 술과 음식, 호사스런 여악(女樂)을 갖추느라 만금(萬金)을 허비한다고 증언했다.[87] 신윤복의 〈선유〉는 이런 배경에서 그려진 작품이다. 〈선유〉에는 기녀 셋과 젊은 양반이 셋 등장한다(그림 90).

기녀 셋은 모두 동일한 공간에 동등한 위상으로 그려졌다. 맨 오른쪽 기녀는 생황을 불고 있으며 그 왼쪽 기녀는 담뱃대를 들고 있다. 그녀의 어깨를 젊은 양반이 왼손으로 감싸고 있는데, 자기 오른손으로는 기녀의 담뱃대를 받쳐주고 있다. 이 젊은 양반은 지금 자기 품속에 있는 기녀의 비위를 맞추려는 것이다. 그림 왼쪽에는 갓을 젖혀 쓰고 먼 곳을 망연히 바라보는 약간 나이 든 중년 양반이 서 있고, 그 아래쪽에는 강물에 손을 씻는 기녀와 턱을 괴고 기녀에게 무슨 말인가를 붙이는 젊은 양반이 있다. 양반들이 기녀들의 성과 예능을 수탈하기 위해 불렀을 테지만 이 그림에서는 도리어 양반이 기녀의 환심을 사려는 태도가 역력하다.

그림 91
김홍도, 〈기방풍정〉, 《사계풍속도병》, 18세기,
프랑스 기메박물관

그림 92
작자 미상, 〈기방풍정〉, 《사계풍속도》, 19세기,
국립중앙박물관

기녀는 기방 그림에도 자주 등장한다. 김홍도의 〈기방풍정(妓房風情)〉 역시 《사계풍속도병》에 실린 것인데(그림 91), 이 그림을 본떠 그린 작자 미상의 복제본(그림 92)도 널리 알려져 있다.

기방의 내부 모습을 그린 그림은 이것이 거의 유일할 터이다. 그림 속 공간은 담장을 중심으로 해서 둘로 분리되었다. 먼저 담장 바깥을 보자. 대문에는 기방에서 허드렛일을 하는 할멈이 떠나는 손님들을 지켜보고 있고, 그 아래 개 한 마리가 따라 나와 컹컹 짖고 있다. 그 앞에 녹색 저고리와 푸른 치마를 입은 여자가 있는데 당연히 기생이겠다. 기생은 앞에 선 남자의 허리띠를 붙잡고 있는데, 이 남자는 포교다. 포교가 기부가 되었다는 건 좀 전에 언급한 바와 같다. 포교는 지금 기방을 떠나려는 참이고 기녀는 가지 말라며 포교를 말리는 것으로 보인다.

그 앞에 두 남자가 있는데, 왼쪽 남자가 오른쪽 남자의 멱살을 쥐었다. 둘 다 갓이 삐뚠 것을 보면 이미 잔뜩 술에 취한 상태다. 기묘한 것은 오른쪽 남자의 왼쪽 팔뚝 위에 놓인 옷가지인데, 고이 접혀 있기는 해도 그것이 여자의 외출용 장옷이란 것을 알아차리기는 어렵지 않다. 이 그림이 무슨 사연을 담고 있는지 확실히 복원하기는 어렵지만 어떤 일로 인해 기녀의 장옷을 갖고 나오며 기녀를 불렀고 기녀가 따라나서지 않자, 동료가 멱살을 쥐고 그 사내를 끌고 가는 것으로 보인다. 그리고 기부의 한 부류인 포교 역시 어떤 일 때문에 이 사내들을 따라나서자 기녀가 그를 말리고 있는 것이다.

그림 위쪽은 기방 안을 묘사한다. 기녀의 왼쪽과 오른쪽에 남자 둘이 앉아 있고, 마당에서 방 안으로 접근하는 사내 둘이 더 있다. 기녀의 오른쪽에 앉은, 노란 초립을 쓴 사내는 포교와 마찬가지로 기부로서 한 자리를 차지하는 대전 별감이다. 이 그림에서 이 부분, 곧 기녀가 그림의 중앙에 위치한다는 사실은 대단히 중요한 의미를 갖는다. 전술했듯이, 지금껏 기녀는 계회도 등에서 늘 주변적 위치에 존재하는 조홍의 도구적 존재로 그려졌다. 하지만 이 그림에서는 기녀가 중심에 있고, 사내들이 기녀의 주변에 위치한다. 이러한 구성은 앞서 살펴본 〈검무〉나 〈선유〉 등의 연장이다. 기녀를 중심에 두고 남성이 거기로 몰리는 장면은, 곧 기녀라는 여성의 성을 차지하기 위한 남성들의 경쟁을 의미한다. 예컨대 신윤복의 〈밤길〉은 기부가 기생의 성을

그림 93
신윤복, 〈기방난투〉, 《혜원전신첩》, 간송미술관

구매하려고 찾아온 남자에게 그 기생을 넘기는 장면을 표현한 것이다. 또 신윤복의 〈기방난투(妓房亂鬪)〉는, 조선 후기 서울에서 남자들끼리 싸움이 가장 많이 일어나는 공간인 기방에서 벌어진 사건을 그린 것이다(그림 93).

중간에 웃통을 벗었다가 다시 옷을 챙겨 입는 중앙의 사내와, 왼쪽의 붉은 옷을 입은 사내(기부인 대전 별감) 바로 앞의 삐뚠 상투를 쓴 어린 사내가 방금 주먹을 주고받았고, 어린 사내는 입가에 피까지 흘리고 있다. 이 사내의 갓은 그림 맨 오른쪽 같은 패의 사내가 챙기는 중이다. 갓은 이미 양태와 대우가 다 떨어졌다. 그리고 어린 사내를 달래고 있는, 그림 맨 왼쪽의 사내는 그림 중앙의 사내와 한패다. 조선 후기, 기방에서 흔히 난투극이 벌어졌던 바, 앞에서 말한 바와 같이 그것은 수컷으로서 암컷, 즉 저 기방 대문 앞에 서 있는 기녀를 둘러싸고 벌어진 일이다.

기방의 난투는 기녀를 차지하기 위한, 혹은 기녀 앞에서 위세를 세우려는 남성성 과시의 결과로 벌어진 사건이다. 따라서 이 그림은 기방이 여전히 남성중심주의 혹은 가부장적 권력의 집행 공간이라는 사실을 입증한다. 하지만 대문 앞에서 장죽을 들고 선 저 기녀의 표정에서 어떤 미묘한 변화가 감지되지 않는가. 기녀는 싸움에 전혀 관여하지 않으며 그들과는 약간 거리를 둔 채 장죽을 물고 있다. 그녀는 무관심한 듯 혹은 한심하다는 듯한 표정으로 남자들의 난투극을 감상하는 중인 것이다.

남성다움을 여성에게 각인시키려는 수컷들의 싸움을 그보다 위쪽에서 내려다보는 것 같은 기녀의 모습은 계회도 등에서 주변적 조롱의 도구로 존재하던 기녀가 더는 아니다. 그렇다면 그것은 혹시 가부장제 사회 내에서 소수자로서 생존하려는 여성의 전략을 드러낸 게 아닐까? 다음 장에서 그 점을 검토한다.

3장

길들여지지 않는 여성주체

1 열녀와 절개의 이면

─가부장제에 대한 적응과 반발

　유교적 가부장제가 확립되면서 여성은 이제 남성의 권력 아래 놓이게 되었다. 한마디로 여성은 남성의 종속적 존재가 되어버린 것이다. 하지만 가부장제가 아무런 장애 없이 완벽하게 작동한 것은 아니었다. 분명 여성은 유교적 가부장제에 길들여졌다. 조선 후기에 남성들도 놀랄 정도로 쏟아져 나온 절부(節婦)·열녀의 존재는 바로 여성 스스로 남성에 대한 성적 종속성을 가장 극단적 형태로 실천했음을 의미한다. 즉 절부와 열녀의 출현은 가부장제에 대한 완벽한 길들임의 결과라고 말할 수 있다. 하지만 그 이면에서 여성은 가부장제가 지닌 불평등과 폭력의 정당성에 대해 끊임없이 회의하고 저항했다. 가부장제가 작용이라면 그것은 반작용이었다.

　그러나 여성은 공적 공간을 박탈당했기에 여성들이 사회적으로 연대하는 일은 불가능했고, 자신들의 의사를 명료한 형태로 언어화할 수도 없었다. 가부장제는 논리적 언어로 전면 비판되거나 거부될 수 없는 것이었다. 그렇다고 해서 가부장제가 여성을 완벽하게 통제할 수 있었던 것도 아니다. 여성은 소수자로서 가부장제의 작동에 순응하는 한편 적응했고, 때로는 저항했다. 따라서 실제 가부장제는 미묘하고 복잡한 방식으로 집행될 수밖에 없었다. 요컨대 유교적 가부장제는 17세기 중반 단계적 부계친족제를 확립해 여성을 그 속에 포획하는 데는 성공했지만, 그와 동시에 여성의 순응과 적응, 반발이 시작되었고 그것이 가부장제의 순조로운 작동을 방해했다.

가부장제가 완벽하게 작동하지 못한 까닭

적응과 반발의 방법은 다양했다. 가부장제 속에 갇힌 여성은 스스로 가부장화함으로써 가부장제에 적응했고, 때로는 일상에서 남성의 명령을 거부하거나 어떤 경우에는 남성을 통제함으로써 가부장제에 반발했다. 이때 여성은 성적 종속성을 벗어나 주체가 되었다. 여성은 남편에 대해 아내로 존재했지만, 동시에 아들과 며느리에 대해서는 부모로 존재했다. 특히 나이가 들면 노인으로서 존중받는 지위에 올랐고 아들에 대해서는 자신의 희생을 강조하며 효양(孝養)을 받고자 했다. 이때 어머니로서의 여성은 아들을 내세워 며느리 위에 가부장적 존재로 군림했다. 가부장제에 적응한 여성은 '독한 시어머니'로서 제 스스로 가부장의 권위를 아들과 며느리에게 행사한 것이다. 그것은 가부장제 가문에 상존하는 것이었다. 이덕무의 말을 들어보자.

시어머니는 며느리가 가난한 집안에서 시집와서 봉양을 잘하지 못한다고 미워한 나머지 가혹하고 각박하며 꾸짖고 나무라 조금도 사랑하지 않는다. 심지어는 며느리가 스트레스를 받은 끝에 말라죽게 만들고, 때로는 칼로 독약으로 자살하게 만들기도 한다. 이것은 인륜의 큰 변고다.[1]

여성도 나이가 들면 가부장의 권위를 갖게 되는데 자신이 그 권위를 휘두를 수 있는 유일한 대상, 곧 며느리를 학대했던 것이다. 하지만 며느리 역시 곧 시어머니가 되었고, 자신이 가부장제 아래서 획득한 권위를, 그리고 자신이 학습한 가학적 방법들을 다시금 며느리에게 실행했다. 이 때문에 고부갈등은 가부장제 가문 내에서 언제나 내연(內燃)했고, 그것이 가부장제 작동에 난감한 장애물이 되었다.

이러한 시어머니의 형상이 그림으로 남기는 쉽지 않다. 앞에서 검토한 민화풍의 평생도 가운데 현구고례(見舅姑禮)를 거행하는 그림에서 시어머니의 모습을 볼 수는 있지만, 그 그림에서 조선의 일반적 시어머니 상(像)을 떠올리기는 어렵다. 다만 아주 드물게도 시어머니의 모습을 그린 초상 한 점이 남아 있으니 그걸 참고할 수 있겠다. 현재 전라남도 광양군, 속칭 '시모(媤母)집'에 봉안되어 있는 늙은 여성의 초상화가 바로 그런 사례일 것이다(그림 2).[2]

《한국초상화 연구》의 조선미 선생에 의하면, 이 그림은 당시 지방 화사가 그린 것으로 추정된다.[3] 그림의 오른쪽 상단에 "孺人晉陽鄭氏之影"(유인 진양 정씨의 초상)이라 적혀 있다. 왼쪽은 아들의 초상인데, "通政大夫折衝將軍行龍驤衛副護軍金公諱致祚之影"(통정대부 절충장군 행용양위 부호군 김치조 공의 초상)이라 적혀 있다. 그림의 주인공 진양 정씨는, 집안에서 전하는 바에 의하면 5대 조모라고 하니

그림 1
작자 미상, 〈아들상〉, 전남 광양군 시모집

그림 2
작자 미상, 〈시모상〉, 전남 광양군 시모집

약 150년 전에 제작된 화상으로 추정된다고 조선미 선생은 밝히고 있다. 선생의 책이 1989년에 출간되었으니, 지금으로부터 따지면 약 170년 전이다. 흥미로운 것은 이 그림이 〈시모상〉으로 불린다는 점이다. 둥근 부채를 쥔 백발 여성은 그 표정에서 깐깐한 성정을 읽어낼 수 있다. 아마도 며느리가 있는, 이미 가정 내부에서 권위를 확보한 시어머니의 전형적 모습이 아닌가 한다.

앞서 인용한 이덕무의 증언은 18세기 후반 상황에 대한 진술이다. 하지만 유교적 가부장제가 본격적으로 성립하던 시기부터 그것은 이미 여성의 저항에 부닥치고 있었다. 예컨대 이식은 17세기 전반을 산 사람인데, 이때도 사실 가부장제는 제대로 작동하지 못했다. 이식은

군자의 도가 부부에게서 시작된다는 《중용》의 말⁴을 인용하는데, 공자 집안이 3대에 걸쳐 아내를 내쫓았던 점■을 위시해 여러 고사를 소개하면서, 조선에서 가부장제 작동이 원활치 못했던 이유를 묻는다.

> 우리나라에서 사족 여자는 개가를 할 수 없다. 사대부가 정처(正妻)를 소박해 버리는 것도 명교(名敎)가 허락하지 않는다. 이 때문에 배우자가 아무리 어질지 못하다 해도 이혼하는 사람이 매우 적으니, 옛사람의 중도(中道)에 과연 합치되는 것이라 하겠는가?⁵

이식이 제기한 문제는 단계적 부계친족제가 확립되고 여성이 본격적으로 가부장제의 통제 아래 놓이면서 발생한 일이다. 즉 가부장제는 정처를 내쫓는 것을 허락지 않으니 배우자가 불량한 사람이어도 정식 이혼은 불가능했다는 것이다. 이것은 부처제(夫處制), 곧 시집살이가 시작되면서 여성의 저항이 함께 일기 시작했다는 의미다. 시집온 여성은 남성의 가문에 이질적 존재였다. 이질적 존재는 이미 거기 존재하던 여성(예컨대 시어머니, 시누이, 동서) 그리고 남성 형제들과 갈등을 일으켰지만 그것은 쉽게 통제될 수 있는 갈등이 아니었다. 문제를 일으킨 여성을 가문 밖으로 축출하기도 만만치 않았다. 그것은 가부장의 권위가 실추되었음을 외부에 발설하는 일이나 마찬가지였기 때문이다. 꼬집어 말하자면, 가부장제에 반발하는 여성을 이혼이라는 방식으로 법적으로 완벽하게 축출할 수 없었다는 이야기다. 그것은 조선의 유교적 가부장제가 갖는 근원적 모순이었다. 이익은 《성

■ 공자의 아버지 숙량흘(叔梁紇)과 공자의 아들 백어(伯魚), 백어의 아들 자사(子思) 모두 아내를 내쫓았다.

호사설》의 〈출처(出妻)〉에서 이렇게 말한다.

> 국법에선 개가한 여자의 자손은 청직(淸職)을 허락하지 않는다. 이 때문에 사족은 개가를 수치로 안다. 그 폐단은, 아내가 아무리 패악스런 짓을 해도 번번이 아내를 내쫓는 법이 없다는 핑계로 이혼을 허락하지 않는 것이다. 그로 인해 여자의 권리가 너무 무거워 가정의 도리가 무너진다.[6]

유교적 가부장제는 여성의 성적 종속성을 강제하기 위해 개가한 여성의 자손은 '청직', 곧 가장 명예롭게 치고 또 출세의 발판이 되는 벼슬인 홍문관·규장각·선전관 등에는 등용하지 않았다. 그런데 이것은 이중적으로 해석된 듯하다. 즉 어떤 여성이 자식을 낳고 재혼해 다시 자식을 낳았을 경우를 상정해보자. 재혼 후 낳은 자식은 당연히 청직에 오를 수 없다. 그런데 첫 결혼으로 낳은 자식조차 청직을 허락받지 못하는 것이다. 성호는 이 부분을 지적한 것이다. 만약 이혼이라는 수단을 사용해 아내를 축출한다면 남아 있는 자식의 출세에 지장이 생긴다. 따라서 이혼을 할 수가 없는 것이다.

이익은 같은 글에서 '사나운 아내'를 둔 사람을 많이 봤는데 그중 하는 일마다 아내에게 눌려 기를 펴지 못하는 사내들은 끝내 그렇게 집안을 보전하게 되고, 천성이 거세 아내와 드잡이판을 벌이며 반목하는 경우에는 종신토록 골머리를 앓으며 엉망이 된 집안 꼴을 감추지 못했다고 쓴다.

유정기와 신태영은 왜 이혼할 수 없었나?

구체적인 사례 하나를 검토해보자. 1690년 유정기(兪正其, 1645~1712)와 신태영(申泰英)의 이혼 사건이 일어났다.[7] 유정기는 조선 후기의 명문가인 기계(杞溪) 유씨다. 1676년 아내 성주 이씨가 사망하자, 2년 뒤인 1678년 신석(申錫)의 딸 신태영과 재혼해 다섯 자녀를 둔다. 1690년 유정기는 시부모에게 불효하다는 이유로 신태영을 사당에 고하고는 그녀를 집에서 쫓아낸다. 그로부터 14년 뒤인 1704년 유정기는 정식으로 예조에 문서를 올려 공식으로 이혼을 요청하지만, 예조는 해당되는 법조문이 없다는 이유로 허락하지 않았다. 유정기가 정식 이혼을 요구한 이유는 신태영이 남편과 시부모에게 욕설을 하고, 사당에서 난리를 치고, 제주(祭酒)에 오물을 섞고, 제석(祭席) 등 온갖 물건을 죄다 파괴했다는 것이었다. 신태영이 가부장제의 권위와 상징을 공공연히 무시하며 파괴 행위를 일삼았다는 이야기다.

조정은 신태영을 의금부에 구속해 사건을 조사했지만 신태영은 유정기의 주장을 모두 부인했고, 그것을 입증할 만한 객관적 증거는 달리 없었다. 조정은 유정기와 신태영의 이혼 여부를 두고 두 파로 갈려 3년간 논쟁했지만, 결국 '이혼 불가'로 판정이 났다. 1706년 4월 19일 신태영은 태(笞) 40대, 장(杖) 80대를 맞고 전라도 부안현에 유배되었다(신태영은 1710년 6월 7일에 석방되었다). 유정기는 집안을 다스리지 못한 죄를 물어 장 80대를 속바치게 하며 고신 3등을 빼앗으라 처분했지만, 사죄(私罪)인 만큼 공을 헤아려 1등을 감하게 했다. 1712년 유정기는 다시 상언(上言)하여 이혼을 요청했지만, 그 요청에 대한 공식 답변이 있기 전에 사망한다. 1713년 유정기와 신태영의 공식 이혼 여부에 관한 논의가 조정에서 다시 격렬히 벌어졌지만, 결론은 역시 이혼이 불가능하다는 것이었다.

유정기가 신태영의 죄상으로 꼽은 것들은 사실 여부를 가리기 어렵다. 하지만 신태영이 유정기에게 거세게 반발했다는 점, 즉 유정기가 가부장적 권위로 신태영을 묶어두지 못했다는 점은 분명하다. 신태영이 격렬하게 반발한 결정적 이유는 유정기가 예일(禮一)이라는 비첩(婢妾)에게 생활권(生活權)을 넘겼기 때문이다. 가부장제는 여성에게 투기하지 말 것을 '윤리'라는 이름으로 명령했지만, 그 부당성에 대한 여성의 반발을 완벽하게 봉쇄할 수는 없었던 것이다. 예컨대 가부장제가 내장한 남성의 복수적 성관계에 대한 욕망은 그 자체로 불평등한 것이었기에 여성의 반발을 무마할 수 없었을 것이다.

성호는 이처럼 가부장제 내에서 저항하는 여성을 어찌할 수 없는 세태를 두고 "지금 풍속으로 말하자면, 아내 앞에서 숨을 죽이고 눈을 감는 것이 마치 '하동사자후(河東獅子吼)'■와 같은 것은 무엇 때문인가?"[8]라고 하면서 한탄한다. 이런 걸 보면 임병양란 이후 본격적으로 성립한 가부장제 사회가 여성을 완벽한 침묵 속에 빠뜨렸던 것은 아니라는 사실을 알 수 있다.

가부장제에 길들여지지 않은 여성은 때로는 도리어 남성을 통제함으로써 가부장제의 권위에 반발했다. 역시 이덕무의 말이다.

세상의 얼뜨기 사내들 중에 사나운 아내에게 쥐어 지내며 손발도 놀리

■ '하동사자후'는 옛날 진계상(陳季常)이라는 사람이 사나운 처 하동 유씨(河東柳氏)가 소리를 지르면 꼼짝도 못했다는 데서 비롯된 말이다.

지 못하는 자가 종종 있다. 이는 인류의 큰 변고로서 왕법(王法)이 용서하지 못할 바인데, 능멸하고 구타하고 욕을 퍼붓는 등 하지 않는 짓이 없기 때문이다.

사나운 아내는 대개 재주가 많아 생활력이 뛰어나다. 남편은 그것에 의지해 살아가기 때문에 아내가 그것을 빌미로 남편을 꽉 잡고 통제한다. 남편은 꼼짝을 못하고 사니, 불쌍하지 않겠는가?[9]

가부장제가 작동했다지만, 그럼에도 불구하고 생활 속에서는 남성이 여성에게 사실상 통제되는 경우가 허다했던 것이다. 그리고 이때 중요한 건 남성을 장악하는 여성의 경제력이다. 이를 보편적인 경우라고 볼 수는 없겠지만, 이런 사례가 쉽게 관찰될 수 있었을 터이다. 이 역시 유교적 가부장제가 지닌 본질적 모순과 관련된다.

이자놀이로 돈을 번 김씨 부인

앞서 언급한 바와 같이, 유교적 가부장제 확립 이후 부처제(夫處制)가 본격적으로 성립하자, '시집온' 여성을 훈육하기 위해《우암선생계녀서》를 비롯한 수많은 여성 교육서가 만들어졌는데, 이 텍스트는 여성이 가정 내부의 경제를 담당하도록 규정했다. 여성을 교육하기 위한 목적으로 수없이 필사된 여성 가사 〈복선화음가(福善禍淫歌)〉는 아예 여성에게 가사노동은 물론 치부(致富)까지 떠맡긴다. 비록 문학작품이기는 하지만, 가부장제가 실은 여성 노동의 수탈을 바탕으로 성립한 것임을 여지없이 보여준다.

이처럼 사족 남성이 육체노동을 기피하고 가정 내부의 노동을 모두 여성의 몫으로 떠맡기며 수탈하려 했으니, 당연히 여성의 손아귀에 집안의 경제력이 들어가는 경우가 발생했고, 이로 인해 아내에게 도리어 제압당하거나 능멸당하는 일까지 있었던 것이다. 이덕무의 다음 언급도 가부장적 집안의 경제가 결국 여성의 손에 달렸음을 입증해준다.

> 전곡(錢穀)과 포백(布帛)을 적절히 헤아릴 줄 모르는 것은 집안을 망칠 조짐이다.[10]

> 근검하지 않아 조상이 남긴 재산이 한 부인의 손에서 송두리째 결딴나는 경우가 왕왕 있으니 두렵지 않겠는가? 이 때문에 부인의 인색함은 오히려 말할 수 있지만 부인의 사치스러움은 말할 수도 없는 것이다.[11]

과도하게 일반화할 수는 없지만 일부 사족 가문의 경제력이 여성의 손안에 떨어진 사정은 이덕무의 증언으로도 충분히 짐작할 수 있다.
이덕무는 심지어 생활이 곤궁하면 양반의 아내가 돈벌이를 하는 것도 상관없다고 말한다. 면직물과 비단을 짜고, 가금류를 기르고, 장·식초·술·기름을 만들어 파는 것, 또 대추·밤·감·금귤·석류 등을 제때 파는 것, 홍화(紅花)·자초(紫草)·단목(丹木)·황벽(黃蘗)·검금(黔金)·남정(藍靛) 등 염색 재료를 구입했다가 시세를 봐서 파는 것 혹은 직접 염색법을 익혀 염색을 대신해주는 것 등을 사족의 아내가 할 만한 부업으로 추천까지 한다.[12] 하지만 이덕무가 지적했듯, 당시 여성이 돈을 가장 많이 버는 길은 사채업(私債業)이었다. 이덕무는 물론 돈놀이는 현숙한 부인의 할 일이 아니라고 말하지만, 그가 이렇게 돈놀이를 경계하는 것 자체가 이미 적지 않은 여성이 사채업에 뛰어들었다는 반증인 것이다. 그의 이야기를 직접 들어보자.

> 빚을 놓아 돈을 불리는 것은 더더욱 어진 부인이 할 일이 아니다. 적은 돈을 주고 이자를 많이 취하는 것은 불의한 일일 뿐 아니라, 약속한 날 갚지 않을 경우 각박하게 독촉하는가 하면 악한 말을 마구 퍼붓고, 심지어는 계집종에게 소송을 하게 해서 그 일이 관청의 문서에 오르기까지 한다. 빚을 진 사람은 집을 팔고 땅을 팔고 가산을 기울이고야 마니, 원망하는 소리가 원근(遠近)에 전파된다. 또 형제와 친척 사이에도 서로 빚을 놓아 이자를 취하는 데 급급하여 돈후(敦厚)한 뜻을 아주 잃는다. 나는 돈놀이하는 집안이 줄 이어 패망하는 것을 보았으니, 그것이 인정에 가깝지 않기 때문이다.[13]

여성이 돈놀이를 해서 부를 쌓은 실제 경우를 확인하기는 어렵다. 하지만 〈복선화음가〉에 김씨 부인이 이자놀이로 재산을 축적하는 과정이 서술되었으니, 아마 여성의 치부술(致富術)로 돈놀이가 널리 활용되었던 것으로 보인다.

친정의 부와 권력도 여성이 가부장제에 굴복하지 않는 근거가 되었다. 풍부한 재산을 지참하거나 친정 권력이 시가에 비해 압도적인 경우 가부장적 권위는 며느리나 아내에게 쉽게 집행될 수 없었다. 시집온 며느리가 친정의 부와 권력을 업고 가부장제에 반발했던 것이다. 예컨대 19세기 중반 노론의 명가 후예인 조병덕(趙秉德)은 결혼을 두 번 했는데, 첫째 부인 광산 김씨는 장남 조명희(趙明熙)와 차남 조장희(趙章熙)를 낳고 35세에 사망한다. 둘째 부인 덕수 이씨는 셋째 조성희(趙聖熙)와 넷째 조충희(趙忠熙)를 낳는다. 장남 조명희와 차남 조장희가 둘째 부인 덕수 이씨를 어머니로 깍듯이 모시지 않았고, 덕수 이씨는 또 조명희의 처 안주 임씨와 8세 차이밖에 나지 않았다. 안주 임씨는 안주 목사 임익상(任翼常)의 딸로 친정의 배경이 덕수 이씨를 능가했고 개인적으로도 돈이 많았다. 이런 안주 임씨와 성격이 부드럽지 않은 시어머니 덕수 이씨 사이에 갈등이 폭발하자, 마침내 조병덕은 장남 부부와 같이 사는 것을 포기하고 따로 집을 지어 살게 되었다. 결과적으로 보면, 고부간 갈등으로 인해 시어머니가 큰며느리에게 축출된 것이다.[14]

이처럼 여성은 유교적 가부장제에 적응하는 한편, 반발도 했던 것이다. 그 적응과 반발은 일상의 세부적 국면에서 대체로 관철되었고, 따라서 가부장제는 여성을 쉽게 통제할 수 없었다.

> 사납고 독한 아내는 한 가지 조금 분한 일에도 원망하고, 원망하는 것도 부족하여 울며 흐느끼고, 울며 흐느끼는 것으로 부족하여, 소리 내어 엉엉 운다. 심지어 손바닥을 두드리고 가슴을 탕탕 치고, 하늘에 호소하고 귀신에게 저주를 비는 등 못하는 짓거리가 없다. 나는 그런 것을 많이 보았는데, 전적으로 가장이 나약하여 잘 가르치고 인도하지 못한 나머지 교만하고 사나운 성질을 길러주었기 때문이다.[15]

> 남이 자기 뜻과 맞지 않는다고 발끈하여 죄 없는 아들딸에게 화를 내고, 마구 때리고 치고, 그릇을 던져 박살내고, 문짝을 치고 거꾸로 달며 그 독한 성질을 마음대로 부리니, 악한 아내가 아니고 무엇이랴?[16]

독한 성질의 아내는 혹 시부모에게 사랑을 받지 못하거나 혹 남편에게 꼼을 받지 못하면 원한이 극도로 쌓여 거짓으로 미친 척하고, 귀신을 빌어 그 악을 따진다. 심지어 목을 찌르는 체하고 매는 체하며 겁을 주니, 이것은 본디 그 남편과 시부모가 잘 인도하지 않았기 때문이기는 하지만, 그 아내 된 이 역시 죄가 크다. 만약 뉘우치고 부끄러워하지 않는다면, 산들 무엇하리오.[17]

여성의 반발은 실제 생활에서 일어났고 가부장제는 그러한 반발을 효과적으로 통제할 수 없었으니, 가부장제의 남성적 욕망과 소수자로서의 여성은 늘 길항하는 관계에 있었던 것이다.

다시 강조하지만, 가부장제 확립은 여성을 그것에 적응하게 한 동시에 반발하게 만들었다. 가부장제로 인해 여성이 완벽하게 남성에게 종속되지는 않았다는 이야기다. 물론 이것을 가부장제에 대한 전면적 반발로 해석할 수는 없다. 가부장제는 조선조가 끝날 때까지, 그리고 지금 이 시대에도 여전히 작동한다. 다만 소수자로서 여성은 일상생활의 부분 부분에서 가부장제에 저항했다고 보아야 할 것이다. 또한 앞의 서술은 대부분 사족 여성을 대상으로 한 것으로, 상민 이하 여성의 일상생활은 짐작할 도리가 없다. 그리고 사족 역시 조선 후기에는 경화세족과 지방사족으로 구분되었으니, 여성이 제각각 어떤 식으로 가부장제에 반응했는지를 정밀하게 측정하기도 어렵다.■

■ 이덕무가 서울 부인들이 베를 짤 줄 모르고 선비의 아내가 밥 지을 줄 모른다고 한 것은 서울 경화세족 가문의 여성을 두고 한 말이다. 양반가의 분화에 따라 여성 역시 그 성격이 달라졌던 것이다.[18] 경화세족 가문의 여성과 지방의 양반 여성, 그리고 농민·상인·노비로서의 여성을 구분하기는 현재의 여성사 연구 성과만으로는 불가능한 일이다.

'소수자'로서 존재감을 잃지 않았던 조선 여성

확실한 것은 여성이 소수자로서 계속해서 적응하고 반발했다는 점, 즉 주체로서의 성격을 보유했다는 사실이다. 이런 현상은 다른 문헌에서도 발견된다. 예컨대 여성과 관련해 자료가 꽤 많이 남아 있는 기녀의 경우를 보자.

여러 차례 지적했듯이 기녀는 원래 유가적 가부장제가 내장한 성적 욕망을 실현하는 제도적 장치의 산물이었다. 또한 조선 후기에 등장한 기방은 가부장제가 기녀의 예능노동과 성을 수탈하는, 그리고 남성의 성적 욕망이 가장 방종한 형태로 집행되는 공간이었다. 그러나 기녀가 가부장제의 통제와 억압 속에 있었던 것은 분명하지만, 기녀가 피동적인 존재였던 것만은 아니다. 유가적 가부장제가 남성들의 성적 욕망을 집행하는 것을 교묘히 역이용하면서 거기에 적응했을 뿐 정작 자신들의 생존을 모색했던 것이다. 즉 기녀는 남성의 지배에 대해 소수자로서의 삶을 유지하기 위한 전략적 대응을 했던 것으로 생각된다.

소수자로서 기녀의 대응이 양반의 문집이나 《실록》 같은 국가의 공식 문헌에 등장할 리는 만무하다. 하지만 다른 차원의 문헌, 예컨대 필기류 산문이나 음담(淫談)을 실은 소화집(笑話集) 그리고 소설에서는 기녀의 대응을 엿볼 수 있다. 충분하지는 않지만, 이런 문헌을 통해 우리는 소수자로서 기녀가 어떻게 가부장체제에 대응했는지 엿볼 수 있다.

기녀는 일반적으로 자신의 성적 매력을 이용해 남성의 금전을 빨아들이는 존재로 인식되었다. 기녀에게 빠져 가산을 탕진하는 남성의 존재가 사회문제가 될 지경이었고, 그것을 주제로 한 소설까지 등장했다. 국문소설《이춘풍전》이 적실한 예다. 이춘풍은 장사를 하기 위해 호조에서 차용한 자금 수천 냥을 가지고 평양에 갔다가 평양 기생 추월을 만난다. 추월은 이춘풍의 장사밑천을 남김없이 털어낸다. 작품에서 이춘풍의 아내는 남장(男裝)을 하고 평양 감사의 비장이 되어 추월을 다그쳐 돈을 되찾고 이춘풍은 태장(笞杖)을 쳐서 나무란다. 《이춘풍전》은 결국 '탕자 길들이기'라는 메시지로 마무리되지만, 기녀가 성적 매력을 수단으로 삼아 남성을 도리어 파산시키는 것이 거대한 사회문제가 되지 않았더라면 있을 수 없는 설정이다.

이러한 설정은 그 외에도 여러 소설에서 확인된다. 널리 알려진 국문소설《배비장전》은 배비장이 제주 기녀 애랑의 술수에 휘말려 망신을 당한다는 것이 주된 내용이지만, 전반부의 정비장이 애랑과 헤어지는 장면은 기녀가 성적 매력으로 남성을 농락하는 전형적 술수를 보여준다. 정비장은 애랑에게 엄청난 재물■을 건네지만 애랑은 만족하지 않고 정표를 달라고 계속 채근한다. 소설은 애랑의 속성을 이렇게 말하고 있다.

■ 정비장은 애랑을 위로한 뒤 뱃짐을 풀어 애랑에게 준다. 그 물건의 목록은 이렇다.[19] "중량(中涼) 한 통, 세량(細涼) 한 통, 탕건 한 죽, 우황 열 근, 인삼 열 근, 월자(月子) 서른 단, 마미(馬尾) 백 근, 장피(獐皮) 사십 장, 녹비(鹿皮) 이십 장, 홍합·전복·해삼·문어 열 개, 삼치 서 뭇, 석어(石魚) 한 동, 대하(大蝦) 한 동, 장곽(長藿)·소곽(小藿)·다시마 한 동, 유자(柚子)·백자(栢子)·석류·비자(榧子)·청피(靑皮)·진피(陳皮), 용어레, 화류(樺榴), 살작, 삼층난간용봉장(三層欄干龍鳳欌)·이층문갑·가께수리(서랍이 많이 달린 일종의 작은 금고), 산유자(山柚子)궤 뒤주 각 여섯 개, 걸음 좋은 제마(濟馬) 두 필, 총마(驄馬) 세 필, 안장(鞍裝) 두 켤레, 백목(白木) 한 통, 세포(細布) 세 필, 모시 다섯 필, 면주(綿紬) 세 필, 간지(簡紙) 열 축, 부채 열 병(柄), 간필(簡筆) 한 동, 초필(草筆) 한 동, 연적 열 개, 쌍수복(雙壽福) 백통대 한 켤레, 설합 하나, 남초(南草) 열 근, 생청(生淸) 한 되, 숙청(熟淸) 한 되, 마늘 한 접, 생간 한 되, 수미 열 섬, 황육(黃肉) 열 근, 후추 한 되, 아그배 한 접."

애랑이란 년 달라는 말 아니하여도 정비장을 물오른 송기때 벗기듯이 하려는데, 가지고 싶은 대로 달라라 하니, 불한당 같은 마음에 피나무 껍질 벗기듯 아주 홀짝 벗기려고……

애랑이 정비장에게 교태를 떨었더니 양피갖옷, 휘양, 패도(佩刀), 숙주창의(熟紬氅衣), 분주(粉紬)바지를 차례로 벗어주었고, 마침내 애랑은 상투를 잘라달라고 말한다. 남성의 상징까지 요구한 것이다. 정비장은 "신체발부수지부모(身體髮膚受之父母)"라는《효경》의 한 구절을 인용하며 거절한다. 하지만 애랑은 다시 정비장의 이를 요구한다. 상투와 이는 신체의 일부다. 애랑은 성적 매력이라는 자신의 수단으로 남성의 재산은 물론 가부장제 자체를 조롱하며 신체 일부를 요구하는 데까지 나아갔다. 유교적 가부장제가 여성에게 열행(烈行)의 표징으로 여성의 신체 일부 혹은 생명까지 요구한 것을 상기해보라. 애랑은 지금 도리어 남성에게 그것을 요구하고 있다.

이런 소설에 나타나는 기녀의 삶의 방식은 조선 후기 기녀들의 생활방식과 그들의 의식을 반영한다고 보아야 할 것이다. 즉 소수자로서 기녀들이 가부장적·남성중심적 사회에서 터득한 생존방식이었던 셈이다. 그리고 그것은 정비장을 우스꽝스럽게 만들었듯 때로는 남성을 조종하거나 조롱하기까지 했다. 이때 남성은 전혀 여성의 우위에 설 수 없었다.

동일한 예로 국문소설《게우사》의 주인공 의양이를 들 수 있다. 의양이는 무숙이의 첩이 되지만, 무숙이의 낭비벽을 보고 놀라 무숙이의 본처와 밀약해 무숙이를 개과천선시킨다. 남성의 가문을 존속시키고 가부장을 다시 제자리로 돌려놓는다는 점에서 이 소설은 가부장제를 전면 부정하지는 않는다. 다만 기녀의 주도적 설계에 의해 무숙이가 파산했다가 구제된다는 이야기는 기녀가 그저 남성-양반의 통제하에 있는 피동적 존재가 아니라, 스스로 남성을 통제하는 주체적 존재임을 의미한다고 해야 할 것이다. 또한 무숙이가 유흥에 골몰해 엄청난 재산을 날린 것도 사실은 의양이의 사랑을 얻기 위해서였다. 의양이는 기방이라는 공간에서 간단히 제압할 수 있는 천한 신분의 여자가 아니라, 그의 자발적 애정의 봉사가 요구되는 여성으로서 존재하게 되는 것이다. 남성과 여성이라는 원초적인 성적 관계에서 서로에 대한 신뢰에 기초한 자발적 애정의 표현, 곧 사랑의 존재는 기방이라는, 가부장제가 폭력적으로 집행되는 공간에서도 미묘한 문제를 낳았던 것이다.

이런 소설은 기녀가 가부장제에 기초한 남성의 성적 욕망의 일방적 희생물에 머물지 않고 소수자로서 도리어 전략적 생존을 도모했음을 드러낸다. 앞서 검토했던 신윤복의 〈기방난투〉 같은 그림에서 기녀들이 조롱을 위한 주변적 도구로서만 존재하는 것이 아니라 오히려 남성의 난투극을 조롱하듯 바라보았던 것은, 이 같은 기녀의 전략적 생존술을 반영한다고 봐야 한다. 요컨대 여성은, 유교적 가부장제가 성립하자 거기에 적응하고 반발하면서 소수자로서 취해야 할 전략을 택하고, 남성을 조종하거나 조롱하면서 스스로의 주체를 확보하려 했던 것으로 여겨진다.

2

절로 향하는 여자들

― 신앙적 주체로서의 여성

 유교적 가부장제는 여성은 문자를 익히거나 독서를 할 필요가 없다고 주장했다. 이는 여성이 유교적 가부장제가 제한적으로 주입한 지식, 곧 남성에게 종속되어 남성을 위해 봉사하고 헌신해야 한다는 지식 말고는 더는 어떤 지식도 습득할 필요가 없다는 뜻이었다. 따라서 특별한 소수의 예외를 제외하고는 불교와 무속과 점술 같은, 유교가 이단이라며 축출한 것들이 도리어 여성에게는 세계를 이해할 수 있는 지식을 제공해주었다.
 이 역시 가부장제의 본질적 모순에서 배태된 현상이다. 즉 유교적 가부장제는 여성을 남성에게 복종하는 존재로만 훈육시키고 여성을 유교적 세계관과 지식에서 제외함으로써 여성을 '무지한 존재'로 규정했으며, 그것을 근거로 다시 여성의 열등성을 주장하면서 여성은 남성의 지배 아래 있어야 한다고 부르짖었던 것이다. 하지만 그것은 도리어 양반-남성이 이단으로 규정해 배제한 무속과 불교에 여성이 빠질 수밖에 없는 결정적 근거가 되고 말았다.

유교적 지식에서 배제된 여성

조선 건국 이후 양반-남성은 음사(淫祀)를 금지하고 무녀를 서울 바깥으로 내쫓는 등 여러 조치를 동원해 무속(巫俗)을 제거하거나 약화하려 했으나, 무녀와 무속은 끝내 없어지지 않았다. 또한 《경국대전》 형전(刑典) '금제(禁制)'에 "'유생, 부녀로서 절에 올라가는 자'는 장 일백에 처한다"라고 규정했으나, 이 법이 실제로 작동하는 경우는 거의 없어 여성의 사찰 출입은 봉쇄되지 못했다. 오히려 여성들은 끊임없이 무당과 사찰을 찾아갔다.

이덕무의 다음 발언은 유교적 가부장제가 금지했는데도 여성이 무속적 세계관에 빠졌던 사정을 여실히 드러낸다.

> 세상 부인네들이 구기(拘忌)에 혹하여 이웃집에 돌림병이나 홍역이 있으면 불결하다는 핑계를 대며 제사를 지내지 않는다. 집안사람이 하찮은 병을 앓거나 작은 뾰루지가 나도 돌림병이니 홍역이니 우기고 그것을 빌미로 제사를 지내지 않는다. 가장 역시 그 말에 빠져 금지하지 않는다.
>
> 또 제사는 잘 지내지 않고 잡귀에게 기도하고 빌고 그것을 푸닥거리라 부른다. 장구와 피리, 징을 요란하게 치고 울려 무당이 펄쩍펄쩍 춤추며 독설을 마구 내뱉으면, 부인은 무릎으로 설설 기며 손을 비비고 명(命)을 빌며, 돈과 비단을 허다히 바치면서 귀신의 은혜를 입었다고 한다. 가장은

금하지 않고 바깥사랑에 물러가 엎드려 있으면서 아무렇지 않게 여기고 부끄러워할 줄 모른다. 슬픈 일이다.

또 판수를 불러 주문을 외는데 그것을 송경(誦經)이라 일컫는다. 북을 두드리고 난잡한 소리를 외치며 노소(老少)의 성명과 잡귀 이름을 시끄럽게 마구 불러댄다.

이런 일들은 반드시 요악한 계집종과 간사스런 노파가 있어 주부를 유인했기 때문이고, 그래서 이렇게 난잡한 지경에 이르게 된 것이다. 집안의 법도를 바로잡으려면 이런 무리부터 먼저 다스리는 것이 옳다.[20]

유교적 지식에서 배제됨으로써 여성은 불사와 무속을 자신의 지식세계로서 확보했던 것이라 말할 수 있다. 즉 무속과 불교라는 종교적 공간에서 여성은 비로소 종교적 주체를 확보할 수 있었다. 그리고 속화는 당연히 이 종교적 공간에서 주체가 된 여성을 형상화한다. 신윤복과 김홍도가 그린 속화를 몇 점 보자.

먼저 신윤복의 〈절로 가는 길〉이다(그림 3). 이 그림에서 말 탄 여자를 보자. 삼회장저고리에 쓰개치마까지 쓰고 있다. 그 뒤로는 보통이를 낀 계집종이 따라오고, 말을 끄는 말구종도 있는 것을 보면 상당히 지체 높은 집안의 양반가 여성임에 틀림없다. 그림 오른쪽 상단 홍살문으로 길이 나 있는 걸 보면 아마 그 홍살문 너머에 절이 있을 것이다. 고깔을 쓰고는 합장하며 여자를 맞이하는 중은 아마 방금 그 절에서 나온 승려겠다.

다음으로 〈길에서 여승을 만나다〉 역시, 오른쪽 여자는 장옷을 뒤집어썼고 복식도 모두 고급이다(그림 4). 뒤에는 보통이를 든 계집종이 따른다. 왼쪽에는 삿갓을 쓴 여승이 합장하며 허리를 굽혀 여자를

그림 3
신윤복,
〈절로 가는 길〉,
《혜원전신첩》,
간송미술관

그림 4
신윤복,
〈길에서 여승을 만나다〉,
《혜원전신첩》,
간송미술관

맞고 있다. 비구니 사찰의 여승이 통지를 받고 이 여자를 맞으러 나온 것으로 보인다. 장옷 입은 여자는 약간 오만한 표정으로 인사를 받는다.

종교적 세계에서 배제된 남성

이덕무는 "세상에 혹 부인네들이 관왕묘(關王廟)나 절에 가서 밤을 새우며 기도하는 경우가 있는데, 그 집안의 법도가 무너진 것을 알 만하다"[21]라면서 서울의 양반가 여성들이 관왕묘나 절에 가서 밤새도록 기도하는 풍습이 있음을 증언했는데, 이는 사실상 여성이 유교적 가부장제의 금제에도 불구하고 여전히 불교적 세계관을 신앙했음을 보여준다. 곧 양반가 여성의 일상 한 단면을 포착한 것으로 생각된다.

신윤복의 속화는 종교적 주체로서의 여성을 끊임없이 형상화한다. 〈법고(法鼓)〉를 보자(그림 5). 그림 가운데에는 '법고'를 두드리는 까까머리 승려가 있고 그 왼쪽에선 패랭이와 감투를 쓴 사내 둘이 꽹과리와 목탁을 치고 있다. 그리고 그림의 약간 아래에서 고깔을 쓴 승려가 부채처럼 보이는 뭔가를 펼치고 여자들을 향해 고개를 숙이고 있다. 이렇게 승려로만 구성된 연희집단을 '굿중패'라고 한다. 지금 굿중패가 길가에서 법고를 두드리며 행인의 이목을 끈 뒤 시주를 바라고 있는 것이다.

이처럼 승려 복장도 채 갖추지 않은 잡승(雜僧)에게 시주하는 사람들은 역시 여성이었다. 그림 오른쪽에 부녀자 다섯이 있는데 세 사람은 장옷을 입었고 한 여자는 장옷을 개켜 머리 위에 얹었으며, 중앙의 한 여인은 치마를 걷어 주머니에서 돈을 꺼내고 있다. 여성들의 얼굴

그림 5
신윤복, 〈법고〉, 《혜원전신첩》, 간송미술관

은 모두 젊다. 아래쪽에는 길 가던 젊은 양반 하나가 이 모습을 뚫어지게 쳐다보고 있다. 양반은 옥색 도포를 입었고 손에는 차면선을 들었다. 꽤나 부유한 양반이다. 양반은 젊은 여성들을 보고 있는데, 특히 중간의 여자가 치마를 걷어올리는 것에 시선을 보내고 있다.

이 남자의 시선은 말할 것도 없이 성적 욕망의 시선이다. 하지만 남

그림 6
김홍도, 〈모연〉,
《단원풍속화첩》, 국립중앙박물관

자는 이때 여성과 승려의 세계를 외부에서 관찰하는 자, 즉 국외자로서의 남성에 머물 뿐이다. 남자는 그림의 왼쪽 하단에 홀로 그려져 승려와 여성이 만들어낸 종교적 세계에는 전혀 개입하지 못하고 있다.

사찰에 시주를 하는 주체 역시 여성이었다. 김홍도의 〈모연(募緣)〉에서도 그 점이 나타난다(그림 6). 그림 왼쪽에는 스님 둘이 있고, 그 맞은편에는 성인 여자 하나와 어린 계집아이 하나가 있다. 송낙을 쓴 늙은 스님은 목탁을 치고 있고 그 아래쪽 스님은 꽹과리를 치고 있다. 바닥에는 넓은 천 같은 것을 깔아놓았고(무엇인지는 알 수 없다), 그 위에는 동전이 몇 개 떨어져 있다. 승려가 모연을 하는 장면으로 보인다. 그림 오른쪽에선 장옷을 개켜 머리에 얹은 여자가 치마를 걷어 주

그림 7
신윤복, 〈굿〉, 《혜원전신첩》, 간송미술관

머니에서 돈을 꺼낸다. 아래쪽의 계집아이는 똬리를 틀고 함지박에 반병두리를 담아 이고 있다. 아이의 왼손에는 긴 담뱃대가, 오른손에는 부채가 들렸다. 계집아이는 아마 돈을 꺼내고 있는 여성의 어린 계집종일 것이다.

조선시대 여성의 신앙 중 가장 보편적인 것은 굿이었다. 속화 중 유일하게 굿하는 장면을 담은 신윤복의 〈굿〉을 보자(그림 7). 오른쪽에 붉은색 철릭을 입은 무녀가 춤을 추고 있고, 왼쪽으로는 피리를 불고 장구를 치는 박수가 각각 한 명이다. 굿은 서울의 '열두 거리 굿' 중 열째 거리인 군웅(구릉)에 해당한다. 군웅 굿의 신은 서울 지역에서는 뱃길의 신으로 여겨졌을 뿐만 아니라 씨조신(氏祖神)이자 가업수호신

(家業守護神) 등이 되었다 하니, 아마도 집안의 평안을 비는 굿을 하는 중인 것 같다.

굿을 주최한 사람은 그림 중간에 있으니, 무릎 앞에 소반을 두고 손을 비비며 무언가를 열심히 빌고 있는 여성이다. 그리고 그 뒤에 장옷을 쓴 여자, 곧 고개를 돌려 뒤를 보고 있는 여자와 그 오른쪽 여자는 일행으로서, 따라온 사람일 것이다. 그리고 맨 끝의 노란색 저고리를 입은 처녀는 아마 주최자의 가족일 것이다. 역시 이덕무의 발언을 참고한다.

푸닥거리는 귀신을 물리치고자 하는 것인데 귀신이 먼저 집에 들어오고, 구기란 삿된 것을 피하고자 하는 것인데 삿된 것이 먼저 마음을 물들이니, 어찌 그리도 어리석은가? 이 때문에 가법이 엄격하여, 무당을 물리쳐 문에 들어서지 못하고 기휘(忌諱)하는 삿된 말이 규방에서 나오지 않도록 해야만 하는 것이다. 우리 집은 지금 이런 비루한 습속이 없다.[22]

부인은 병이 나면 으레 고루하고 좁은 소견을 지켜 찬바람도 조심하지 않고 약도 먹지 않고, 무당과 점쟁이의 말을 깊이 믿어 오직 비는 일만 하니, 이것은 집안을 어지럽히고도 남음이 있다.[23]

집안사람이 병이 나면 부녀들이 주장하여 의약은 물리치고 푸닥거리만 벌이다가 앓는 이를 죽게 하는 경우가 많다. 관계되는 것이 작지 않으니 어찌 두렵지 않으랴?[24]

집안사람이 병이 나면, '돌아가신 조상 아무의 빌미'라고 하는 무당과 판수의 말에 혹해 반드시 그들에게 기도하고 푸닥거리를 벌이게 하는데, 더럽고 불경스런 짓을 못하는 게 없고, 또한 그 무덤에다 방술을 베푸는 자도 있다. 이것은 저주하고 무고(巫蠱)하는 요악한 조짐이다. 그러므로 좌도(左道)를 물리칠 수 있으니, 요사스런 사람이 문에 들어오지 못하게 해야 현숙한 부인이 될 것이다.[25]

조선의 가부장제 사회는 여성을 지식과 교양에서 축출했다. 하지만 그것은 도리어 여성을 불교와 무속과 점술에 묶어두는 결과를 초래했다. 애초 가부장제는 여성을 무지한 존재로 규정함으로써 자신들의 권력을 획득했다. 하지만 도리어 그것이 여성을 불교적이고 무속적인 세계관에 가둬버린 것이다. 그리고 여성은 바로 그 종교적 영역에서 오히려 자신의 주체를 찾았던 것이니, 위에서 예시한 그림들은 바로 그런 여성을 형상화한 것이다.

3
쾌락은
감금되지 않는다

—쾌락적 주체로서의 여성 형상

●

유교적 가부장제는 여성을 생산 활동과 윤리 안에 봉쇄하려 했다. 즉 유교적 가부장제는 여성이 노동을 하거나 가부장적 윤리, 곧 남성에 대한 성적 종속성을 실천하는 도구로 존재하기를 바랐다. 그것은 곧 여성에게서 주체를 박탈하는 것이었으며, 거기에는 여성으로부터 감각적 즐거움, 곧 쾌락을 추구하는 기회를 박탈하는 것도 포함되어 있었다. 그중 가장 예민한 초점은 성(性)이었다.

나들이 가는 여성, 시중드는 남성

유교적 가부장제는 여성의 성을 출산과 쾌락으로 분리하고, 쾌락을 의식한 여성의 성욕은 그 자체를 부도덕한 것으로 규정했다. 여성의 개가가 부도덕한 행위가 된 것도 바로 이런 인식에서 기인한다고 할 수 있다. 유교적 가부장제는 여성은 결코 신체적 쾌락의 주체가 될 수 없으며 여성의 쾌락 자체가 부도덕한 것이라고 끊임없이 설파하고, 또한 그 점을 여성에게 주입시키려 했다. 공적 공간에서 여성이 활동하지 못하도록 저지하고 여성을 가족 내부로 유폐하려 한 것은 여성의 사회적 활동에서 쾌락을 추구할 기회를 원천적으로 박탈하기 위해서였다. 예컨대 고려시대에는 여성이 팔관회(八關會) 같은 불교 행사 참여와 사찰 출입이 가능했지만, 조선 전기의 남성-양반은 그런 공간이 여성의 성적 방종을 가능하게 하는 기회라고 주장하며 여성의 외출, 곧 사찰 출입 등을 모두 금지했다.

하지만 가부장제는 여성에게서 쾌락을 완벽하게 박탈할 수 없었다. 쾌락지향성은 인간의 본성 자체를 구성하는 요소로, 바깥에서 억압한다고 해서 소멸되는 것은 아니기 때문이다. 오히려 여성은 여전히 쾌락의 주체였다. 여성이 신체의 감각적 쾌락에 여전히 골몰했음은 《사소절》에 등장하는, 이덕무의 우려 섞인 발언에서 충분히 짐작할 수 있다.

① 언문 소설책에 빠져 그것을 읽느라 집안일을 팽개치고 여홍(女紅)을 게을리하며 내버려두어서는 안 될 일이다. 심지어 돈을 주고 빌려 보고 거기에 정신을 잃고 가산을 탕진하는 경우도 있다. 게다가 그 이야기라는 것이 모두 질투를 하고 '음란한 짓거리'를 하는 것이니, 여자들이 제멋대로 쏘다니고 방탕하게 구는 것이 혹 소설책에서 비롯되는 것이기도 하니, 간교한 무리들이 남녀의 연애사를 그럴싸하게 포장하여 부러워하는 마음을 부추기는 것이 아닌 줄 어찌 알겠는가?[26]

② 언문 노래는 입에 익혀서는 안 된다. 당나라 사람의 시 〈장한가(長恨歌)〉 같은 것은 요염한 말을 방탕하게 늘어놓은 것으로 기생들이 외는 것이니, 또한 익혀서는 안 될 것이다.[27]

③ 집에 산대(山臺)·철괘(鐵栝)·만석(曼碩) 등 '음란한 놀이'를 베풀어 부인들이 그것을 보게 하고 웃음소리가 집 밖으로 흘러나오게 하는 것은, 집안을 바르게 다스리는 도리가 아니다.[28]

④ 여자가 윷놀이를 하거나 쌍륙(雙陸)을 치는 것은 마음을 해치고 몸가짐을 거칠게 하는 악습이다. 그런데 종형제·내외종형제·이종형제의 남녀가 둘러앉아 대국을 하며 점수를 따지고, 소리를 지르며 말판의 길을 다투느라 손이 서로 부딪친다. 다섯이오, 여섯이오 하는 소리가 주렴 밖으로 터져나가니, 이것은 정말 '음란의 근본'이다. 유객주(留客珠)·유객환(留客環)은 규문 안에 들어서는 안 된다.[29]

①은 소설 탐독 ②는 노래 ③은 민속극 ④는 윷놀이와 쌍륙 같은 놀음에 대해 이야기하고 있다. 이들의 특징은 생산과 전혀 관계하지 않는, 즐거움 자체를 추구하는 오락이라는 것이다. 그런데 희한하게도 이덕무는 이것들을 '음란'과 연결 짓고 있다. 비록 ②에 대해서는 음란이란 말은 쓰고 있지 않지만, "요염한 말을 방탕하게 늘어놓은 것(豔麗流蕩)"이라고 표현했으니 음란과 별반 구별되지 않는다.

이덕무의 이 발언은 유교적 가부장제에 내장된 의지, 곧 여성에게서 쾌락을 박탈하고 금지하려는 강력한 의지의 표현이다. 하지만 이덕무의 발언은 도리어 여성이 쾌락의 주체임을 나타내면서 가부장제가 그것을 금할 수 없었던 현실을 오롯이 드러낸다. 쾌락의 주체로서 여성은 가부장제의 봉쇄 속에서도 여전히 성성하게 살아 있는 것이다. 이제 이런 측면을 보여주는 그림을 검토하자.

이전에 살펴본 것처럼 속화는 여성이 종교적·신앙적 주체임을 드러내주었다. 마찬가지로 속화는 여성이 쾌락의 주체라는 점도 여실히 드러낸다. 가부장제는 여성을 가족 내부에 차폐함으로써 오직 가사노동에만 전념하는 존재로 규정했다. 하지만 그러한 감금이 도리어 불교와 무속과 점술 등을 여성의 고유 영역으로 고착하고 말았다.

사실 여성들의 사찰 출입과 굿판 벌리기는 단지 신앙적 차원에만 머물지 않았다. 그것은 한편 유흥의 기회였고, 때로는 쾌락의 기회를 제공하기도 했다. 유교적 가부장제는 쾌락의 주체로서는 여성을 인정하지 않았고, 그러한 임의적 규정에 의거하여 쾌락의 기회 자체를 박탈하려 했으나, 이 역시 쉽게 관철될 수는 없었다. 이덕무는 《사소절》〈부의(婦儀)〉에서 이렇게 말한다. "조용히 지내는 것을 참지 못하고 성품이 드나드는 것을 좋아하고, 구경이라면 사족을 못 쓰고 얼굴을 드러내며 큰 소리로 웃는 것은, 그 폐단이 또한 크다."[30] 이덕무의 발언은 여성이 가부장제의 요구에 따라 집 안에 유폐되지 않고 자꾸 나들이와 구경에 나섰음을 역으로 입증하는 것이다. 그림을 보자.

국립중앙박물관이 소장한 《사계풍속도》는 8폭으로, 프랑스 기메박물관이 소장한 김홍도의 《사계풍속도병》을 의방(依倣)한 작품이다. 8폭 중 2폭은 김홍도의 그림과 내용이 일치하지 않는데, 〈탄금풍류(彈琴風流)〉와 〈화류유희(花柳遊戱)〉가 그것이다. 〈탄금풍류〉는 남자 양반 셋 기녀 셋 해서 모두 여섯 명이 등장한다(그림 8). 거문고를 뜯는 기녀와 나머지 두 기녀는 남성-양반과 동일한 공간에 있는데, 물론 남

그림 8
작자 미상, 〈탄금풍류〉,
《사계풍속도》, 19세기,
국립중앙박물관

그림 9
작자 미상, 〈화류유희〉,
《사계풍속도》, 19세기,
국립중앙박물관

성—양반을 위해 연주하는 것이기는 하지만 종속적이고 도구적인 존재라는 느낌은 훨씬 덜하다. 그림 중앙의 기녀가 양반과 마주 대하며 장죽을 물고 있는 것을 보라. 그녀와 달리 맨 왼쪽의 남자는 갓끈도 끊어진 채 한쪽 구석에 따로 앉아 있다. 여성 역시 음악의 감상자일 수 있고 쾌락의 주체일 수 있는 것이다.

〈화류유희〉는 이런 주장을 보다 강하게 확인시킨다(그림 9). 〈화류유희〉는 아예 여자들만의 꽃놀이를 그린다. 꽃이 화사하게 핀 봄, 성장을 한 여자 다섯이 모였다. 여자 둘은 고급스러운 찻잔을 앞에 두고 앉아 있고, 둘은 장옷을 쓴 채 꽃나무 아래를 막 지나가는 참이다. 그림의 오른쪽 아래, 등을 보인 여자 역시 꽃나무 아래를 거닐고 있다. 이 여성들은 상당히 부호한 집안의 여성임에 틀림없다. 왜냐하면 노란 저고리를 입고 앉아 있는 여성이 붉은 저고리를 입은 아들을 무릎 위에 앉힌 것으로 보아, 기녀일 리 없기 때문이다. 이 그림이 중요한 의미를 띠는 것은 즐거움, 곧 쾌락을 추구하는 주체가 여성임을 드러내고 있어서다.

'쾌락 주체로서의 여성'은 특히 신윤복이 맹렬히 추구하고 천착하던 주제다. 《혜원전신첩》에 등장하는 여성 형상은 남성이 요구한 '윤리 주체로서의 여성'이 아니라 쾌락 주체로서의 여성을 노골적으로 드러낸다.

진달래가 핀 봄날이다(그림 10). 상단에는 말에 탄 젊은 여자 둘과 말을 타지 않은 남자 둘이 있다. 이들 일행의 맨 앞쪽 사내는 경마잡이인 그림 왼쪽 끝 사내에게 자신의 갓을 맡기고는 본인은 경마잡이의 벙거지를 빼앗아 쓰고는 말을 이끈다. 일행의 뒤쪽에 있는 사내는 담배에 불을 붙여 여자에게 건네고 있다. 방금 진달래가 핀 석벽을 지

그림 10
신윤복, 〈봄나들이〉, 《혜원전신첩》, 간송미술관

그림 11
신윤복, 〈가을나들이〉, 《혜원전신첩》, 간송미술관

나왔기에 맨 앞의 사내는 진달래를 꺾어 여자의 머리에 꽂아줄 수 있었다. 그림의 하단부에도 장옷을 쓴 여자가 말을 탄 채 그들 쪽으로 접근하고 있다. 그 뒤에는 역시 젊은 사내가 따르고 있다.

이 여자들은 기녀로 보인다. 한데 중요한 것은, 여성이 남성들 모임의 조흥을 위한 도구적 존재로 그려진 것이 아니라, 유흥의 주체로 그려지고 있다는 것이다. 여자들이 도리어 남자들의 서비스를 받는 것이며, 봄을 즐기는 사람들 역시 그녀들이다. 그중 담뱃대를 건네받고 있는 여자의 표정을 보라. 앞서 1장에서 살펴본 그림인 김희겸의 〈석천한유〉(1장 그림 3)가 한 사람의 남성을 위해 여러 여성이 봉사하는 가부장적 관계를 표현했다면, 신윤복의 이 그림에서는 그 관계가 완전히 전도되어 있다. 물론 이 그림이 가부장제에서 남성과 여성의 관계가 역전되었음을 반영하는 것이라 보기는 어렵지만, 여성이 쾌락의 주체라는 사실만은 여지없이 드러내준다.

신윤복의 그림 중에는 〈가을나들이〉도 있다(그림 11). 바람이 소슬하게 부는 가을 날, 젊은 남자와 여자가 야외로 나왔다. 여자가 가마 바탕에 앉아 담배를 피우며 가을을 즐긴다. 이때 여성은 명백히 즐거움을 누리는 주체가 된다. 속화는 쾌락적 주체로서의 여성을 여과 없이 형상화했던 것이다.

성적 쾌락의 주체는 여성

유교적 가부장제는 여성에게 성적 욕망이 없는 존재, 쾌락을 삭제한 존재가 될 것을 요구했다. 앞서 살핀 바와 같이 여성의 성욕을 통제하려는 성리학의 도덕주의는 성종 때 어우동을 '음란'이라는 죄목으로 처단하면서 구체화된 권력으로 작동했다.

가부장제가 여성의 쾌락을 추방할 수 없었다는 저간의 사정을 말해준다 하겠다. 앞서 검토한 바 있는 〈단옷날의 개울가〉를 다른 시각에서 다시 살펴보자(2장 그림 94).

단옷날 여성들은 계곡을 찾아 목욕을 하고 하루를 즐긴다. 하지만 결정적으로 중요한 것은 스스로 나신을 드러냄으로써 성적 매력을 발산한다는 점이다. 즉 이 그림은 남성 입장에서 여성을 성적 대상으로 표현한 것인 동시에, 그림 속 여성이 제 스스로 성적 매력이 넘치는 육신을 드러냄으로써 자신이 성적 욕망의 주체, 곧 쾌락의 주체임을 나타내는 것이다.

하지만 가부장제는 여성이 스스로 성적 쾌락과 관련된 언어를 내뱉는 것을 금지했다. 이덕무는 이렇게 말한다. "음란한 말은 입에 올리지 말아야 할 뿐만 아니라, 혹시 그런 말을 들으면 귀를 가리고 급히 피해야 할 것이다."[31] "신부는 산육(産育)에 관한 일을 입에 올려서는 안 된다. 그 수치심 없는 것이 밉기 때문이다."[32] 음란한 말은 물론이고 출산과 육아에 관한 말조차 입에 올리지 말라고 요구한다. 왜냐하면 그것이 성행위와 관련되는 말이기 때문이다. 이덕무는 남자에 관한 언급조차 회피하라고 충고한다. "남자를 엿보고 살이 쪘는지 여위었는지 잘생겼는지 못났는지 견주어 말하지 말 것이다. 남자들이 여색에 대해 말하는 것과 어찌 다른 일이랴?"[33]

그런데 이덕무의 발언은 여성에게 욕망이 존재함을, 여성이 욕망의 주체임을 역으로 강력하게 증언할 뿐이다. 이덕무와 한 그룹이었던 박지원이 쓴 〈열녀함양박씨전(烈女咸陽朴氏傳)〉의 서문에 등장하는 과부는 자신의 성적 욕망에 관해 이렇게 언급한다.

이것(엽전)은 네 어미가 죽음을 참아온 부적이다. 10년을 손으로 만졌더니 닳아 없어진 것이다. 무릇 사람의 혈기는 음양에 뿌리를 두고 정욕은 혈기에 모이는 법이다. 짝을 그리는 생각은 고독한 처지에서 생기고 감상과 슬픔은 짝을 그리는 생각에서 비롯된다. 과부는 고독에 처한 사람이고 감상과 슬픔이 지극한 사람이다. 혈기가 왕성해질 때면 어찌 감정이 없을 수 있겠느냐?[34]

과부의 말 중에 혈기로 왕성해질 때 일어나는 감정이란 곧 성욕을 가리킨다. 연암은 여성에게 성적 욕망이 있음을 언급한 것이다. 이어서 겨울밤의 정경이 쓸쓸한 이미지로 묘사되고, 그것으로 인해 주체할 수 없는 고독한 감정이 끓어오른다고 표현한다. 이는 곧 여성에게 간절한 성적 욕망이 존재한다는 말이다.

가물거리는 등잔불에 내 그림자를 위로하며 홀로 지새우는 밤이란 새벽도 더디 오더라. 거기에 처마 끝에 빗물이 방울방울 떨어지거나, 창에 달빛이 하얗게 흘러들거나, 낙엽 하나가 바람결에 마당에 떨어지거나, 하늘에 외기러기 한 마리 슬피 울며 지나가거나, 멀리서 닭 울음소리조차 들리지 않을 때, 어린 종년은 코를 골고 잘 때, 이리 뒤척 저리 뒤척 잠을 이루지 못하니 이 괴로운 심사를 누구에게 하소연하랴.[35]

과부는 성욕을 억누르기 위해 엽전을 꺼내 굴리고 그것을 찾는 데 시간을 보낸다. 세월이 흘러 더는 엽전을 굴리지 않아도 되는 때가 되었지만, 그는 엽전을 잘 싸서 간직해둔다. 엽전은 성욕을 억제하도록 도와온 도구이며, 한편으로는 스스로를 비윤리적 상태에 빠뜨리지 않

그림 12
전 신윤복, 〈서생과 아가씨〉, 《풍속도첩》, 국립중앙박물관

게 해준 방어물이었던 것이다. 이 글을 쓴 연암의 의도는 강렬한 성적 욕망을 참고 견딘 여성이야말로 진정한 열녀라고 칭송하는 데 있었지만, 결국 그는 여성에게 성적 욕망이 존재한다는 사실을 말한 셈이다.

18세기의 속화는 여성이 쾌락의 주체이고, 무엇보다 성적 쾌락의 주체임을 드러낸다. 신윤복의 작품이라고 알려진 〈서생과 아가씨〉에는 여성의 성적 욕망이 조심스럽게 표현된다(그림 12). 왼쪽의 앳된 아가씨를 보라. 기둥 뒤쪽에 몸을 숨긴 채 서생을 훔쳐보고 있다. 행여 서생의 방이 닫힐까 하여 문을 꼭 붙잡고 있다. 서생을 훔쳐보는

그림 13
신윤복, 〈밀회〉, 《혜원전신첩》, 간송미술관

아가씨의 욕망은 무엇인가. 바로 성적 욕망이다.

신윤복의 여러 작품은 여성의 성적 욕망을 형상화하는 데 열중한다. 《혜원전신첩》에 실린 한 점인 〈밀회〉 역시 같은 성격의 그림이다(그림 13). 남자에 대한 여자의 성적 욕망이 고스란히 드러난다. 여자는 쓰개치마를 쓰고 한밤중에 젊은 남자를 만나러 나온 참이다. 여자의 복색으로 보아 체면을 지켜야 하는, 부잣집 가문의 여자다. 한밤중에 젊은 남자를 따라 자기들만의 은밀한 장소를 찾아가는 중이다.

이렇게 신윤복은 여성의 성적 욕망이 사라지지 않았고 여전히 존재한다는 것을 그림으로 말한다. 특히 〈과부〉는 여러 가지 도구를 동원해 과부의 성적 욕망을 절묘하게 드러낸 작품이다(그림 14).

담장을 넘어 들어오는 꽃피운 나무, 그 나무에 앉아 지저귀는 참새 두 마리, 그리고 개구멍으로 들어와 짝짓기를 하는 개 두 마리, 다시 그 위쪽에서 짝짓기를 하는 참새 두 마리. 이 모든 것이 성적 욕망을 드러내는 도구들이다. 하지만 짝짓기 하는 참새 두 마리 위쪽에서 파닥이는 외로운 참새 한 마리도 있다. 그림 오른쪽에는 위아래로 소복을 입은 젊은 과부가 반회장을 차려입은 젊은 처녀와 함께 서서 짝짓기 하는 개들을 보고 있다. 과부는 배시시 웃고 있다. 과부의 흰 옷 역시 성적 의미를 띤다. 이덕무는 "청상과부가 소복을 입는다는 핑계로 선명하고 깔끔한 옷을 입으니 이 어찌 미망인의 의리에 어울리는 일이겠는가?"[36]라고 말한다. 소복을 입은 것 자체가 남성에게 보이기 위한 성적 욕망의 표현이라는 이야기다.

여성이 성적 욕망의 주체임을 나타내는 신윤복의 그림들은 당시 매우 충격적이었던 모양이다. 〈과부〉를 패러디한 그림이 적지 않게 전하는 걸 보면 말이다. 20세기의 한국화가인 정재(鼎齋) 최우석(崔禹錫)까지 그것을 패러디한 작품을 남겼다. 작자 미상의 《무산쾌우첩(巫山快遇帖)》 역시 그림 내용으로 보아 〈과부〉를 패러디한 것이 분명하다(그림 15). 그림 왼쪽의 소복 입은 여자는 과부가 분명하고, 오른쪽의 붉은 저고리를 입은 여자는 머리를 길게 땋아 늘어뜨린 것으로 보아 결혼하지 않은 처녀다. 과부와 처녀는 개 두 마리가 짝짓기 하는 광경을 지켜보고 있다. 신윤복의 그림과 제재가 동일하지만, 그림의 수준은 매우 떨어져 성적 분위기만 노골적으로 표현되고 있다.

신윤복의 〈과부〉가 성적 코드를 갖고 있다는 점, 그리고 거기에 등

그림 14
신윤복, 〈과부〉, 《혜원전신첩》, 간송미술관

그림 15
작자 미상, 《무산쾌우첩》, 국립중앙박물관

그림 16
작자 미상, 〈오줌〉

장하는 여성이 모두 성적 욕망의 주체라는 점은 그 뒤 무수하게 패러디된 그림들을 통해 충분히 알 수 있다. 신윤복의 《혜원전신첩》을 모방한 화첩이 전해지는데 대부분 신윤복이 채택한 제재를 그대로 옮기지만, 때로는 《혜원전신첩》에서 볼 수 없는 것도 담고 있다. 예컨대 작자 미상의 〈오줌〉 같은 것이 그렇다(그림 16).

그림 왼쪽에서는 갓을 쓴 양반이 담벼락에 오줌을 누고 있고 지나가는 여성들이 그 모습을 지켜본다. 하나는 결혼한 여성이고 하나는 처녀다. 또 사립문 안쪽 초옥 앞에선 한 여자가 엉덩이를 내놓고 요강에 오줌을 누고 있다. 성적인 분위기가 노골적으로 풍긴다.

춘화, 가부장제가 집행되지 못한 공간

성적 욕망의 주체로서의 여성 형상이 한 단계 더 진전하면 성행위 장면을 그대로 묘사하는 춘화(春畵)가 된다. 춘화는 성행위를 직접 형상화한 그림이다. 성적 욕망의 가장 구체적인 실천인 성행위에서는 뜻밖에도 가부장적 권력의 집행이 온전하지 못했다. 물론 남성이 성적 쾌락을 위해 여성을 지배할 가능성은 농후했지만 성행위 상대자의 적극적이고 자발적인 협조 없이는 성적 쾌락을 얻을 수 없는 경우가 많았다. 따라서 성행위에서는 가부장제의 권력이 제대로 집행될 수 없었다. 춘화는 바로 그 지점을 보여준다.

〈춘화 구경〉은 신윤복이 그린 춘화첩인 《건곤일회도첩(乾坤一會圖帖)》의 한 점이다(그림 17). 여자 둘이 남녀의 성행위를 담은 춘화첩을 보고 있다. 왼쪽 여자는 삼회장저고리를 제대로 차려입었다. 저고리의 소매 폭이 아주 좁은 것으로 보아 유행에 맞춰 한껏 멋을 낸 여자

그림 17
신윤복, 〈춘화 구경〉, 《건곤일회도첩》

다. 오른쪽 여자는 위아래 모두 소복이다. 소복이기는 하지만, 역시 저고리 소매가 아주 좁다. 그리고 두 사람의 풍성한 가체를 보라. 방 안에는 고급스러운 화로와 음식을 얹어둔 짧은 다리의 원반이 있다. 화면은 밝게 처리되었지만 촛불을 켜둔 것으로 보아 조금 어두운 방 안이다. 촛불은 바람을 받아 오른쪽으로 눕고 있다. 꺼지려는 촛불을 켜놓고 조금 어두운 방 안에서 과부와 결혼한 아낙이 춘화첩을 보고 있는 것이다. 여성이 성적 욕망의 주체라는 것, 아무리 억누르려 해도 그것은 사라지지 않는 욕망이라는 것을 이보다 더 확실히 알리는 형상물은 없다.

쾌락을 향한 인간의 성적 욕망 그리고 유교적 가부장제가 은폐하고 싶어했던 여성의 성적 욕망을 가장 명료한 형태로 형상화한 것이 바로 춘화다. 그런데 이 춘화가 조선 후기에 와서 출현한 것은 어떤 이유인가? 성리학이 은폐하려 했던, 혹은 추방하려 했던 성적 욕망에 대한 언어적 표현이 이 시기에 갑자기 회귀했던 것일까?

성리학은 성에 대한 담론, 특히 여성의 성에 대한 담론을 음란으로 규정했지만, 성적 욕망에 대한 언술이 사라진 적은 단 한순간도 없었다. 성적 욕망은 식욕과 함께 인간의 생명을 재생산하는 장치이니, 당연히 그것은 사라질 수 없었다. 고자(告子)는 "식(食)과 색(色)은 성(性)"이라고 말했다.[37] 식욕과 성욕은 인간을 인간으로 존재하게 하는 욕망인 것이다. 조선 전기, 온 사회를 뒤흔든 스캔들의 주인공 어우동이 죽기 직전에, 그의 어머니 정씨는 "사람이라면 누군들 정욕이 없겠는가. 내 딸이 남자에게 혹하는 것이 다만 너무 심할 뿐이다"라고 어우동의 성적 욕망을 변호했다.[38]

성리학의 윤리 담론은 성적 욕망의 존재를 말하는 법이 없었지만, 그 담론의 수면 아래에는 성적 욕망에 대한 언술이 도도히 흘렀다. 다만 그것은 구비적 상태였다. 구어로 이루어지는 색담(色談) 혹은 음담(淫談), 민요와 민요적 성격을 띤 사설시조 등에서는 얼마든지 성적 욕망과 성적 쾌락 추구가 가능했다. 사설시조에서 어떤 여성 화자는 "간밤에 자고 간 놈 아마도 못 잊을 게다"[39]라고 성적 욕망을 직설적으로 토로했다.

그중 색담은 드물기는 해도 한문을 구사할 수 있는 예외적 인물을 만나 문어(文語), 곧 한문으로 기록될 수 있었다. 조선 초기 강희맹(姜希孟)의 《촌담해이(村談解頤)》, 서거정의 《태평한화골계전(太平閑話滑稽傳)》, 조선 중기 송세림(宋世琳)의 《어면순(禦眠楯)》, 성여학(成汝

學)의《속어면순(續禦眠楯)》, 조선 말기 홍만종(洪萬宗)의《명엽지해(蓂葉志諧)》, 장한종(張漢宗)의《어수신화(禦睡新話)》, 그리고 필자미상(조선 말기)의《파수록(破睡錄)》,《기문(奇聞)》,《성수패설(醒叟稗說)》 등 구비 서사물을 채록한 수많은 텍스트는 조선의 전 시기에 걸쳐 성적 욕망과 쾌락을 향한 언어가 끊어지지 않았음을 증언한다. 채록된 구비적 서사 텍스트에 나타나는, 쾌락을 추구하는 성적 방법은 실로 다양하다. 그 성적 쾌락의 방법은 마스터베이션, 동성애, 동물애〔獸姦〕, 구강성교, 사디즘 등 알려진 모든 성적 행위를 포괄한다.■

　남성에 의해 문언으로 정착된 이러한 서사 텍스트는 일차적으로는 남성의 성적 욕망과 쾌락을 충족하는 것이 목적이었지만, 여성의 성적 욕망과 쾌락에 대한 언어를 자연스레 수반했다. 요본(搖本)과 감창(甘唱) 따위의 성적 환희를 얻기 위한 여성의 테크닉을 서슴없이 말하는가 하면, 과부가 스스로 통제할 수 없는 성욕을 기구를 이용한 자위로 해결하는 적나라한 현장도 서술된다. 한편 성욕에 시달리는 과부가 과도한 자위행위로 병을 얻어 결국 재혼하게 되는 모습도 여과 없이 보여준다.

　성리학의 윤리 담론은 여성이 성적 욕망의 주체이자 쾌락을 추구하는 주체라는 것을 은폐했지만, 그것은 사실상 사라질 수 없는 것이었다. 그리고 그 욕망의 주체는 춘화에서 비로소 정직한 형상을 얻었다. 춘화의 작자로 알려진, 현재 전해지는 춘화 중 가장 우수한 작품은 김홍도와 신윤복의 것이다. 두 사람의 활동 연대로 보건대 대체로 18세기 후반에 춘화가 등장한 것으로 보인다.

■ 인간의 성행위가 갖는 다양성과 복잡성 그리고 예상과는 극히 다른 성적 행위가 통계학적으로 알려진 것은 《킨제이 보고》(1948; 1953)에 와서다.

그런데 왜 하필이면 이 시기인가? 성행위를 제재로 하는 회화가 출현할 가능성은 어느 시기에나 상존했다. 정병설 교수가 《기이재상담(奇異齋常談)》을[40] 번역하면서 남녀의 성기와 성행위 장면을 조잡하게 묘사한 낙서를 다수 발견했는데, 이는 곧 성(性)이라는 제재를 시각적으로 형상화하려는 욕망이 상존했음을 보여준다. 춘화는 근원적으로 이런 차원에서 발생하는 것이다. 다만 어떤 구체적 계기가 필요했는데, 조선의 춘화는 중국(혹은 일본)의 춘화가 전해지면서 출현한 것이다. 이규경(李圭景, 1788~?)은 《오주연문장전산고(五洲衍文長箋散稿)》에서 춘화가 수입된 일에 대해 이렇게 증언한다.

일찍이 북경에서 온 그림책을 보았더니 그 속에 남자와 여자가 성관계 하는 여러 모습을 그린 그림이 있었다. 또 진흙상으로 만든 조각을 상자 속에 넣고 기계장치를 조작해 움직이게 한 것도 있었다. 이름을 춘화도(春花圖)라 했는데, 사람의 성욕을 돋우게 한다 했다.[41]

이규경이 보았다는 북경에서 온 그림책과 조각은 그의 생몰 연대로 보아 19세기 전반에 수입된 것일 터이다. 이규경은 이어 박양한(朴亮漢, 1677~?)의 《매옹한록(梅翁閑錄)》을 인용하는데, 움직이는 조각을 '춘의(春意)'라 부르며 자신이 본 그것, 곧 두견석으로 조각하고 자작나무 갑에 넣은 춘의가 살아 있는 듯 생생했다고 전한다.[42]
이규경이 인용한 《매옹한록》은 춘화 수용사(受容史)에서 대단히 중요한 문헌이다.

명나라 말기에 음란한 풍조가 날로 퍼져 남녀가 성행위 하는 모습을, 혹은 조각으로 만들고 혹은 그림으로 그렸는데, 조각으로 만든 것은 춘의라 했다.

사신이 와서 바친 예물 중 상아로 만든 춘의가 하나 있었다. 인조가 승정원에 내렸는데, 상아로 남녀의 면목을 새긴 것으로 기계장치를 작동시키면 남녀관계의 동작을 하는 것이었다. 우리나라에서는 일찍이 보지 못하던 것으로 모문룡이 우리를 모욕하려고 보낸 것이라 생각했고, 중국 사람들이 평소 이런 것을 좋아하는 줄은 까마득히 몰랐다. 인조가 마침내 깨부숴버리라고 명했다. 이때 조정 신하들 중 손에 쥐고 감상하는 자가 있었는데, 조정에서 그 일을 비판해 그 사람의 청로(淸路)를 막아버렸다. 우리나라의 곧고 깨끗한 풍속을 알 수 있을 것이다.⁴³

《매옹한록》의 이 자료를 보건대, 중국의 춘화나 춘의는 인조 이후 수입되었음을 알 수 있다.

춘화의 또 다른 생산지는 일본이다. 에도 막부 이후 도시문화의 발달과 함께 일본에서도 화려한 채색판화〔우키요에, 浮世繪〕로 만든 춘화가 널리 유행했다. 1719년 제술관으로서 통신사행에 끼어 일본에 다녀온 신유한(申維翰, 1681~?)은 일본 여행기인 《해사동유록(海槎東遊錄)》에서 일본 남자는 반드시 품속에 운우도(雲雨圖)를 넣어 갖고 다니며 성욕을 돕는다고 말한다.⁴⁴ 통신사행을 통한 일본과의 접촉과 왜관을 통한 무역으로 일본 춘화가 조선 땅에 들어왔을 가능성이 있는 것이다.

하지만 춘화는 대부분 중국에서 수입되었던 것으로 짐작된다. 이규경의 〈화동기원변증설(華東妓源辨證說)〉에 인용된 박양한의 《매옹한록》에 따르면, 중국에서 수입된 춘화가 성행하던 풍경은 이렇다. "요

그림 18
〈쾌락〉, 청대의 자기상

그림 19
작자 미상, 〈춘화〉,
강희(康熙, 1662~1722) 연간

그림 20
작자 미상, 〈춘화〉,
광서(光緒, 1875~1908) 연간

사이 춘화가 북경에서 들어와 널리 퍼졌다. 사대부들이 많이 돌려가며 보고도 부끄러운 줄 모른다."[45] 이 증언을 통해 춘화의 주 수요층이 양반이었고, 그것도 북경에 드나들 수 있는 경화세족이었음을 짐작할 수 있다. 중국에서 수입된 춘화는 조선에서 복제되기 시작했다. 때마침 속화가 유행하던 시절이었다. 덕분에 중국의 춘화는 금세 조선의 춘화로 탈바꿈할 수 있었다.

춘화의 제재인 '성관계'는 남성과 여성의 관계이니 여성이 등장하는 것은 두말할 나위 없이 당연하다. 주목할 것은 춘화의 성관계에서 남성과 여성은 대등한 관계로 만난다는 사실이다.

열락, 그리고 여성 상위

춘화에서 여성은 이 관계에서 성적 대상이 아니라 성적 욕망의 주체로 형상화되는 것이다. 김홍도와 신윤복의 춘화를 통해 성적 욕망과 쾌락의 주체인 여성의 형상을 확인해보자.

먼저 신윤복의 〈엿보기〉를 보자(그림 21). 방 안에는 옷을 다 벗은 나신의 남자가 저고리만 걸친 여자를 안고 애무 중이다. 남자는 왼손으로 여자의 성기를 만지고 있다. 여자의 짧은 저고리 아래로 유방이 보인다. 남자와 여자의 옷은 남자의 아랫도리에 몰려 있다. 성행위가 이루어지기 직전의 장면이다. 방 밖에는 큰 가체를 풀어 늘어뜨린 여자가 심란한 표정으로 방 안의 두 남녀를 바라보고 있다. 이 여자 역시 길이가 짧고 통이 좁은 반회장저고리를 입었는데, 저고리 아래에 젖가슴이 노출되어 있다. 또 어떤 이유에서인지는 알 수 없지만, 자신의 치마를 걷어 허리춤에서 말아 쥐고 있다. 이 그림에 등장하는 두

그림 21
신윤복, 〈엿보기〉, 《건곤일회도첩》

여자는 그 복색으로 보아(특히 거대한 가체로 보아) 틀림없이 아주 호부한 집안의 사람이다.

이 그림에서 가장 중요한 주제는 '엿보기'다. 마루와 방 사이에 차폐 장치가 아무것도 없다. 실제로 그랬는지 아니면 엿보기를 강조하기 위해 화가가 일부러 장지문을 없앴는지는 확실히 말할 수 없지만, 남의 아내 혹은 어떤 여성의 나신을 엿보던 남성의 성욕이 여성에게도 똑같이 존재함을 말하고 있는 것이다.

〈열락(悅樂)〉의 여자는 모로 누워 있다(그림 22·23). 그 뒤에서 남자가 오른손으로 여자의 몸을 괴고 왼손은 여자 뒤쪽에 손을 넣고 있다.

그림 22
신윤복, 〈열락〉,
《건곤일회도첩》

그림 23
〈열락〉 부분

여자의 좁고 짧은 저고리는 둥글고 큰 젖가슴을 윗부분만 겨우 가린다. 여자의 배를 보니, 앞으로 볼록 튀어나와 있다. 임신 중인 것이다. 남자는 여자가 임신 중일 때도 성욕을 억누를 수 없다. 하여, 노랗게 봄꽃이 핀 날 아내와 정사를 벌인다. 치마끈은 풀렸고 여자의 성기가 약간 보인다. 주목할 것은 여자의 표정이다. 가는 눈썹, 감은 눈, 꼭 다문 작은 입술이 여자가 지금 성의 열락에 잠겼음을 나타낸다. 여자는 쾌락에 잠겨 있는 중이다. 한문설화집인 《파수록》에는 이런 이야기가 전한다.

> 어느 봄날 부부가 방사(房事)를 행하여 운우가 한창 무르녹는 그 즈음이었다. 계집종이 방 밖에 와서 물었다.
> "저녁밥으로 쌀 몇 되를 할까요?"
> 주인 여자가 답한즉 이러했다.
> "닷 되, 닷 되, 닷닷 되."
> 여종은 서 말 닷 되로 밥을 지었다. 주인 여자가 밥을 많이 했다고 나무라니 계집종이 대거리했다.
> "닷 되, 닷 되면 한 말이 아닌지요. 닷닷 되면 두 말 닷 되가 아닙니까?"
> 주인 여자는 웃으며 말했다.
> "너는 어찌 짐작해 듣지 못하느냐? 한창일 그때 내가 인사를 알겠니?"[46]

방 밖에서 여종이 와서 성관계를 하고 있는 안주인에게 지어야 할 저녁밥의 양을 물었는데 안주인이 제대로 대답하지 못해 일어난 소극이다. 성이 제공하는 쾌락의 극치감은 물건의 형체도 인식하지 못하게 한다. 신윤복의 〈열락〉은 바로 여성이 누리는 쾌락의 한순간을 포착한 것이다. 여성은 구비적 상태에서가 아닌 한 성적 열락을 경험하지 못하는, 성적 열락이 존재하지 않는 존재였다. 그러나 춘화는 여성이 성적 열락의 주체임을 여지없이 드러냈다.

유교적 가부장제 아래서 남성, 특히 남성-양반은 첩과 기녀, 관비(官婢)·사비(私婢)와 복수적 성관계를 맺을 수 있었다. 하지만 가부장제는 복수적 성관계를 향한 여성의 욕망이 실현되는 것은 음란이라며 엄중히 징치했다. 하지만 그렇다고 욕망 자체가 사라지지는 않는다. 구비적 서사물 그리고 사설시조 같은 구비가요(口碑歌謠)는 복수적 성행위를 향한 여성의 성적 욕망을 여과 없이 보여준다. 예컨대 평소 알고 지내는 승려의 계교와 협박에 처녀 시절 간통한 남성들을 모두 털어놓는 기혼 여성의 이야기는, 성리학이 말하는 정숙한 여성이 아니라 복수적 성관계를 향한 여성의 욕망을 그대로 드러낸다. 그것은 현실에서 실제로 발생하는 사건이기도 했다.[47]

구비가요에 등장하는 복수적 성관계를 향한 여성의 욕망이란 이런 것이었다.

"이르랴 보자, 이르랴 보자, 내 아니 이르랴, 네 남진더러.
'거짓 것으로 물 긷는 체하고 통일랑 내려 우물 전에 놓고 또아리 벗어 통조지(물통의 꼭지)에 걸고, 건너 집 작은 김서방을 눈 개야(눈짓을 하여) 불러내어 두 손목 마주 덥석 쥐고 수군수군 말하다가 삼밭으로 들어가서 무슨 일 하던지 잔 삼은 쓰러지고 굵은 삼대 끝만 남아 우즑우즑 하더라' 하고, 내 아이 이르랴, 네 남진더러."
"저 아이 입이 보드러워 거짓말 말아서라. 우리는 마을 지섬이라 실삼 조금 캤더니라."[48]

그림 24
김홍도, 〈절에서 벌어진 일〉, 《운우도첩(雲雨圖帖)》, 개인 소장

두 여자가 나누는 대화다. 한 여자가 상대 여자에게 네가 물을 긷는 다고 물통을 이고 가서 우물곁에 내려놓고 똬리를 벗어 물통 옆 꼭지 에 걸어두고 우물 건너편 집의 작은 김서방을 눈짓으로 불러내어 삼 밭에 들어가 간통한 것을 다 보았으니, 너의 남편에게 일러주겠다고 하자, 상대 여자는 자신들은 같은 마을 사람으로 실삼을 캤을 뿐이니, 거짓말하지 말라고 맞받아친다. 남편을 둔 여성이 같은 동네의 남성 과 혼외정사를 가진 것을 제재로 삼은 작품이다.

그럼 이제 복수적 성관계를 희망하는 여성의 성적 욕망을 춘화로 표현한 김홍도와 신윤복의 작품을 보자.

김홍도의 〈절에서 벌어진 일〉은 늙은 중이 절을 찾아온 여성과 성 관계를 맺는 장면이다(그림 24). 여자의 큰 가체와 금으로 만든 첩지

그림 25
신윤복, 〈중을 불러 일을 치르다〉, 《건곤일회도첩》

가 이 여성의 신분이 상당히 높음을 말해준다. 조선시대에 여성의 출입이 가능한 곳은 앞서 검토한 바와 같이 사찰 정도였다. 사찰에서 승려와 맺는 성관계는 곧 신분처지가 높은 여성이 맺을 수 있는 복수적 성관계의 하나였을 것이다. 1728년에 수집된 사설시조는 승려와의 성관계를 이렇게 노래했다.

중놈도 사람인 양 자고 가니 그립다고
중의 송낙 나 베옵고 내 족두리 중놈 베고 중의 장삼 나 덮습고 내 치말랑 중놈 덮고 자다가 깨달으니 둘의 사랑 송낙으로 하나 족두리로 하나

그림 26
작자 미상, 〈산속에서〉

이튿날, 하던 일 생각하니 홍글항글 하여라.[49]

신윤복의 춘화(그림 25)에 등장하는 여성 역시 첩지와 반회장저고리 그리고 아주 큰 가체를 하고 있는 걸 보아, 분명 양반가이거나 호부한 집안의 사람이다. 이 여성의 표정은 앞서 살펴본 〈엿보기〉에 등장한 그 여성과 동일하다. 아마도 같은 인물을 상상해 그린 것으로 보인다. 어떤 공간인지는 모르지만 이 여성은 승려를 눕혀놓고 성기를 만진다. 여성이 수동적 위치에 있는 것이 아니라, 승려를 불러들여 바지를 벗기고 성기를 만지는 것이다. 이때 여성은 쾌락의 주체다.

그림 27
김홍도, 〈돌진〉, 《운우도첩》, 개인 소장

그림 28
김홍도, 〈여성 상위〉, 《운우도첩》, 개인 소장

제작 연대는 물론이고 작자도 알 수 없는 〈그림 26〉은 아마 19세기에 그려진 것으로 짐작되는데, 산속으로 나물을 캐러 갔던 여자가 젊은 총각을 만나 성행위를 하는 장면이다. 총각은 그야말로 상사람 차림이지만, 여자는 단정히 머리를 빗어 쪽을 찐 것이 유부녀로 보인다. 나물을 캐러 간 것은 구실일 뿐 실제로는 총각을 만나 성관계를 갖는 게 목적이었던 것이다. 이처럼 춘화는 내밀한 여성의 욕망을 노골적으로 표현한다.

그런데 춘화는 때로 현실에서 존재하는 공식 담론, 즉 남성이 여성의 우위에 있다는 인식을 허물어버린다. 김홍도의 춘화를 좀 더 보자.

나체의 남자가 여자를 향해 돌진한다(그림 27). 남자의 가랑이 사이로 음낭이 보인다. 남자의 뒷편에 사방등이 있는 것을 보면 남자는 그 등불을 들고 밤길을 부지런히 걸어온 게 분명하다. 그렇다면 이 여자는 당연히 이 남자의 아내가 아니다. 욕정에 사로잡힌 남자는 오자마자 등불을 내려놓고는 급히 옷을 벗어던졌다. 옷은 사방등 옆에 아무렇게나 내팽개쳐졌다.

여자는 저고리를 벗어 유방을 드러냈고 치마를 걷어 성기를 내보이고 있다. 주목할 것은 역시 여자의 표정이다. 여자는 담뱃대를 물고 시답잖다는 표정으로 눈을 감은 채 고개를 오른쪽으로 돌리는 중이다. 이 여자는 이 남자를 우습게 아는 것이다. 나신이 된 남자에게 가부장적 우월감 같은 건 이미 사라지고 없다.

김홍도의 그림을 하나 더 보자. 이름 하여 〈여성 상위〉다(그림 28). 여성이 남성의 몸 위에 올라가 성행위를 하고 있다. 성행위에서 남성의 우위는 없다.

이처럼 조선에서는 춘화에 이르러서야 인간의 성적 욕망이 남자와 여자 혹은 나이와 상관없이 존재한다는 사실이 온전히 드러났다. 그리고 춘화에서 최종적으로 그것이 인간의 본질적 부분임이 드러났다. 그리하여 여성이 여전히 쾌락의 주체이고 유교적 가부장제에 의해 설득당하지 않는 주체로 남았다.

맺음말

'주체'로서의 조선 여성

　조선이 건국되기 전에도 남성은 여성보다 우월한 지위에 있었다. 예컨대 정치권력은 모두 남성의 것이었다. 하지만 모든 국면에서 남성이 우월한 것은 아니었다. 적어도 고려 때까지 여성은 재산상속에서 차별받지 않았고, 결혼 후에도 자신의 집에서 계속 살 수 있었다. 여성은 정치를 제외하면 대체로 남성과 대등한 지위에 있었던 것이다. 여성의 초상화를 그려 사찰 등지에 봉안하는 풍습은 조선과는 비교가 되지 않을 정도로 높았던 고려 여성의 사회적 지위를 반영한 것이다.

　하지만 조선이 건국된 뒤 여성의 사회적 지위는 저락(低落)하기 시작했다. 남성-양반의 유교적 가부장제는 여성은 남성에게 성적으로 종속되는, 곧 **주체 없는 존재**'로서 오직 가정 내부에서 가사노동과 육아에만 전념해야 한다고 주장했다. 여성은 외부로 노출되면 안 되는 존재였다. 이런 이유로 여성을 회화의 제재로 선택하는 것은 매우 드문 일이었다. 유교적 가부장제는 자신의 의도에 부합하는 여성 형상을 만들어내기 시작했다.

조선 전기에는 여전히 여성의 초상화가 제작되었고, 또 한편으로는 미인도도 계속 제작되어 남성-양반의 감상의 대상이 되었다. 하지만 이내 유교적 가부장제의 의도에 부합하는 여성 형상이 발명되었다. 《삼강행실도》열녀편의 열녀도(목판화)가 그것이다. 유교적 가부장제는 이 목판화에서 남성에 대한 성적 종속성을 실천하기 위해 신체와 생명을 스스로 버리는 여성의 형상을 창조했던 것이다.

유교적 가부장제는 다른 여성 형상도 만들어냈다. 유교적 가부장제는 여성의 위상을 남성보다 낮게 설정했지만, 나이가 많은 사람을 존중해야 한다는 경로 관념과 어머니로서의 여성에 대한 존경심, 곧 효(孝)라는 윤리를 설정해두었기에 나이 든 여성 혹은 어머니에게 잔치를 올리고 그것을 기념하여 그림을 그리는 경우가 있었던 것이다. 양로연도(養老宴圖)라고 불리는 것이 바로 그것이다.

이와 아울러 조선 체제는 농민의 노동 현장을 그림으로 그려 왕과 지배계급이 농민의 고통에 공감할 것을 요구하는 빈풍칠월도와 경직도 등을 제작했던 바, 그 속에는 경작의 일부와 직조(織造)를 담당하는 여성 형상이 포함된 것으로 추정된다.

이 외에도 조선 전기 관료들을 중심으로 하여 유행한 계회(契會)에서 술과 음식을 공급하거나 춤과 노래로 조흥을 담당하는 비녀(婢女)와 기녀(妓女)의 형상이 등장한다. 육체노동과 예능노동에 종사하는 여성 형상은 조선조가 끝날 때까지 끊임없이 제작되었다.

조선 후기에도 열녀도와 양로연도의 전통은 이어졌다. 《삼강행실도》의 열녀도는 《동국신속삼강행실도》로 계승되었고, 양로연도의 전통도 《풍산김씨세전서화첩(豊山金氏世傳書畵帖)》과 여러 점의 경수연도(慶壽宴圖)와 회혼례도(回婚禮圖) 등으로 이어졌다. 하지만 이 그림의 여성 형상은 가부장제의 통제를 심하게 받은 것들이었다. 그 형상은 남성에게 종속되거나 부기된 여성의 형상이었던 것이다.

조선 후기의 여성 형상은 여기에 그치지 않았다. 보다 풍부한 여성 형상이 제작되었던 것이다. 결정적 계기는 속화의 출현으로, 인간의 일상을 제재로 삼는 속화에 여성의 형상이 자연스럽게 포함되었다. 속화는 농업노동과 직조, 취사와 재봉 등 가사노동을 하는 여성의 형상을 풍부하게 담았고, 아울러 여성 행상과 주점의 주모, 무당, 기녀 등 주변부 여성들도 다채롭게 형상화했다. 특히 신윤복의 속화는 기녀의 형상을 다수 포착했다. 조선 후기에 기녀가 기방(妓房)이란 공간을 통해 시정으로 진출하자 기녀의 예능노동은 소비될 기회가 많아졌고, 기녀의 형상도 다양하게 포착된 것이다. 과거 계회도 속 기녀와는 달리 기녀의 예능은 화폭의 주변부가 아니라, 화폭 전면에 중심 제재로 등장하기도 했다.

속화는 유교적 가부장제 이면에 있는, 여성에 대한 남성의 성적 욕망도 노골적으로 드러냈다. 예컨대 신윤복의 〈단옷날의 개울가〉에서 나신을 드러낸 여성의 형상은 곧 남성의 성적 욕망이 만들어낸 여성 형상인 것이다. 남성의 성적 욕망의 미적 표현물인 미인도 역시 왕성하게 제작되었다. 그중 신윤복의 〈미인도〉는 도도한 내면의 성정까지 포착한 걸작이다. 풍부한 표정을 지닌 이 여성 형상은 속화의 출현이 가져온 변화의 결과물인 것이다.

이상에서 거론한 조선 여성의 형상은 대체로 유교적 가부장제가 작동하면서 만들어진 것이었다. 곧 남성-양반의 욕망의 대상물로서 그 여성은 주체 없는 여성이었고, 주체가 있다면 그것은 남성-양반에 의해 만들어져 주입된 것이었다. 하지만 여성주체가 사라진 것은 아니었다. 남성의 가부장적 욕망에 의해 여성주체가 만들어졌던 것을 부인하기는 어렵지만, 인간존재로서의 여성은 여전히 사유와 행위와 쾌락의 주체였다. 여성은 유교적 가부장제에 순치되었지만, 한편으로는 적응하고 한편으로는 반발했다. 여성의 주체성이 완전히 상실되지는 않았던 것이다. 여성성은 유교적 가부장제에 의해 제작되었지만, 그것은 여성주체와 지속적으로 길항(拮抗)하는 관계에 있었다.

여성은 유교적 가부장제의 권력 행사에 대응하여 스스로 소수자로서의 생존전략을 세웠으며, 가부장적 친족구조 내에서 때로는 가부장의 권위에 도전하는 '못된' 며느리로, 때로는 스스로 가부장화한 '잔혹한' 시어머니로, 때로는 남편을 도리어 통제하는 '악처'로 존재했다. 비록 부정적 수식어를 달고는 있지만, 그들이야말로 가부장제가 완벽하게 통제할 수 없었던 여성주체의 존재를 의미하는 것이다. 달리 말해 유교적 가부장제는 모든 시공간에서 여성에 대해 권력을 균질적으로 행사할 수 없었다. 가부장제를 둘러싸고 있는 여러 조건, 정치권력과 지식, 부와 연령, 지역 등에 따라 가부장제는 각각 상이한 정도로 집행되었을 뿐인 것이다.

이로 인해 여성은 어떤 경우 가정의 경제를 장악했고, 무속과 사찰을 출입하면서 종교적 주체로 나섰으며, 때로는 자신들의 쾌락을 추구하는 쾌락의 주체가 되기도 했다. 조선 후기의 속화가 주체로서의 여성을 형상화한다는 것은 퍽 주목할 만한 현상이다. 신윤복 등의 속화에 나타난 여성 형상, 예컨대 굿판을 벌이거나 절에 가거나 야유(野

遊)를 하는 여성 형상은 바로 유교적 가부장제가 말살하고자 했던 여성주체가 여전히 존재했음을 의미한다. 그중 가장 강력한 것은 춘화에 나타난 성적 쾌락을 추구하는 여성주체다. 가부장제는 여성의 성을 출산과 쾌락으로 분리하고, 여성에게서 쾌락으로서의 성을 박탈하려고 했다. 남성에게 여성은 출산의 수단 혹은 성적 욕망의 대상으로 인지되었지만, 춘화는 여성이 욕망과 쾌락의 주체임을 여실히 드러낸 것이다. 조선의 유교적 가부장제는 여성에게서 주체를 박탈하고자 했지만, 인간을 인간으로 만드는 욕망의 주체를 박탈할 수는 없었던 것이다. 결국 그때의 여성은 여전히 '**주체로서의 여성**'이었다. 조선 후기의 회화는 바로 그점을 입증한다고 하겠다.

끝으로 이덕무가 《사소절》에서 남긴 한 마디를 덧붙인다.

> 근래에 재기가 있는 부인들이 편당(偏黨)과 색목(色目), 가벌(家閥)의 높고 낮음, 벼슬의 승진과 좌천에 대한 일을 혹 이야기하면, 일가 남녀들이 입을 모아 그 재능을 칭찬한다. 아아, 이것은 정말 집안을 어지럽힐 장본이다. 이런 일을 계속해나간다면 바깥일에도 참견하지 못할 바가 없을 것이다.[1]

당시 서울 경화세족 가문의 여성이 정치의 흐름을 꿰뚫고 있음을 지적한 것이다. 특수한 부류이기는 하지만, 정치에 관심을 두는 여성이 등장한다. 혹 이것은 조선시대 여성의 이면에 묻혀 있는, 하지만 사라지지 않는 정치적 주체의 표현이 아닐까.

주

서장. 고려—회화로 보는 고려 여성의 얼굴

1 · 徐兢, 〈祠宇〉, 《高麗圖經》 권17. "歲旦·月朔·春秋·重午, 皆享祖禰, 繪其象於府中, 率僧徒歌唄, 晝夜不絶."
2 · 南鶴鳴, 〈故事〉, 《晦隱集》: 《韓國文集叢刊》 b51, 365면. "趙滄江贄于洪州李氏, 其上世有李公升者, 麗朝名宰也. 滄江初贄時, 其婦翁示以一幅古畫人物, 又有婦人像, 古綃剝落曰: '此傳家古畫也.' 後數十年, 趙公偶得尹孝全爲忠淸監司時箚錄曰: '外先李公升畫像並夫人像, 在後孫洪州李某家.' 云. 遂以此爲據, 改粧其畫像, 尊奉於祠堂. 蓋初不書某公之像, 故傳世旣遠, 後生屠孫, 不克承聞, 而尹公則曾從故老知之也."
3 · 許筠, 〈修證寺楊侍中夫婦畫像記〉, 《惺所覆瓿稿》: 《韓國文集叢刊》 a74, 198면. "就殿堂後立一宇, 繪侍中及夫人像, 懸其中而香火之, 至今不替焉."
4 · "筠舊聞有是寺畫像. 及佐幕來也, 因蹈災至寺, 具奠以拜. 侍中, 面方少髭, 眼多白而鼻隆唇盈, 紗帽玉帶, 絳袍雀補, 坐于椅. 夫人服紫花繡衫, 圈金靑大帶, 塡金鳳補. 下施黃絁裙, 縮鬘副髻, 揷九股銀珠鸞釵. 奠記侍立諦覩, 則夫人容甚似楊夫人, 深以爲異. 少焉釋天然後至曰: '夫人容恰似亞使面也.'"
5 · 《高麗史》 제136권, 列傳 제49, 禑王 12년(1386) 정월.
6 · 《高麗史》 제3권, 世家 제9, 成宗 9년(990) 9월.
7 · 韓致奫, 《海東歷史》 제68권, 人物考2, 高麗 金行成.
8 · 고려시대의 진전제도(眞殿制度)에 대해서는 趙善美, 《韓國肖像畫 硏究》, 悅話堂, 1983, 64~67면 참조. 앞으로 이 책에서는 《韓國肖像畫 硏究》로 약칭하고 면수만 밝힌다.
9 · 《韓國肖像畫 硏究》, 75면.
10 · 《韓國肖像畫 硏究》, 75면.

11 · 《高麗史》제64권, 志 제18, 禮6, 凶禮, 國恤.
12 · 《太祖實錄》5년(1396) 5월 7일.
13 · 《高麗史》제32권, 世家 제32, 忠烈王5, 28년(1302) 10월 신미.
14 · 홍선표, 《한국의 전통회화》, 이화여자대학교출판부, 2009, 48면. 다만 홍선표 교수는 이 부분을 뒷받침하는 근거를 '근간'으로 밝힐 뿐 어떤 문헌적 증거에 의해 이 글이 작성되었는지는 설명해놓지 않았다. 우선은 이대로 두는 수밖에 없다.
15 · 홍선표, 〈한국의 인물화〉, 《한국의 인물화》, 이화여자대학교출판부, 2005, 3면. 이 역시 근거가 되는 문헌자료는 밝히지 않고 있다.
16 · 鄭誧, 〈題仙女著棋圖〉, 《雪谷集》: 《韓國文集叢刊》a3, 253c면. "仙女千年兩臉紅, 人間俯仰鬢如蓬. 弈棋欲睹長生術, 惆悵相看是畫中."

1장. 조선 전기―유교의 이름 아래 가려지는 여성들

1 · 成百曉 譯, 《懸吐完譯 小學集註》, 傳統文化研究會, 1993, 137면. "孔子曰: '婦人, 伏於人也. 是故無專制之義, 有三從之道. 在家從父, 適人從夫, 夫死從子, 無所敢自遂也. 敎令不出閨門, 事在饋食之間而已矣.'"(《大戴禮》, 〈本命解〉, 《家語》). 앞으로 《小學》의 인용은 《小學集註》라 표기하고 면수만 밝힌다. 번역은 필자가 고친 부분도 있다.
2 · 《小學集註》, 315~316면. "或問: '孀婦於理似不可取, 如何?' 伊川先生曰: '然. 凡取以配身也. 若取失節者以配身, 是己失節也.' 又問: '或有孤孀貧窮無託者, 可再嫁否?' 曰: '只是後世, 怕寒餓死, 故有是說. 然餓死事極小, 失節事極大.'" 번역은 약간 고쳤다.
3 · 《經國大典》 권5, 刑典, 〈禁制〉. "儒生婦女上寺者[尼同], …… 都城內行野祭者, 士族婦女遊宴山間水曲及親行野祭山川城隍祠廟祭者, …… 並杖一百."
4 · 《太祖實錄》7년(1398) 12월 25일(2).
5 · 《韓國肖像畫 研究》, 358~360면.
6 · 《世宗實錄》16년(1434) 6월 3일.
7 · 《世宗實錄》19년(1437) 2월 2일.
8 · 《世宗實錄》20년(1438) 5월 19일.

9 · 《韓國肖像畵 硏究》, 360면.
10 · 《成宗實錄》2년(1471) 9월 14일.
11 · 金守溫,〈廣平大君配永嘉府夫人畫像讚〉,《拭疣集》補遺:《韓國文集叢刊》a9, 145면. "贈議政自守之女, 位資憲孝昌之孫, 爲世宗婦, 配廣平君. 旣毓令胤之賢, 迺喪所天. 歸依西方之敎, 受特法文. 徽懿之德, 粹於金玉. 荍和之容, 潤於煙雲. 宜其畜慶委祉, 以播萬世芝蘭之芬. 成化六年庚寅仲冬有日, 輔國崇祿大夫, 行知中樞府事金守溫謹讚."
12 · 《中宗實錄》34년(1539) 6월 4일.
13 · 《韓國肖像畵 硏究》, 361면.
14 · 이하의 내용은《肅宗實錄》21년(1695) 7월 27일조에 의한다.
15 · "祖宗朝, 有王后影幀, 藏于大內之事, 其時必無女人之工畫者, 則不出於宗戚之臣也. 予嘗有意於中壼影子, 多般訪問于宗班, 而無一人焉. 其令臨昌君焜與前應敎金鎭圭, 出入闕中, 俾完大事."
16 · "上曰:'仁敬王后昇遐已久, 何以追記摸寫乎?'"
17 · "蓋上念中殿, 備嘗艱險, 而懿德罔愆, 欲使後世雲仍, 皆得瞻望顏色, 而兼且素好繪畫娛玩之事, 故爲此擧也."
18 · 《韓國肖像畵 硏究》, 364면.
19 · 《韓國肖像畵 硏究》, 365면.
20 · 《韓國肖像畵 硏究》, 363면.
21 · 《韓國肖像畵 硏究》, 281~282면.
22 · 權近,〈三峯先生眞讚〉,《陽村集》:《韓國文集叢刊》a6, 230면.〈慶淑宅主眞讚〉, 같은 책, 같은 곳.
23 · 鄭道傳,〈題眞贊後〉,《三峯集》:《韓國文集叢刊》a5, 357면. "右眞贊二篇, 陽村權可遠所作也. 不揚之貌, 奚足以辱先生之筆哉? 而其言有過當者, 予甚愧焉. 然從遊旣久, 則相觀亦深矣. 其有不可誣者乎! 崔氏眞贊, 乃畫外傳神也. 於是誌之以示子孫耳."
24 · 《韓國肖像畵 硏究》, 365~366면.
25 · 《韓國肖像畵 硏究》, 366면.
26 · 魚得江,〈增補, 漢圃公, 趙監察應卿父母畫像讚, 幷序〉,《咸從世稿》: 秦弘燮,《韓國美術史資料集成》8, 一志社, 2002, 383~384면. "公諱壽萬, 字眉叟, 咸安大姓趙

氏之後也. 自號南溪處士. 歲成化己丑(1469)春季初三生, 弘治辛亥(1491)秋孟旬一終. 晉山河氏, 亦當世巨族. 乙酉(1465)春中旬五生, 庚戌(1490)秋仲廿二終, 俱在世之廿餘春. 嗚呼, 悲哉! 其有子曰應卿, 一日來訪余, 因泣而言曰: '卿雖不能記顏面, 罔極之情不自克焉. 詢諸長老親戚, 依其狀貌, 丙戌冬, 粗寫兩眞于一幀, 以表哀慕之情.' 請余一言于其末. 得江以連派, 不忍獲讓而言曰: '非至誠不及此. 其與漢之政蘭同其意也. 膝下之歡已不可得, 則安畫於龕當祭而展, 彷彿痛快, 不猶愈於夢中見耶?'"

27 ·《成宗實錄》2년(1471) 6월 23일.
28 ·《成宗實錄》3년(1472) 9월 16일.
29 ·《燕山君日記》7년(1501) 8월 12일.
30 ·《中宗實錄》21년(1526) 7월 25일. 가산군 감사 방권의 아내 윤씨의 경우다.
31 · "先儒以畫親之像, 一毫不眞爲嫌, 此重木主之論也, 不已固乎?"
32 ·《世宗實錄》14년(1432) 1월 18일. "家必有廟, 廟必有主."
33 · "今人以影祭, 或一髭髮不相似, 則所祭已是別人, 大不便."
34 · "文公家禮祠堂註云: '司馬公書儀云影堂, 先生家禮改作祠堂者, 以古人祭不用影故也.'"
35 · "世俗皆畫像, 置於魂魄之後. 男子生時有畫像, 用之猶無所謂. 至於婦人, 深居閨門, 出則乘輜軿, 擁蔽其面. 旣死, 豈可使畫工直入深室, 揭掩面之帛, 執筆髣相, 畫其容貌! 此殊爲非禮." 이것은《주자가례》권4, 喪禮〈靈座·魂帛·銘旌〉의 '置靈座設魂帛' 부분 아래에 달린 주석이다. 원출전은 司馬光,《書儀》권5,〈喪儀一〉'魂帛'의 주석이다.
36 · "況我太宗始建廣孝殿之時, 謂曰: '婦人, 誰畫其圖像!' 命禮官只立神主."
37 · 許筠,〈故刑曹參判成公畫像記〉,《惺所覆瓿稿》:《韓國文集叢刊》a74, 197면. "我國不喜叢像, 故傳神者甚稀. 而獨參勳盟者有畫像, 官繪而授之, 亦不自其家畫之, 其樸陋無文, 可知也已. 中原人則名人雅士, 輒有畫像, 傳于千古, 後人起敬而如見其人焉. 至於子孫, 亦繪其父若祖, 朝夕懸而事之, 若親承謦欬然, 庶以紓望慕之懷. 而後代雲仍, 雖不親視其容, 卽此可想見其形貌, 猶如未死之日, 豈不快歟? 我之不尙畫像, 寔可嘅也夫."
38 · 成俔,《慵齋叢話》제1권. "描寫物像, 非得天機者不能精. 能精一物, 而能精衆品尤爲難. 我國名畫史罕少. 自近代觀之, 恭愍王畫格甚高. 今圖畫署所藏魯國大長公

主眞. 興德寺所在釋迦出山像, 皆王手跡. 往往甲第有畫山水, 甚奇絕也. 尹泮者亦善山水. 今士大夫多有藏之者, 然筆跡平澹無奇趣. 至本朝有顧仁者, 自中國出來, 善畫人物. 其後安堅崔涇齊名, 堅山水・涇人物, 皆入神妙. 今人愛保堅畫如金玉. …… 姜仁齋天機高妙, 得古人所不料處, 山水・人物俱優. 嘗見所畫麗人圖, 毫髮無差訛. 青鶴洞・菁川江兩簇及耕雲圖, 皆奇寶也."

39 · 成俔,〈題麗人圖後〉,《虛白集》:《韓國文集叢刊》a14, 485면. "辛丑元日, 上出歲畫六幅, 賜于承政院. 承旨六人, 抽籌分受. 耆之得謝安石携妓東山圖, 余得綵女圖. 其本松雪齋所畫, 而後人描寫者也. 座中傳視, 皆笑二老有風流佳致. 其後每當歲春, 掛諸壁間而觀之, 人有嘲其不合於文房之翫者. 余惟心志旣定則外物遇之, 將波流 靡而逃矣, 何暇亂吾眞? 如或不定, …… 眞色尙不可動, 況假色乎? 君上之賜, 豈爲觀美而與之歟?"

40 · 申用漑,〈文城府院君柳公墓誌銘〉,《二樂亭集》:《韓國文集叢刊》a17, 97면. "己丑, 丁內憂. 服闋, 還授舊職. 轉陞藝文館應敎・典翰・直提學, 尋陞弘文館副提學. 成宗命召, 下美人圖令賦詩以進. 其末聯曰: '君王自是疎聲色, 展畫猶應寄一矉.' 上稱善, 命工粧䌙爲簇, 今猶留藏畫庫."

41 · 徐居正,〈麗人圖〉,《四佳集》:《韓國文集叢刊》a10, 281면. "曲江春日麗人行, 睡破梳粧照晚晴. 只許暫時腰後見, 杜陵飢客眼空明."

· 徐居正,〈題醜丈夫邀飮美人圖〉,《四佳集》:《韓國文集叢刊》a11, 35면. "鷹眼虯髥黑面奴, 擧觥時復撫雙壺. 回頭轉矚儱豪甚, 笑隔花枝有美姝."

· 崔演,〈題王昭君圖〉,《艮齋集》:《韓國文集叢刊》a32, 182면. "漢庭貔虎列屯營, 誰遣宮娥妾結盟. 沙漠生涯堪涕淚, 琵琶怨恨尙分明. 謾傳延壽能移禍, 獨悶荊芥未解情. 靑塚千年冤不洩, 看圖此日意難平."

· 金興國,〈美人圖〉,《水北亭集》:《韓國文集叢刊》b10, 237면. "雲鬟玉貌淡如秋, 宿醉濛濛倚小樓. 爲愛風花推繡戶, 還憎泥鷰下簾鉤."

· 鄭文孚,〈西施圖〉,《農圃集》:《韓國文集叢刊》a71, 99면. "人言亡國在西施, 惟有君王醉不知. 臺上已非薪上日, 伍胥何事強爭爲."

42 · 李後白,〈題兪內翰醉別佳人圖〉,《青蓮集》:《韓國文集叢刊》b3, 64면. "岸樹矇矓霧不開, 舟中殘醉首空擡. 江流若不深千尺, 得載離愁萬斛來."

43 · 周世鵬,〈明妃出塞圖〉,《武陵雜稿》:《韓國文集叢刊》a27, 132면. "百兩甋車指北行, 胡沙獵獵暗秦京. 可憐碧落一眉月, 獨照紅顏萬里情. 寧將青塚傳千載, 肯以黃

金累一生. 依然猶抱琵琶泣, 此日無聲勝有聲."

44　· 李洪男,〈明妃出塞圖 二首〉,《汲古遺稿》:《韓國文集叢刊》b2, 44면."塞草蕭蕭塞雲秋, 崝巍長城限夷夏. 朝登薄軀漢庭選, 暮先明恩胡地嫁. 胡地嫁命如葉, 單于轔轔發曉駕. 氈廬駱漿縱堪怨, 回望漢關千萬心. 妾身至輕和戎重, 白登七日誠可怕. 如今慰彼畫中人, 漢亡不在夷手下.""斗換秋回會一見, 在天曾言織女恨. 買茶浮梁歸有時, 在人莫言商婦悶. 出塞怨出塞悠. 去國千萬里, 愁腸斷分寸. 畫中分明紅頰啼, 胡地漸近漢宮遠. 和戎下策竪我髮, 安得呼韓斬頭獻."

45　· 金興國,〈昭君出塞圖〉,《水北亭集》:《韓國文集叢刊》b10, 238면."一辭金闕向王庭, 天地無情莫我聽. 千古沙場埋玉骨, 秖今孤塚草長青."

46　· 李敬輿,〈詠明妃出塞圖〉,《白江集》:《韓國文集叢刊》a87, 283면."龍眠筆下巧傳神, 馬上明妃畫裏身. 罣幕譤誇供帳盛, 愁容還入翠眉嚬. 羅巾尙濕昭陽淚, 青草終留紫塞春. 黃金枉却毛延壽, 千載丹青此是眞."

47　· 崔鳴吉,〈次白江明妃出塞圖韻〉,《遲川集》:《韓國文集叢刊》a89, 348면."畫手何人妙入神, 故教衣帶減腰身. 新粧豈爲單于喜, 絶艶還添西子嚬. 馬上琵琶秦塞月, 夢中花柳漢宮春. 和親正誤當年事, 不獨黃金枉寫眞."

48　· 鄭文孚,〈巫山神女圖〉,《農圃續集》:秦弘燮 編,《韓國美術史資料集成》4, 478면. "爲雨爲雲失本身, 夢中人遇夢中神. 眼前未必分明見, 筆下誰模面目眞."

49　· 金安老,《龍泉談寂記》."高麗忠宣王在燕邸, 構萬卷堂, 召李齊賢置府中, 與元學士姚燧·閻復·元明善·趙孟頫遊, 圖籍之傳, 多所闡秘. 其後魯國大長公主之來, 凡什物器用簡冊書畫等物, 舡載浮海. 今時所傳妙繪實軸, 多其時出來云."

50　· 李好閔,〈沙河舖人家壁上, 有昭君按琵圖〉,《五峯集》:《韓國文集叢刊》a59, 325면."琵琶畫中女, 知是漢昭君. 所幸畫無聲, 有聲那忍聞."

51　· 尹根壽,〈漫錄〉,《月汀集》:《韓國文集叢刊》a47, 368~369면."氷岳於嘉靖乙卯倭變, 諸將俱以失律謫配關西, 以立功自效, 湖南興陽縣之鹿島. 未幾, 自鹿島捕全船倭寇. 氷岳參於其功得放還. 以倭船所得, 贈我生綃畫美人半像. 美人, 手執白色花若嗅其香者. 題詩其上曰:'睡起重門淰淰寒, 鬢雲繚繞練衫單. 閒情只恐春將晚, 折得花枝獨自看.'唐寅手題幷踏圖書. 後考天朝小說, 則寅乃蘇州長洲之名士. 以南畿解元, 與擧人徐經, 註誤於己未會試掌考官禮侍程敏政賣題事, 被罪屬吏, 平生更未得赴擧, 以文章書畫自娛, 頗有名於藝苑, 曰畫則伯虎. 伯虎乃寅字也. 以彼其才, 不得自振, 終其身, 良足嘅也. 壬辰之亂, 其畫又失之, 其詩恐泯泯於後, 姑記之以悲其

人云.″

52 ・〈題李興孝美人圖〉,《白沙集》:《韓國文集叢刊》a62, 154면. ″霜酣老樹明如綺, 曲池秋冷芙蓉死. 涼簟照簟初睡覺, 墜葉紛紛撩遠思. 側身點筆意徘徊, 欲寫閒愁羞女史. 歲華悠悠君不來, 石欄金櫻已結子. 右題葉.″ ″一林墻外生青靄, 竹瘦松老芭蕉大. 微涼透肌暑衫薄, 暗風自搖蟬裙帶. 蘭膏膩着玉纖柔, 滑弄琴徽彈不得. 女郎豈識心中事, 回頭偶語聞消息. 右彈琴.″ ″松枝覆溪風微颶, 碧紗如烟浣輕浪. 螺鬘雲袂動參差, 蟬翼蛛絲搖蕩漾. 一回洗出一回新, 願向君前裁舞衣. 無限芳心人不識, 歸來愁上舊鴛機. 右浣紗″

53 ・朴瀰,〈丙子亂後, 集舊藏屛障記〉,《汾西集》:《韓國文集叢刊》b25, 105면. ″四爲故畫師李楨所寫彩女六幅, 裝爲中屛一, 今幸完, 更裝爲屛, 只恨微有缺處爾. 楨叔父興孝. 故以善寫彩女名絶筆, 近世無兩, 而楨始毀齗一把筆, 輒覺青氷之勝, 雖興孝亦自遜把不敢ान也. 賞鑑家, 羣然定以神妙品. 而旣長益工, 衆體靡不兼胲, 第楨自謂於驢馬微劣, 亦不害爲畫史大家數也. 楨雖博極衆體, 而猶然貌彩女最長.″

54 ・李植,〈仇十洲女俠圖跋〉,《澤堂集》:《韓國文集叢刊》a88, 158면. ″古之畫婦女, 蓋以寓監戒. 如女圖所載節義之槩及衶醉踞妲己之類是已. 仇生作女俠圖, 未必有此意, 要之取舍不純. 然亦足以警夫無義氣丈夫矣. 東陽公出示此圖, 其畫品絶佳, 尤可寶也. 崇禎癸酉臘月, 南宮外史李植識.″

55 ・張維,〈仇十洲女俠圖跋〉,《谿谷集》:《韓國文集叢刊》a92, 74면. ″俠有豪俠・節俠・仙俠. 皆男子事也. 迺仇生獨寫女俠何哉? 豈才子多情於此? 別有會心處耶? 抑其藝有偏工, 故以所長自見者耶? 繪事之妙, 覽者知之, 余故不容贅焉.″

56 ・《成宗實錄》7년(1476) 10월 21일.

57 ・좀 더 자세한 내용은 위《成宗實錄》기사에 나온다.

58 ・《삼강행실도》열녀편의 편찬 과정과 성격에 대해서는 강명관,《열녀의 탄생》, 2009에서 상세히 논했다.

59 ・《成宗實錄》20년(1489) 6월 1일.

60 ・《삼강행실도》국역 축약본에 대한 자세한 내용은 강명관,《열녀의 탄생》, 213~221면을 볼 것.

61 ・《中宗實錄》6년(1511) 10월 20일.

62 ・양로연에 관한 가장 상세한 연구는 정현정,〈15~16세기 조선시대 양로연의 설행 양상과 의미〉, 고려대학교 대학원 석사학위 논문, 2008을 참고할 것. 앞으로 이 논문은 논

문 제목과 면수만 표시한다.

63 · 《世宗實錄》30년(1448) 8월 23(2).
64 · 《世宗實錄》55권, 14년(1432) 1월 7일(5).
65 · 《世祖實錄》6년(1460) 10월 18일(2).
66 · 《經國大典》권3, 禮典, '宴享'에 자세히 규정되어 있다.
67 · 〈15~16세기 조선시대 양로연의 설행 양상과 의미〉, 15~22면.
68 · 〈15~16세기 조선시대 양로연의 설행 양상과 의미〉, 28~29면.
69 · 李賢輔, 〈花山養老宴詩 幷序〉, 《聾巖集》:《韓國文集叢刊》a17, 384면. "己卯秋, 設養老宴於任府, 搜訪境內年八十以上老. 自士族至賤隸, 無問男女, 苟準齒者咸與焉, 多至數百人."
70 · "軻書云: '老吾老, 以及人之老.'"
71 · 李賢輔, 〈聾巖先生年譜〉, 《聾巖集》:《韓國文集叢刊》17, 455면. "八月, 拜侍講院輔德. 本道點馬, 還鄕省親. 時參贊公年八十七, 母夫人年八十. 觀察使金公希壽, 文移傍邑守, 爲設壽席, 訥齋朴公作序記其事."
72 · 국립국악원, 서인화·진준현 편, 《조선시대 음악풍속도》1, 민속원, 2002, 215면. 앞으로 이 책은 《음악풍속도》1로 약칭하고 면수만 밝힌다.
73 · 《高麗史》世家 권2, 太祖 26년 4월. "其十日: '有國有家, 儆戒無虞, 博觀經史, 鑑古戒今. 周公大聖, 無逸一篇, 進戒成王, 宜當圖揭, 出入觀省, 十訓之終, 皆結中心藏之四字, 嗣王, 相傳爲寶.'"
74 · 고려의 무일도에 대해서는 정병모, 《한국의 풍속화》, 한길사, 2000, 120~122면 참조. 이 책은 앞으로 《한국의 풍속화》로 칭하고 면수만 밝힌다.
75 · 《한국의 풍속화》, 122면.
76 · 《한국의 풍속화》, 123면.
77 · "賜禮曹典書金瞻內廐馬, 以文王問寢等圖成, 且進豳風圖也."
78 · 成三問, 〈八駿圖銘 幷引〉, 《成謹甫集》:《韓國文集叢刊》a10, 197면. "勿山水以易圖, 則知大東八駿之一幅, 當與豳風七月而並駕. 猗歟, 休哉!" 金時習, 〈記農夫語〉, 《梅月堂集》:《韓國文集叢刊》a13, 325면. "安得豳風七月圖, □□□子馳獻君." □□ □은 원래 결자(缺字)다.
79 · "本土之俗, 異於中國, 欲民間稼穡艱難, 徭役疾苦, 逐月作圖, 仍述警戒之語, 以便觀覽, 庶傳不朽."

80 "欲倣豳風, 採我國風俗, 圖形贊詩, 使上下貴賤皆知農務之重, 傳之後嗣, 永世監觀. 惟爾集賢殿博採本國貢賦·徭役·農桑之事, 圖其形狀, 仍贊以詩歌, 以成我國七月之詩." 성종 때도 빈풍칠월도가 제작되었다. 《中宗實錄》 8년(1513) 8월 7일. "上曰:'周公豳風七月圖, 成宗朝所畫, 豈偶然計而畫之乎? 觀此可以知稼穡艱難, 故仍以模畫耳.'"

81 《누숙경직도》에 대해서는 《한국의 풍속화》, 126~130면.

82 成俔, 〈奉敎耕織圖後序〉, 《虛白堂集》; 《韓國文集叢刊》 14, 475면. "正朝使權景佑回自京師, 奉耕織圖一帙以進, 卽宋參知政事樓鑰伯父璹之所爲. …… 重瞳一覽, 卽契于衷, 命畫工描其蹟, 彰施繪彩. 又命任士洪書其序詩, 以備出入觀省."

83 《中宗實錄》 6년(1511) 5월 25일, 《中宗實錄》 6년 8월 3일.

84 《燕山君日記》 8년(1502) 11월 1일. "王曰:'豳風圖則或作屛, 或貼壁, 皆在大內. 此何圖也?'"

85 《成宗實錄》 25년(1494) 1월 5일, 《中宗實錄》 22년(1527) 12월 9일, 《中宗實錄》 22년 12월 12일, 《中宗實錄》 22년 12월 23일.

86 《小學》, 立敎-2, 46~55면. "內則曰: …… 能言, 男唯女兪. 男鞶革, 女鞶絲. …… 七年, 男女不同席, 不共食. …… 女子十年, 不出, 姆教婉娩聽從, 執麻枲, 治絲繭, 織紝組紃, 學女事, 以共(供)衣服. 觀於祭祀, 納酒漿籩豆菹醢, 禮相助奠. 十有五年而笄, 二十而嫁, 有故, 二十三年而嫁. 聘則爲妻, 奔則爲妾."

87 계회도에 대해서는 尹軫暎, 〈朝鮮時代 契會圖 研究〉, 韓國精神文化研究院, 韓國學大學院, 박사학위 논문, 2004를 참고할 것. 계회도에 관한 논구(論究)가 상세하고, 자료도 가장 풍부하다. 앞으로 이 논문은 논문명과 면수만 표시한다.

88 〈朝鮮時代 契會圖 研究〉, 7면.

89 〈朝鮮時代 契會圖 研究〉, 21~25면 참조.

90 조선의 계회에 대한 이 같은 설명은 尹軫暎, 〈朝鮮時代 契會圖 研究〉, 26~29면을 요약한 것이다.

91 〈朝鮮時代 契會圖 研究〉, 1면.

92 〈朝鮮時代 契會圖 研究〉, 65~66면.

93 《成宗實錄》 5년(1474) 3월 3일(5).

94 〈朝鮮時代 契會圖 研究〉, 69~70면.

95 〈朝鮮時代 契會圖 研究〉, 66~68면.

96 · 《太祖實錄》 1년(1392) 9월 21일. "古者, 女子已嫁者, 父母歿則無歸寧之義, 其謹嚴如此. 前朝之季, 風俗頹敗, 士大夫之妻, 趨謁權門, 恬不爲愧, 識者恥之. 願自今文武兩班之婦女, 除父母·親兄弟·姊妹·親伯叔·舅姨外, 不許相往, 以正風俗."

97 · 《世宗實錄》 13년 6월 25일. "禮, 婦人晝不遊庭, 無故不出中門, 所以謹婦道也. 本朝經濟禮典內: '兩班婦女, 除父母·親兄弟·姊妹·親伯叔·姑·親舅·姨外, 不許往見, 違者以失行論.' 今士大夫之妻, 詔惑鬼神, 山野淫昏之鬼, 靡不祀之. 其中松嶽·紺嶽, 尤極崇事, 每當春秋, 躬親往祭, 盛設酒饌, 托以娛神, 作樂極歡, 經宿而還, 誇耀道路, 徘優巫覡, 前後雜沓, 張樂馬上, 恣行嬉遊. 其夫非惟不禁, 恬然偕行, 不以爲怪者, 比比有之."

98 · 《經國大典》 권3, 禮典, '宴享'. "每歲正朝或冬至, 行會禮宴[王世子及文武官並赴宴, 王妃宴于內殿, 王世子嬪及內外命婦並赴] 每歲季秋行養老宴, 大小人員年八十以上者赴宴. 婦人則王妃宴于內殿, 外則守令別說內外廳行宴."

99 · 《成宗實錄》 9년(1478) 4월 21일(2). "亦有一弊, 壻之父 婦之父相會宴, 猶不可, 今則壻之母 婦之母亦覿西相會, 此弊之大者也."

100 · 〈십로도상도권〉에 대해서는 임재완, 〈十老圖像帖〉에 대하여, 《삼성미술관 Leeum 연구논문집》 2, 2006을 참고했다.

101 · 〈朝鮮時代 契會圖 硏究〉, 121~122면.

102 · 〈朝鮮時代 契會圖 硏究〉, 47면.

2장. 조선 후기―남성의 시선으로 그려진 여성의 세속

1 · 이 그림의 회화사적 의미는 정병모, 《한국의 풍속화》, 270면을 볼 것.

2 · 《經國大典》의 화문에 관한 내용 및 부연 설명은 강관식, 《조선 후기 궁중화원 연구(상)》, 돌베개, 2001, 122면에 의함.

3 · 강관식, 《조선 후기 궁중화원 연구(상)》, 120면.

4 · 李德懋, 〈耳目口心書〉 5, 《靑莊館全書》: 《韓國文集叢刊》 a258, 443면. "文人才士, 不知通俗, 不可謂盡美之才也. 此數子者, 曲盡其妙, 若以俚俗斥之, 非人情也. 淸儒張潮有云: '文士能爲通俗之文, 而俗人不能爲文士之文, 且幷不能爲通俗之文.' 儘知言也."

5 · 윤두서의 〈나물 캐기〉와 《고씨화보》의 연관성에 대해서는 《한국의 풍속화》, 234~235면을 참고한 것임.

6 · 이에 대해서는 《한국의 풍속화》, 243~254면을 볼 것.

7 · 이규상 지음, 민족문학사연구소 한문분과 옮김, 《18세기 조선인물지》(幷世才彦錄), 창작과비평사, 144~145면. "又描今俗物狀, 酷肖之. 嘗見小幅畵, 一少婦搗衣梧桐下, 于京江龍山路, 戰笠人驅載柴馬. 又余家有小幅, 騎驢時人樣, 服飾神韻, 毫無爽, 眞神品."

8 · 趙榮祏, 《觀我齋稿》, 129면. "人大小不容一棗核, 而耳目鼻口, 精神穎發, 老幼男女, 各具其態, 行者·坐者·騎者·趨者·俯伏者·仰視者, 向背敬正, 曲盡其妙, 而莫有同者, 射獵·遊觀·商旅·乞丐·匠巧·工役·歌舞·鬪狠, 凡人事之可喜可愕者, 纖悉備具, 而使覽者歷歷如眞入其中. 誠畵之工者也."

9 · 《觀我齋稿》, 129면. "可見中華風俗之所存矣."

10 · 《觀我齋稿》, 129~130면. "昔范宣之見戴安道所作南都賦圖, 知其文物制度皆有所據, 躍然而起曰: '畵之有益如是夫.' 余於玆圖, 亦云."

11 · 金昌業, 《燕行日記》 제4권. 계사년(1713, 숙종 39) 1월 19일.

12 · 李德懋, 〈城市全圖〉, 《雅亭遺稿》 12, 《靑莊館全書》: 《韓國文集叢刊》 a257, 278면. "昔見淸明上河圖, 拭眼渾疑臨汴水."

13 · 《가림사고》는 하정 이덕주(李德冑)와 그의 둘째 아우 기원 이혜주(李惠冑), 셋째 아우 하포 이헌주(李憲冑), 족제(族弟) 의호 이서주(李瑞冑) 등의 시문을 합고한 책이다. 《嘉林四稿》 권2, 〈題畵屛 八絶〉, 采桑, 織, 粧, 刺繡, 采蓮, 浣紗, 鞦韆, 歌舞.

14 · 李瀷, 〈婦女之敎〉, 《星湖僿說》 人事門 16권. "讀書講義, 是丈夫事. 婦人有朝夕寒暑之供, 鬼神賓客之奉, 奚暇對卷諷誦哉? 多見婦女通古今說禮義者, 未必躬行而弊害無窮. 東俗與中土不侔. 凡文字之功, 非致力不能, 初非可責也. 其小學·內訓之屬, 都是丈夫之任, 宜嘿究而知其說, 隨事做誨而已. 若令閨人緩於蠶織而先務執卷, 則奚可哉?"

15 · 《여속도첩》은 〈연당의 여인〉 〈전모를 쓴 여인〉 〈거문고 줄 고르기〉 〈저잣길〉 〈장옷을 입은 여인〉 〈처네를 쓴 여인〉로 이루어져 있다. 《朝鮮時代 風俗畵》, 국립중앙박물관, 2002, 168~173면.

16 · 강명관, 《열녀의 탄생》, 2009, 304~305면 참조.

17 · 《음악풍속도》 1, 67면. "公在海營, 値大歉, 賑濟之暇, 大設養老宴. 問大小民人癃

疾未參者, 賜米肉鳩杖. 士族年高赴會者, 使子弟各一人侍坐堂上, 凡民燕毛堂下. 設聲樂, 歌詠聖德, 實太平勝事也. 及暮而退, 各起舞蹲蹲, 公亦答舞以餞. 營中觀感者, 繪畵以傳盛蹟."

18 · 《음악풍속도》1, 86면. "公餘拄笏, 愛鏡湖之勝, 作換鵝亭. 落成日, 廣詢邑中上下年滿七十者, 設養老宴, 親與爲主客之禮, 陳聲樂以娛之. 此以鳩杖等物遍遺之. 諸勞人醉飽欣欣以次起舞, 公亦自起舞, 人無不感歎. 至有垂泣曰: '不圖今日復見昇平故事.' 尤甚老羸不能赴宴者, 以鳩杖米肉絮綿等物遺之. 德溪吳先生內夫人, 尙在世, 亦以米肉鳩杖送賚之."

19 · 《음악풍속도》, 89면. "萬曆丙辰(光海九年), 鶴湖公除丹城縣. 縣曾於壬辰之後屬於山陰, 至是復設未久. 將行, 大夫人誡之曰: '此縣乃汝爺桐鄕, 愼無忝乃爺淸德.' 公再拜受命, 益勵冰蘗, 居官拊摩, 一如悠然堂公之在山陰時. 聽理之暇, 約與邑中士友, 依鵝亭故事, 設宴于縣之丹宵樓, 行大小民人養老禮, 俱欣欣和悅, 或感舊流涕曰: '幸小須臾不死, 十五年來復見先明府壬辰盛典.' 終日酬觴賦詩, 盡歡而罷, 卽暮春十三日也. …… 宴罷, 吳三濤進前曰: '先明府曾於壬辰春, 設此宴於此縣矣. 身陪觀昇平盛事, 繪進宴會圖. 今於明府此宴, 以年七十猥參燕毛, 不徒前後惠渥之浹髓, 紫煙有今古善養之餘感. 精雖霧昏, 眼雖花纈, 更繪以進, 俾作傳世勝蹟.' 援筆繪上."

20 · "德溪吳先生內夫人, 尙在世, 亦以米肉鳩杖送賚之."

21 · 《世宗實錄》10년(1428) 1월 7일.

22 · 《世祖實錄》4년(1458) 8월 28일.

23 · 《世祖實錄》6년(1460) 윤11월 8일.

24 · 《宣祖實錄》33년(1600) 3월 5일.

25 · 許穆,〈慶壽宴圖後序 己未〉,《記言》:《韓國文集叢刊》a99, 72~73면.

26 · 이정구(李廷龜)는 시를 남겼다. 李廷龜,〈申參判湜兄弟慶壽圖, 次卷上韻, 二首〉,《月沙集》:《韓國文集叢刊》a69, 386면.

27 · 崔岦,〈申同樞慶壽圖詩序〉,《簡易集》:《韓國文集叢刊》a49, 293면. "男戶曹參判湜·承政院右承旨渫, 爲設慶壽宴於私第. 初用上年十二月日, 再用本年四月日. 序諸耆老一行, 序公孤列卿一行, 呵擁傳呼, 溢於巷陌, 朱紫金玉, 交於筵席. 屬國家新去亂 上未復盛擧, 雖不可以大張伎樂, 而粗有絲肉之奏, 以相樽俎之事, 不害雁行婆娑, 以追斑衣之舞. …… 參判君·承旨君, 自奉初宴, 已命工圖畫其事迹, 頗得諸

學士先生所爲賦詠, 將成大卷, 而以豆叩參後宴, 見屬以序文."

28 · 崔岦,〈權信川詗慶筵圖序〉,《簡易集》:《韓國文集叢刊》a49, 290~291면.
    · 黃廷彧,〈題信川太守權侯慶宴圖跋〉,《芝川集》:《韓國文集叢刊》a41, 467면. 1600년에 쓴 글이다.
29 ·《宣祖實錄》33년(1600) 3월 5일.
30 ·《宣祖實錄》38년(1605) 4월 9일(2).
31 · 李景奭,〈百歲蔡夫人慶壽宴圖序〉,《白軒集》:《韓國文集叢刊》a96, 233~234면.
    · 許穆,〈慶壽宴圖記〉,《眉叟記言》권12 : 秦弘燮 編,《韓國美術史資料集成》4, 374~375면. 1667년에 쓴 글이다. 같은 내용을 쓴 것이고 채부인에 대한 기록이 좀 더 있다. 103세에 사망하였다.
    · 洪履祥, 慶壽圖記〔許穆〕,《慕堂集》附錄:《韓國文集叢刊》b006, 455면.
    · 李瀷,〈慶壽宴圖序〉,《星湖全集》:《韓國文集叢刊》a199, 435면.
32 · 의령 남씨 가전화첩(家傳畵帖)에 실려 있다. 이 외에도 고려대학교박물관에《선묘조제재경수연도권》이, 문화재연구소에〈경수연도〉가 소장되어 있다. 1655년 복구본을 모본으로 삼아, 전자는 18세기에 후자는 19세기에 복제한 것이다. 전자는 의령 남씨 가문의 가전화첩인《경이물훼(敬而勿毁)》에 수록되어 있다. 나머지 두 화첩은《조선시대 연회도》에 수록되어 있다.
33 · "軒興盈巷, 衆樂俱奏, 諸宰迭前奉觴, 以次起舞. 談者艶歎, 以爲曠世盛事. 蓋百歲之壽, 固絶無而僅有. 其他卿宰之大夫人同會一堂者, 七十以上至於九, 又何盛也!"
34 · 河溍,〈姜彥述 得胤 大夫人朴氏壽宴圖序〉,《台溪集》:《韓國文集叢刊》a101, 153면.
35 · 金尙憲,〈寄題完山府尹權守之壽宴圖 名泰一〉,《淸陰集》:《韓國文集叢刊》a77, 112면.
36 · 魚有鳳,〈洪氏慶壽圖障子跋〉,《杞園集》:《韓國文集叢刊》a184, 240b면.
37 · 朴敏孝,〈慶壽圖序〉,《常棣軒集》: 秦弘燮 編,《韓國美術史資料集成》8, 一志社, 2002, 296~298면.
38 ·《음악풍속도》1, 222~223면.
39 · 좀 더 자세한 내용은《음악풍속도》1, 224~225면 참고.
40 · 송시열(宋時烈)은 권상하(權尙夏)에게 보내는 편지에서 회혼례는 "근래 사대부 가

문에서 생겨난 것"이라고 말하고 있다. 宋時烈,〈答權致道〉,《宋子大全》:《韓國文集叢刊》111, 160면. "示諭回昏禮云者, 近出於士夫家. 夫人家父母之俱得高年者, 實不易得之喜事, 每聞人家行此, 孤露之心, 未嘗不盡然傷感也." 이 편지는 1686년 11월 28일에 보낸 것이니 회혼례는 17세기부터 유행하기 시작한 것이다. 회혼례의 용례도 17세기 이전을 거슬러 올라가지 않는다.

41 · 회례연은 회근연(回卺宴)이라고도 한다. 다음 시는 회근연을 제재로 삼거나 기념하는 그림에 붙인 것이다. 趙秀三,〈賀李同樞 胤鼎 回卺宴〉,《秋齋集》:《韓國文集叢刊》a271, 485면. "斯翁今許掾, 夫婦兩神仙. 正値夭桃節, 重回合卺年. 人間室家樂, 膝下子孫賢. 返老還童祝, 嘉筵作畫傳." 金箕書,〈人回卺宴圖〉,《和樵漫稿》책2 : 秦弘燮 編,《韓國美術史資料集成》8, 一志社, 2002, 306면. "地僊有夫婦, 花燭復成親. 然後方爲壽, 如斯必篤仁. 今緋舞賢子, 絲菅有嘉賓. 繪事非無助, 持玆勗後人."

42 ·《朝鮮時代 風俗畫》, 국립중앙박물관, 298면.

43 ·《음악풍속도》1, 227면.

44 · 이 텍스트는 국립중앙도서관, 서울대(가람본), 경북대 등에 소장되어 있다. 내용은 한글 표기에 약간의 차이가 있을 뿐 대동소이하다. 여기서는 韓國學硏究員,《原本 女範·戒女書·內訓·女四書》, 大提閣, 1985년에 실린《우암선생계녀서》를 인용한다. 책명 중 '계녀서(戒女書)'가 곧《우암선생계녀서》다. 짧은 문헌이라 따로 인용 면수를 밝히지는 않는다.

45 ·《肅宗實錄》7년(1681) 10월 21일(2).

46 ·《肅宗實錄》8년(1682) 4월 11일(1).

47 ·《肅宗實錄》22년(1696) 12월 30일. "先是, 上得王世昌豳風圖二幅, 命吏曹判書崔錫鼎, 撰詩以進. 錫鼎撰二篇, 仍箚陳行仁政之意, 以寓勉戒. 上優批嘉奬, 賜鹿皮一張."

48 · 시는 다음을 보라. 崔錫鼎,〈豳風圖詩 二首 奉敎撰投進. 有箚見文稿〉,《明谷集》:《韓國文集叢刊》a153, 513면.

49 · 崔錫鼎,〈因豳風圖撰詩之命, 附陳勉戒箚. (賜鹿皮)〉,《明谷集》:《韓國文集叢刊》a154, 154면. "仍竊伏念民惟邦本, 食爲民天. 是以古昔帝王, 咸以重民務農爲先. 夏后盡力乎溝洫, 文王卑服卽田功, 著在方冊, 允爲後王之範則. 至於豳詩七月, 周公所以陳戒于成王, 上自天時物候之變, 下至生民服力之狀, 一篇之中, 纖悉備具, 實與無逸七嗚之戒, 先知稼穡之義, 相表裏而加詳盡焉, 尤豈非君人者所宜屢省而常

目者歟! 古之人君有畫田家詩以覽, 人臣有作流民圖以獻, 皆所以察民事之艱難, 存儆看於左右."

50 · 《肅宗實錄》23년(1697) 10월 21일.
51 · 《한국의 풍속화》, 132면.
52 · 《한국의 풍속화》, 136~137면.
53 · 《한국의 풍속화》, 132~137면.
54 · 《한국의 풍속화》, 142면.
55 · 해당 작품은 《조선시대 풍속화》, 국립중앙박물관, 2002, 74~75면에 〈경직도(耕織圖)〉라는 이름으로 2폭 실려 있고, 또 78~79면에 8폭 실려 있다. 둘 다 비단에 그린 채색본이다. 김홍도가 그린 것으로 전해지는 《경직도》는 76~77면에 실려 있다. 모두 4폭이다.
56 · 肅宗, 〈題宋徽宗耕蠶圖〉, 《列聖御製》권15 : 秦弘燮, 《韓國美術史資料集成》4, 一志社, 1996, 402면. "客歲之冬, 偶得短軸畫. 是道君之畫, 而圖是耕蠶之圖也. 以妙手而善形容田家之辛苦女紅之勤勞. 每一披閱若親見之, 可謂二美具於一幅也. 然而余所觀者, 在乎耕蠶, 丹青抑其次也."
57 · 〈題織圖〉, 《列聖御製》권10 : 秦弘燮, 《韓國美術史資料集成》4, 402면.
· 〈織女圖〉, 《列聖御製》권9 : 秦弘燮, 《韓國美術史資料集成》4, 402면.
58 · 《士小節》, 526면. "凡入門而內有紡車織機聲, 外有誦詩讀書聲, 其家之齊整, 可知也. 內有讀傳奇聲, 外有賭博奕聲, 其家之雜亂, 可知也."
59 · "觀我齋之筆法, 每每入神妙, 觀者胡不愛之?"
60 · 李德懋, 〈耳目口心書〉5, 《靑莊館全書》: 《韓國文集叢刊》a258, 443면. "許烟客泌以俚諺評之. 其題三女裁縫曰 : '一女剪刀, 一女貼囊, 一女縫裳, 三女爲姦, 可反沙碟.'"
61 · 正祖, 〈日得錄〉4, 文學4, 《弘齋全書》: 《韓國文集叢刊》a267, 221면. "市摠之冊, 卽詳載市廛者矣. 廛七, 有分役廛三十, 無分役廛四十, 女人廛十八, 沿江廛十五, 坊曲雜廛十, 合爲一百二十. 分錢·貿易·徭役, 平市署堂郎·騎直·員役支放等諸般, 分排磨鍊, 以爲憑後之資."
62 · "栗蟹蝦塩, 滿筐盈缸. 曉發浦口, 鷗鷺驚飛. 一展看覺, 腥風觸鼻."
63 · 兪漢雋, '賣螃女' 〈題俗畫八幅〉辛丑, 《自著》: 《韓國文集叢刊》a249, 311면. "邵城·桂陽之間, 地濱海, 産螃蟹. 春·夏之交, 浦女拾此蟹, 羣入京師, 易弊衣以歸.

此, 邵城桂陽之俗也."

64 · 李佑成·林熒澤 編譯,〈巨余客店〉,《李朝漢文短篇集》上, 一潮閣, 1973, 61면.

65 · 趙熙龍,〈金亮元傳〉,《壺山外記》:《閭巷文學叢書》9, 驪江出版社, 1991, 64면. "少游俠, 買姬當鑪."

66 · 李敏求,〈十美人圖〉,《東州集》:《韓國文集叢刊》a94, 238면. "東家南陌竝殊倫, 八字雙眉十樣新. 眞態分明隨粉繪, 可憐延壽畫中人."

· 任相元,〈爲子夏題美人圖〉,《恬軒集》:《韓國文集叢刊》a148, 252면. "琵琶初撥舞腰輕, 竹裏仍飛玉笛聲. 恐是隔窓歸鳳意, 畫中嬌臉自多情."

· 趙龜命,〈題美人圖〉,《東谿集》:《韓國文集叢刊》a215, 250면. "如何是畫中景, 新莎牛岸細如霧. 芳樹千枝濃欲花. 如何是景中人, 纖腰裊嬲蓮生步, 美貌盈盈月助輝. 如何是人中意, 綠蕉閒展依微詠, 斑管輕撩黯淡思. 如何是意中詩, 春色一年駒隙駛, 良人萬里賸書稀." "美人折花看, 惜春也惜春, 而折花豈不轉傷春. 是顧未知惜春法, 何如放在枝頭看?"

· 申光洙,〈美人圖〉,《石北集》:《韓國文集叢刊》a231, 395면. "裙子淺靑色, 不用染深紅. 嫌君見窮袴, 未敢舞春風." "巖頭紫繡鞋, 裙底見一足. 解登歌舞筵, 蹋死人心曲." "桃花扇底半面身, 自是嬌多解惜春. 盡日無言心內事, 不知悵恨爲何人." "墻外杏花斜一枝, 春心約莫畏人知. 無端步立春風下, 却似西廂待月時."

· 卞鍾運,〈題花下美人圖〉,《笑齋詩鈔》:《韓國文集叢刊》a303, 18면. "新粧纖龍採酴醾, 朝露未晞三兩枝. 爲愛花心雙蝶宿, 待他飛去立多時."

67 · 周命新(숙종 연간),〈余友, 房中長掛美人圖, 求詩於余, 遂號一律〉,《玉振齋詩稿》: 秦弘燮 編,《韓國美術史資料集成》4, 466면. "桑田衛女含羞態, 流眄嬰兒不下床. 夜夜誰圖雲髻解, 朝朝自失玉顏粧. 耳聞嘲語無酬酌(酢), 眼對明燈未度量. 形托丹靑精不散, 襄王雲雨夢中傷."

68 · 金尙憲,〈題王之麟所畵美人圖〉,《淸陰集》:《韓國文集叢刊》a77, 137면.

69 · 金昌業,《燕行日記》제4권, 癸巳年(1713) 1월 23일.

70 · 南公轍,〈滿洲美人圖帖紙本〉,《金陵集》:《韓國文集叢刊》a272, 456면. "鵠亭筆譚稱自淸統一, 無論滿漢男子, 皆紅帽蹄袖, 而惟獨漢女纏足不得變. 率天下變夏用夷, 而男順而女不順, 是知女子之性偏甚. 然則中州婦女, 反勝於薙髮左衽之學士大夫. 鵠亭此語, 有激而發也."

71 · 李裕元,《林下筆記》제33권, 華東玉糝編,〈仕女倚倦圖〉. "玉容瘦損鏡慵開, 長夏

生憎午景回. 人柳眠風拖朱閣, 虫絲弄日到青苔. 鶯聲不與聰明隔, 蝶意無端眼睫來. 惱得佯嗔嬌得寵, 十分才氣十分孩."

· 나머지 작품은 다음과 같다. 申緯, 〈爲李魯卿文學, 題仕女倚倦圖〉,《警修堂全藁》:《韓國文集叢刊》a291, 62면. "轉輾空床送曉昏, 起來神倦暗銷魂. 鮫綃映肉疑融雪, 鸞髮差肩欲化雲. 一味鍾情多累我, 相思害病半緣君. 椅材知是湘妃竹, 故把全身靠淚痕." "夜宴金屛海色含, 宿妝和睡倚餘酣. 香侵蔽膝抛歌扇, 汗透中單換舞衫. 暗喜抹郞波潋口. 恐驚捉椅玉纖纖. 纏頭任爾堆多小, 不管話鄕百寶函." "悶來胡想困來憨, 旋上交床旋下簾. 咏絮紗窓詩閣筆, 唾絨粉壁繡停鍼. 閑愁萬斛無邊海, 彈指三生入定龕. 周昉屛風看亦屢, 此中眞態更難添." "氣息濛濛得自看, 甁花無力井無瀾. 桐陰滿地烏龍臥, 苔色上階鸚鵡閑. 斂手指餘湘瑟怨, 嚥津齒帶越梅酸. 忘言却也眉傳意, 事到心中月一彎."

72 · 申緯와 李夏坤은 모두 서화 수장가로 이름이 난 사람들인데, 다음 시를 보건대 그들은 仕女圖를 소장했던 것이 분명하다.

· 申緯, 〈再題所藏仕女讀書圖〉,《警修堂全藁》:《韓國文集叢刊》a291, 599면. "畵家仕女稱周昉, 能事至能如不能. 近代衣裳無此樣, 試看雲鬟硏綠綾."

· 李夏坤, 〈題仕女障子〉,《頭陀草》:《韓國文集叢刊》a191, 337면. "昔別阿郞梅發時, 梅花又發但相思. 春來無限心中事, 獨有焚香侍女知."

73 · 李玄錫, 〈題十美人圖〉(次東州先生韻),《游齋集》:《韓國文集叢刊》a156, 449면. 이 시를 쓴 시기는 병자년, 곧 1636년이다. "丙子冬, 公自淸風移拜都憲, 住忠州連原驛村. 蕊城忠州別號." 작품은 다음과 같다. "雲情月態絶凡倫, 妙戲嬌粧箇箇新. 誰氏女兒何世決, 笙歌自是太平人." "丹靑翰墨逈超倫, 劫火經來眼轉新. 盡日摩挲三歎息, 百年陳迹大明人." 이 말미에 "仇十洲畫, 文徵明詩"라는 주가 있어 이 그림이 구영의 것임을 알 수 있다.

74 · 朴允默, 〈題仇十洲美人圖〉,《存齋集》:《韓國文集叢刊》a292, 12면. "六十紅顔箇箇新, 千秋宛爾畵中春. 從來美色知尤物, 誤國亡家定幾人." 아마도 김도수의 '瀟湘圖' 등에 붙인 다음 시도 역시 중국에서 수입한 그림을 제재로 삼을 것일 터인데, 그중 〈西施圖〉가 있다. 金道洙, 〈題畵 四首〉,《春洲遺稿》:《韓國文集叢刊》a219, 18면. "(瀟湘圖)湘江月落時, 冷風凄凄. 依花竹裏, 冥子規啼. 那堪淸瑟彈, 羣鴈驚相迷." "(西施圖)苧羅諸浣女, 皆應怨西施. 千秋亡國名, 長爲此溪疵. 從玆苧羅山, 不復生蛾眉." "(五猨圖)一掛高枝嘯, 一含江水噴. 一坐浴其子, 復有一傍蹲. 似從巫峽來,

愛此春湘暄. 君何得此畫, 東國本無猵.'"〈猛虎圖〉 猛虎雄雙顧, 松根意氣蹲. 悲風生洞壑, 淸嘯震乾坤. 百獸紛求穴, 三軍可奪魂. 嗟人無壯士, 犬豕滿中原."

75 ・李瑞雨,〈畫幅雜詠〉,《松坡集》:《韓國文集叢刊》b41, 128면. "吳王在日已陳人, 少伯重逢白髮新. 怊悵春風念存沒, 捧心何處不成顰. 右西施圖." "聲影無心自去留, 楚王朝暮思悠悠. 一從圖畫爲人識, 雲雨人間揚是愁. 右巫山神女圖." "風沙萬里尙妍姿, 何況嬌嬈漢殿時. 千載毛延重可恨, 此圖寧是受金爲. 右昭君圖."

76 ・申緯,〈題古人雜畫 三絶句〉, 養硯山房四, 壬辰閏九月, 至十月,《警修堂全藁》:《韓國文集叢刊》a291, 422면. "周昉畫王昭君. '此時心事誰能解, 肯得王嬙貌黯然. 馬上琵琶還膝上, 琵琶猶是解囊前.'" 그 외 두 폭은 조자앙(趙子昂), 즉 조맹부의 말 그림과 스님이 소나무 아래서 쉬는 그림이다.

77 ・任守幹,〈趙子昂明妃出塞圖跋〉,《遯窩遺稿》:《韓國文集叢刊》a180, 303면.

78 ・崔昌大,〈畫六疊美人贊〉,《昆侖集》:《韓國文集叢刊》183, 269~270면. "第一疊. 美人踞坐交膝, 右手把高麗扇垂下, 左子指尖支板齒, 流盼下眂, 二雛或撒花或臂禽, 昂首向母. 贊曰:'春禮日晛, 花細竹森. 境偕人適, 憯予何心. 濃鉛匪飾, 尺髻匪容. 睠予顧之, 惟彼雙丰.'" "第二疊. 兩美人對踞, 或搊琵琶, 或彈行琴. 贊曰:'弁服相侔, 我姑爾羹. 瑟琴互合, 大宮細商. 冷冷者聲, 變變者情. 停絃一笑, 萬古虧成.'" "第三疊. 美人手支畫圓扇, 二雛旁侍, 一吹笙簧. 贊曰:'天矣妙矣, 何彼姣矣. 水淸荷花, 爛自照矣. 登伽何泺, 革囊奚罪. 淨心不浼, 惟摩難在.'" "第四疊. 二女道人, 或拈圓毬放光, 或拊異獸, 雪角靑毛, 疊扇相偎. 贊曰:'丸而攤者, 是珠是礫. 角而馴者, 是靈是畜. 爾簡何訣, 爾壺何貯. 凡乎儳乎, 是惟在女.'" "第五疊. 兩美人對踞, 搊琵琶彈行琴, 狀同第二疊. 贊曰:'信手何譜, 側耳何心. 初若寥寥, 久乃愔愔. 施鹽貌同, 唯英音一. 以官則倡, 以天或佛.'" "第六疊. 二女道士, 並游石皋畔上, 蔭茂樹下踏芳渚, 一者拈花向天, 一者顧笑, 獨鶴翔舞, 雲景映媚. 贊曰:'水流泠泠, 雲起英英. 彼羽裳者, 亦翩其鳴. 或衣之荷, 或簪之華. 惟服不服, 惟大師婆.'"

79 ・申緯,〈題十二名媛圖 命衍白描〉, 山房紀恩集三 甲午九月, 至十一月,《警修堂全藁》:《韓國文集叢刊》a291, 497면.

80 ・李德懋,〈婦儀〉,《士小節》,《靑莊館全書》:《韓國文集叢刊》a257, 516면. "削衿之衫, 撑幅之裙, 服妖也." 이하《士小節》〈婦儀〉의 인용은 '《士小節》'이라 쓰고,《韓國文集叢刊》a257의 면수만 밝힌다.

81 ・《士小節》, 516면. "辮髦, 蒙古之遺風. 凡今婦人, 雖隱忍從俗, 不可務尙侈大. 貴

富家費錢至七八萬. 廣蟠仄繞, 作墮馬勢, 餙以碓黃版·法琅簪·眞珠繻, 其重幾不可支, 家長不能禁. 婦女愈侈而愈恐其不大. 近有富家, 婦年方十三, 辮髢高重, 其舅入室, 婦遽起立, 髢壓而頸骨折. 侈能殺人, 嗚呼! 悲夫."

82 · 《士小節》, 518면. "時世之服, 上衣太短窄, 下裳太長博, 服妖也."

83 · 《士小節》, 525면. "嘗聞父老之言, 古者女服寬製, 故嫁時之衣, 可爲小斂之用. 生死老少, 體大小不同, 則其衣之不窄, 可知也. 今則不然. 試着新衣, 穿袖甚難, 一屈肘而縫綻, 甚至縺著逾時, 臂氣不周, 脹大難脫, 剝袖而救之, 何其妖也? 大抵粧飾衣裝, 號爲時樣, 皆出娼妓狐媚, 世俗男子, 沈溺不悟, 勸其妻妾, 使之倣傚, 轉相傳習. 嗚呼! 詩禮不修, 而閨人妓裝凡百, 婦人其宜亟改."

84 · 《한국의 풍속화》, 404~405면.

85 · 金載瓚, 〈題女樂圖〉, 《海石遺稿》: 《韓國文集叢刊》a259, 340면. "輕鏓生響, 小金團團. 一曲便旋, 聲在指端."(響鏓) "雙手執條, 四女八拍. 興俯同節, 懸牙角角."(牙拍) "少女其姝, 紫笠綠衫. 輕舞登筵, 喚爾童男."(舞童) "玉盤瑤桃, 其實三之. 一曲纖唱, 翠袖齊眉."(獻仙桃) "玉丸在手, 中貫赤繩. 乘機齊發, 毬落聲應."(抛毬樂) "畫鼓居中, 綵袖環立. 四桴一聲, 當心并落."(舞袖) "錦纜牽風, 羅帆生波. 泛彼輕舫, 花裏漁歌."(發船) "委蛇偏傻, 巨人之容. 象四方立, 一在其中."(處容) "短袂輕裳, 急雪驚鴻. 下立微嘯, 玉腮生紅."(釰舞) "花前有鶴, 鶴啄荷花. 花落鶴飛, 如花之娥."(鶴舞) "靈石爲獅, 幻身佛前. 飛上仙樓, 萬舞之筵."(獅舞)

86 · 朴齊家, 〈劍舞記〉, 《貞蕤閣集》: 《韓國文集叢刊》a261, 606면.
 · 柳得恭, 〈劍舞賦〉, 《泠齋集》: 《韓國文集叢刊》a260, 136~137면.

87 · 尹愭, 〈都下少年, 逐日船遊, 酒食之盛, 女樂之奢, 動費萬金〉, 《無名子集》: 《韓國文集叢刊》a256, 92면. "'行樂春秋好, 招邀意氣豪. 江飛競舟楫, 草亂炫衣袍. 酒爲賓筵盛, 歌因舞袖高. 近聞西北火, 聖主獨憂勞.' 時西北營下皆大火, 上遣使慰撫, 又下胡椒丹木等物以恤之."

3장. 길들여지지 않는 여성주체

1 · 李德懋, 《士小節》 520면. "姑嫌婦貧不善奉養, 督責苛刻, 無所慈憐, 至使其婦慽慽枯死, 或有刀藥自裁者. 此, 人倫之大變也."

2   ·《韓國肖像畵 硏究》, 367~368면. 이하 이 그림에 대한 정보는 전적으로 이 책에 의한 것이다.

3   ·《韓國肖像畵 硏究》, 367면.

4   ·《中庸》12장. "君子之道, 造端乎夫婦."

5   ·李植, 〈策問〉(夫婦),《澤堂集》:《韓國文集叢刊》a88, 503면. "我國士族之女, 不得改適. 士夫疏棄正妻, 名敎不容. 雖配耦不良, 而離異者絶少, 果合於古人之中道歟?"

6   ·李瀷, 〈出妻〉,《星湖僿說》8권, 인사문. "國法, 改嫁子孫, 不許淸路, 故士族恥之. 其流之弊, 雖絶悖之行, 輒諉諸無出妻法, 不許離絶. 於是, 女權太重, 家道不成."

7   ·유정기와 신태영의 이혼 사건에 대해서는 따로 저작을 낼 것이다. 별도로 문헌 출처를 밝히지는 않는다.

8   ·李瀷, 〈離昏〉,《星湖僿說》15권, 인사문. "今之俗, 盖屛息合眼無如何, 河東獅子吼, 何也"

9   ·《士小節》, 527면. "世之孱男子, 挾制於悍婦人, 不能措手足者, 往往有之. 此人倫之大變, 王法之所不容, 以凌侮毆罵, 無所不至也. 盖悍婦類多才氣, 能營生理, 其夫藉此而活, 故婦爲之鉗制. 夫爲之讋服, 可不哀哉."

10   ·《士小節》, 519면. "錢穀布帛, 不識劑量, 亡家之兆也."

11   ·《士小節》, 521면. "不能勤儉, 祖先産業, 覆敗於一婦人之手者, 往往有之, 可不愼哉. 故婦人之嗇, 猶可說也;婦人之侈, 不可說也."

12   ·《士小節》, 527면. "士人之妻, 家計貧乏, 稍營生理, 未爲不可. 紡績蠶繭固是本業. 至若牧鷄鴨·沽販醬·醋·酒·油, 又善藏棗·栗·烏梅·金橘·朱榴, 待時而出. 又貿積紅花·紫草·丹木·黃蘗·黔金·藍靛, 知學桃紅·粉紅·松花·黃油·綠草·綠天·靑鴉·靑雀·頭紫·銀色·玉色諸染色法, 非惟有補於生計, 亦是女功之一端. 然痼於利欲, 多行刻薄不近人情之事, 亦豈賢淑之行也哉?"

13   ·《士小節》, 527면. "生殖子母錢, 尤非賢婦人之事也. 非惟少與錢多取息之爲不義, 若或失期不還, 則督索煩苛, 惡言相加. 甚至使婢訟訴, 事載官牒, 負債之人, 賣家賣田, 傾産洒已, 愁怨之聲, 播于遠近. 又兄弟姻親之間, 互相債貸, 惟利是急, 頓失和厚之意. 余見殖錢之家. 覆敗相望, 以其不近人情故也."

14   ·하영휘,《양반의 사생활》, 푸른역사, 2008, 66~69면.

15   ·《士小節》, 518면. "婦人之狠毒者, 因一小忿, 怨恨之不足, 涕泣之;涕泣之不足, 號哭之. 甚至皷掌椎胸, 訴天詛神, 無所不至. 余見多矣. 寔由於家長之懦弱, 不善敎

導, 養成驕悍."

16 · 《士小節》, 519면. "因恚他人之不如意, 移怒於無罪之子女, 打摑紛紜, 擲碎器血, 撲翻窓戶, 以肆其毒, 非惡婦而何?"

17 · 《士小節》, 520면. "毒性之婦, 或不見愛於舅姑, 或不得於其夫, 蓄恚之極, 佯爲顚狂, 假鬼神而數其惡. 甚至擬刎擬經, 以嚇之. 此固夫與舅姑之不善導掣也. 其爲婦人, 罪亦大矣. 如不悔惡, 生亦何爲?"

18 · 《士小節》 519면. "今之俗, 京婦人不解織布; 士婦人, 不解炊飯, 皆陋習也. 織布炊飯, 視以爲羞恥, 是可謂之婦人乎?"

19 · 古典敎材刊行會 編, 〈裵裨將傳〉, 《韓國古典小說全選》, 새글사, 1965, 215면.

20 · 《士小節》, 530면. "世俗婦人, 惑於拘忌, 隣有癘疫·疹痘, 則托爲不潔而不行祭焉. 家人有微痾小癤, 勒以爲癘疫疹痘, 故不爲祭, 家長溺信其說, 不能禁止. 亦有不善祭祀, 而祈禳雜鬼, 號曰神祀. 腰皷·悲栗·銅鑼震盪, 女巫跳踉, 毒舌呵喝, 婦人膝行, 攢手乞命, 多納錢帛, 謂蒙神惠. 家長不禁, 屛伏外舍, 恬不知恥, 可哀也已. 或又邀瞽念呪, 號曰誦經, 扑皷亂叫, 老少名姓, 雜鬼標目, 斥呼紛紛. 凡此等事, 必有妖婢·姦婆, 誘引主婦, 致此雜亂. 欲正家道, 先治此輩可也."

21 · 《士小節》, 516면. "世或有婦人入關廟佛寺, 經宿祈禱, 可知其家法之壞也."

22 · 《士小節》, 519면. "祓禳, 欲除鬼而鬼先入家; 拘忌, 欲避邪而邪已染心, 何其惑也? 故家法嚴斥巫祝不使入門, 忌諱邪說不行於閨壺之內. 吾家今無此等陋習."

23 · 《士小節》, 519면. "婦人有病, 例守固狹之見, 不愼風寒, 不進藥餌, 深信巫卜, 專事祈禳. 此亂人家而有餘."

24 · 《士小節》, 530면. "凡家人疾病, 婦女主張 屛下醫藥, 專事禳祝, 以致死亡者多, 關係不細. 可不惕心?"

25 · 《士小節》, 530면. "家人疾病, 惑於巫瞽, 以爲先亡某親之祟也, 必使之祈祝祓禳, 瀆嫚不敬, 無所不至, 亦有厭勝其墳墓者. 此詛呪巫蠱妖惡之兆, 故能斥左道, 不使妖人入門者, 不害爲賢媛也."

26 · 《士小節》, 517면. "諺翻傳奇, 不可耽看, 廢置家務, 怠棄女紅. 至於與錢而貰之, 沈惑不已, 傾家産者有之. 且其說皆妬忌淫媟之事, 流宕放散, 或由於此. 安知無奸巧之徒, 鋪張豔異之事, 挑動歆羨之情乎?"

27 · 《士小節》, 518면. "諺翻歌曲, 不可口習. 如唐人詩長恨歌之類, 豔麗流盪, 妓女之所誦, 亦不可習也."

28 ・《士小節》, 520면. "家設山臺・鐵拐・曼碩淫亂之戲, 使婦人觀之, 笑聲出於外, 非正家之道也."

29 ・《士小節》, 516면. "女子擲柶・雙陸, 敗志荒儀, 已是惡習, 從兄弟・中表兄弟・姨兄弟男女匝坐, 對局點籌, 叫呶爭道, 手勢相觸, 呼五呼六, 聲出簾帷, 此誠淫亂之本也. 留客珠・留客環, 不可入閨門之內."

30 ・《士小節》, 521면. "不耐幽靜, 性喜出入, 亦耽賞翫, 露面颺笑, 流弊亦大."

31 ・《士小節》, 522면. "淫褻之言, 不惟不出諸口, 若或聞之, 掩耳急避之."

32 ・《士小節》, 519면. "新婦不可口談産育之事, 惡其無羞也."

33 ・《士小節》, 517면. "勿窺見男子, 評議其肥瘦姸醜. 何異男子談女色."

34 ・朴趾源,〈烈女咸陽朴氏傳〉,《燕巖集》:《韓國文集叢刊》252, 29면. "此, 汝母忍死符也. 十年手摸, 磨之盡矣. 大抵人之血氣, 根於陰陽, 情欲鍾於血氣. 思想生於幽獨, 傷悲因於思想. 寡婦者, 幽獨之處而傷悲之至也. 血氣有時而旺, 則寧或寡婦而無情哉?"

35 ・朴趾源, 같은 책, 같은 곳. "殘燈吊影, 獨夜難曉. 若復簷雨淋鈴, 窓月流素, 一葉飄庭, 隻鴈叫天, 遠鷄無響, 穉婢牢鼾, 耿耿不寐, 訴誰苦衷."

36 ・《士小節》, 252면. "孀婦之服餙, 藉淡素而致鮮楚, 是豈稱未亡人之義也哉?"

37 ・《孟子集註》, 告子章句 上, "告子曰: '食・色, 性也.'"

38 ・《成宗實錄》11년(1480) 10월 18일. "人頗疑於乙字同之母鄭氏, 亦有淫行. 嘗曰: '人誰無情欲? 吾女之惑男, 特已甚耳.'"

39 ・《六堂本 靑丘永言》739번 작품.

40 ・정병설,《조선의 음담패설》, 예옥, 2010.

41 ・李圭景,〈漢畵春情辨證說〉,《五洲衍文長箋散稿》下, 明文堂, 1982, 12면. "嘗見燕中所來帖子中, 畫各種男女淫褻之狀. 或塑像, 藏之匣中, 轉機活動, 號曰春花圖, 令人動欲助興云." 이하 인용도 같은 책, 같은 곳에 의함.

42 ・"詳見朴亮漢梅翁閑錄:'畫者謂之春畫, 刻者謂之春意.' 予嘗見以杜鵑石刻之, 以樺梠匣之, 其勢如生."

43 ・"明末淫風日滋, 男女交合之狀, 或刻或畫, 刻者謂之春意. 信使來致禮幣, 其中有象牙春意一事. 仁廟下政院, 以象牙刻男女面目, 機發, 作相交之形. 東人曾所未見, 皆以爲毛文龍以此辱之, 殊不知唐人玩好之常也. 仁廟遂命粉碎之. 是時, 朝臣有手執而玩之者, 朝議以此枳塞淸路. 我國風俗之貞潔, 可知也."

44 · 申維翰,〈海槎東遊錄〉2권, 九月,《青泉集》:《韓國文集叢刊》200, 463면. "'的歷何的歷, 展郞懷中圖. 感君不羞耻, 較它作歡娛.' 倭男必於懷中, 貯雲雨圖以助其淫."

45 · 李圭景,〈華東妓源辨證說〉,《五洲衍文長箋散稿》下, 382면. "今則春畫之屬, 自燕京流布, 士大夫或多傳看, 而不知爲愧."

46 · 副墨子,〈豈知人事〉,《破睡錄》. "夫婦行房事於春畫, 雲雨方濃之際, 婢到窓外, 問曰:'夕飯當用幾升米乎?' 婦答曰:'五升, 五升, 五五升.' 婢乃炊三斗五升, 婦見而責多, 婢對曰:'五升五升, 非一斗乎? 五五升非二斗五升乎?' 婦笑曰:'汝何不斟酌聽之耶? 當其時, 吾知其人事乎?'"

47 · 구체적인 실례로《추관지(秋官志)》처럼 성 관련 범죄에 대한 판결이 있다.《秋官志》, 제2편, 詳覆部, 倫常,〈지아비를 시해한 자에 대해 파가저택 하는 율〉(弑夫破潴律):《추관지》1, 1975, 法制處, 226면. 같은 책, 奸淫,〈간통으로 인하여 처를 살해한 것〉(因奸殺妻):《추관지》1, 412~430면. 같은 책, 奸淫,〈간통으로 인한 살인〉(因奸殺人):《추관지》1, 430~461면. 같은 책, 奸淫,〈淫獄〉:《추관지》1, 461~476면 등 대단히 풍부한 사례가 보고되고 있다.

48 · 진본《청구영언》576번째 작품.

49 · 진본《청구영언》552번째 작품.

맺음말. '주체' 로서의 조선 여성

1 ·《士小節》, 524면. "近世婦人有才氣者, 或談及偏黨色目家閥高下科宦陞黜之事, 則姻族男女, 嘖嘖稱其能也. 嗚呼! 此誠亂家之本也. 推此以往, 參與外事, 無所不至."

그림 목록

서장. 고려—회화로 보는 고려 여성의 얼굴

그림 1   작자 미상, 〈공민왕 영정〉, 국립고궁박물관, 22쪽.
그림 2   작자 미상, 〈공민왕과 노국대장공주상〉, 경기도박물관, 23쪽.
그림 3   당 주방, 〈잠화사녀도〉, 중국 요녕성박물관, 28쪽.
그림 4   당 장훤, 〈도련도〉, 미국 보스턴미술관, 29쪽.

1장. 조선 전기—유교의 이름 아래 가려지는 여성들

그림 1   작자 미상, 〈조반 부인상〉, 국립중앙박물관, 51쪽.
그림 2   작자 미상, 〈조반 초상〉, 국립중앙박물관, 51쪽.
그림 3   작자 미상, 〈하연 부인상〉, 경남 합천군 야로면 야로리 타진당, 53쪽.
그림 4   작자 미상, 〈박연 부부상〉, 충북 영동군 난계사, 54쪽.
그림 5   작자 미상, 〈정식 부부상〉, 전남 나주군 설재서원, 55쪽.
그림 6   〈여종지례〉, 《삼강행실도》(초간본), 열녀편, 국립중앙박물관, 82쪽.
그림 7   〈고행할비〉, 《삼강행실도》(초간본), 열녀편, 국립중앙박물관, 82쪽.
그림 8   〈주처견매〉, 《삼강행실도》(초간본), 열녀편, 국립중앙박물관, 84쪽.
그림 9   〈취가취팽〉, 《삼강행실도》(초간본), 열녀편, 국립중앙박물관, 84쪽.
그림 10 〈김씨사적〉, 《삼강행실도》(초간본), 열녀편, 국립중앙박물관, 86쪽.
그림 11 〈임씨단족〉, 《삼강행실도》(초판본), 열녀편, 국립중앙박물관, 86쪽.
그림 12 〈취가취팽〉, 《삼강행실도》(언해축약본), 열녀편, 규장각, 87쪽.
그림 13 〈허매익수〉, 《속삼강행실도》, 열녀편, 한국학중앙연구원 장서각, 89쪽.
그림 14 〈김씨자경〉, 《속삼강행실도》, 열녀편, 한국학중앙연구원 장서각, 89쪽.

그림 15	작자 미상, 〈기묘계추화산양로연도〉, 《애일당구경첩》, 농암 종가, 93쪽.
그림 16	〈기묘계추화산양로연도〉 부분, 94쪽.
그림 17	작자 미상, 〈병술중양일분천헌연도〉, 《애일당구경첩》, 농암 종가, 96쪽.
그림 18	이방운, 《빈풍칠월도첩》둘째·셋째 장, 국립중앙박물관, 103쪽.
그림 19	작자 미상, 〈십로도상도권〉, 1499년, 삼성미술관 Leeum, 112쪽.
그림 20	작자 미상, 〈기영회도〉 부분, 1584년, 국립중앙박물관, 114쪽.
그림 21	작자 미상, 〈선조조기영회도〉, 1585년, 서울대학교박물관, 116쪽.
그림 22	작자 미상, 〈중묘조서연관사연도〉, 1535년, 홍익대학교박물관, 117쪽.
그림 23	작자 미상, 〈호조낭관계회도〉, 1550년경, 국립중앙박물관, 119쪽.

2장. 조선 후기—남성의 시선으로 그려진 여성의 세속

그림 1	김득신, 〈넉넉한 양반집〉, 《행려풍속도병》, 삼성미술관 Leeum, 127쪽.
그림 2	작자 미상, 〈서당집〉, 국립중앙박물관, 129쪽.
그림 3	김희겸, 〈석천한유〉, 1748년, 전용국 소장, 131쪽.
그림 4	윤두서, 〈나물 캐기〉, 윤영선 소장, 134쪽.
그림 5	장택단, 〈청명상하도〉 부분, 138쪽.
그림 6	장택단, 〈청명상하도〉 부분, 139쪽.
그림 7	〈이부동사〉, 《동국신속삼강행실도》, 열녀편, 규장각, 146쪽.
그림 8	〈이부추애〉, 《동국신속삼강행실도》, 열녀편, 규장각 146쪽.
그림 9	〈김씨자흠〉, 《동국신속삼강행실도》, 열녀편, 규장각, 148쪽.
그림 10	〈이씨단지〉, 《동국신속삼강행실도》, 열녀편, 규장각, 148쪽.
그림 11	〈취가취팽〉, 《오륜행실도》, 열녀편, 국립중앙박물관, 149쪽.
그림 12	〈임씨단족〉, 《오륜행실도》, 열녀편, 국립중앙박물관, 149쪽.
그림 13	작자 미상, 〈해영연로도〉, 《풍산김씨세전서화첩》, 김윤 소장, 152쪽.
그림 14	오삼도, 〈환아정양로회도〉, 《풍산김씨세전서화첩》, 김윤 소장, 153쪽.
그림 15	오삼도, 〈단성연회도〉, 《풍산김씨세전서화첩》, 김윤 소장, 154쪽.
그림 16	작자 미상, 《경수연도첩》, 1605년, 서울역사박물관, 162쪽.
그림 17	작자 미상, 《경수연도첩》, 1605년, 서울역사박물관, 162쪽.

그림 18   작자 미상, 《경수연도첩》, 1605년, 서울역사박물관, 163쪽.
그림 19   작자 미상, 《선묘조제재경수연첩》, 1655년, 홍익대학교박물관, 164쪽.
그림 20   작자 미상, 〈칠태부인경수연도〉 부분, 1691년, 부산박물관, 167쪽.
그림 21   작자 미상, 〈칠태부인경수연도〉 부분, 1691년, 부산박물관, 168쪽.
그림 22   작자 미상, 〈칠태부인경수연도〉 부분, 1691년, 개인 소장, 169쪽.
그림 23   작자 미상, 《담락연도》, 1724년, 권옥연 소장, 171쪽.
그림 24   작자 미상, 《회혼례첩》, 18세기, 국립중앙박물관, 174쪽.
그림 25   작자 미상, 《회혼례첩》, 18세기, 국립중앙박물관, 175쪽.
그림 26   작자 미상, 《회혼례도》 8폭 병풍 중 1·2·3·4폭, 홍익대학교박물관, 178~179쪽.
그림 27   작자 미상, 〈혼인식〉, 《평생도》, 19세기 말~20세기 초, 국립중앙박물관, 181쪽.
그림 28   김홍도, 〈회혼례〉, '모당 홍이상 평생도'로 잘못 알려진 《평생도》, 국립중앙박물관, 183쪽.
그림 29   작자 미상, 〈회혼례〉, '담와 홍계희 평생도'로 잘못 알려진 《평생도》, 국립중앙박물관, 184쪽.
그림 30   작자 미상, 〈회혼례〉, 《평생도》, 국립중앙박물관, 184쪽.
그림 31   작자 미상, 〈누에 먹이기〉, 《누숙경직도》, 국립중앙박물관, 190쪽.
그림 32   초병정, 〈비단 짜기〉, 《패문재경직도》, 한국학중앙연구원 장서각, 191쪽.
그림 33   전 김홍도, 《경직도》 1·2·3·4폭, 국립중앙박물관, 194쪽.
그림 34   이한철, 《세시풍속도》 1·2·3·4·5폭, 동아대학교박물관, 198~199쪽.
그림 35   이한철, 《세시풍속도》 6·7·8·9·10폭, 동아대학교박물관, 200~201쪽.
그림 36   작자 미상, 〈전가락사〉, 개인 소장, 202쪽.
그림 37   작자 미상, 〈경직도〉(1), 게르트루트 클라센 소장, 202쪽.
그림 38   작자 미상, 〈경직도〉(2), 게르트루트 클라센 소장, 202쪽.
그림 39   작자 미상, 〈베 짜기〉, 《경직도》, 국립민속박물관, 205쪽.
그림 40   작자 미상, 〈여름 휴식〉, 《경직도》, 국립민속박물관, 205쪽.
그림 41   작자 미상, 〈소작료 바치기〉, 《경직도》, 국립민속박물관, 205쪽.
그림 42   김홍도, 〈실뽑기와 자리 짜기〉, 《단원풍속화첩》, 국립중앙박물관, 207쪽.
그림 43   김득신, 〈베 짜기와 자리 짜기〉, 개인 소장, 207쪽.
그림 44   유운홍, 〈길쌈〉, 《풍속도》, 국립중앙박물관, 208쪽.
그림 45   조영석, 〈새참〉, 개인 소장, 209쪽.

그림 46   김홍도, 〈들밥 내가기〉, 《행려풍속도병》, 국립중앙박물관, 210쪽.
그림 47   김홍도, 〈새참〉, 《단원풍속화첩》, 국립중앙박물관, 211쪽.
그림 48   김득신, 〈들밥〉, 《풍속팔곡병》, 삼성미술관 Leeum, 212쪽.
그림 49   윤용, 〈나물 캐기〉, 간송미술관, 213쪽.
그림 50   마군후, 〈나물 캐기〉, 간송미술관, 214쪽.
그림 51   작자 미상, 〈나물 캐기〉, 국립중앙박물관, 214쪽.
그림 52   김홍도, 〈춘일우경〉, 《행려풍속도병》, 국립중앙박물관, 215쪽.
그림 53   조영석, 〈절구질하는 여인〉, 간송미술관, 216쪽.
그림 54   신윤복, 〈장터에서 오는 길〉, 국립중앙박물관, 217쪽.
그림 55   조영석, 〈재봉〉, 개인 소장, 218쪽.
그림 56   신윤복, 〈다림질〉, 개인 소장, 219쪽.
그림 57   신윤복, 〈빨래하러 가는 길〉, 《행려풍속도병》, 국립중앙박물관, 220쪽.
그림 58   신윤복, 〈빨래터〉, 《혜원전신첩》, 간송미술관, 220쪽.
그림 59   김홍도, 〈빨래터〉, 《단원풍속화첩》, 국립중앙박물관, 220쪽.
그림 60   신윤복, 〈우물가〉, 《혜원전신첩》, 간송미술관, 223쪽.
그림 61   김홍도, 〈우물가〉, 《단원풍속화첩》, 국립중앙박물관, 223쪽.
그림 62   김홍도, 〈부부 행상〉, 《단원풍속화첩》, 국립중앙박물관, 225쪽.
그림 63   김홍도, 〈포구의 행상 여인들〉, 《행려풍속도병》, 1778년, 국립중앙박물관, 226쪽.
그림 64   작자 미상, 〈초라한 주막〉, 국립중앙박물관, 229쪽.
그림 65   김득신, 〈주막집〉, 《풍속팔곡병》, 삼성미술관 Leeum, 231쪽.
그림 66   김홍도, 〈주막〉, 《단원풍속화첩》, 국립중앙박물관, 233쪽.
그림 67   신윤복, 〈선술집〉, 《혜원전신첩》, 간송미술관, 235쪽.
그림 68   김홍도, 〈여자 엿보기〉, 《행려풍속도병》, 국립중앙박물관, 239쪽.
그림 69   김홍도, 〈길거리에서〉, 《행려풍속도병》, 국립중앙박물관, 241쪽.
그림 70   김홍도, 〈길을 가다가〉, 《단원풍속화첩》, 국립중앙박물관, 242쪽.
그림 71   성협, 〈길거리에서〉, 국립중앙박물관, 243쪽.
그림 72   전 신윤복, 〈영감님과 아가씨〉, 《풍속도첩》, 국립중앙박물관, 244쪽.
그림 73   전 김홍도, 〈빨래하는 여자〉, 국립중앙박물관, 245쪽.
그림 74   신윤복, 〈단옷날의 개울가〉, 《혜원전신첩》, 간송미술관, 247쪽.
그림 75   김홍도, 〈사녀도〉, 국립중앙박물관, 250쪽.

그림 76	김홍도, 〈군선도〉 부분, 삼성미술관 Leeum, 253쪽.
그림 77	신윤복, 〈연당의 여인〉, 《여속도첩》, 국립중앙박물관, 255쪽.
그림 78	신윤복, 〈전모를 쓴 여인〉, 《여속도첩》, 국립중앙박물관, 256쪽.
그림 79	작자 미상, 〈미인도〉, 18세기, 해남 윤씨 가문 소장, 258쪽.
그림 80	작자 미상, 〈미인도〉, 19세기, 일본 동경국립박물관, 261쪽.
그림 81	송수거사, 〈미인도〉, 온양민속박물관, 262쪽.
그림 82	신윤복, 〈미인도〉, 간송미술관, 263쪽.
그림 83	작자 미상, 〈이원기로회도〉, 1730년, 국립중앙박물관, 267쪽.
그림 84	작자 미상, 〈작부〉, 개인 소장, 268쪽.
그림 85	김득신, 〈풍류〉, 《행려풍속도병》, 1815년, 삼성미술관 Leeum, 270쪽.
그림 86	작자 미상, 〈후원유연〉, 국립중앙박물관, 272쪽.
그림 87	김홍도, 〈후원유연〉, 《사계풍속도병》, 프랑스 기메박물관, 273쪽.
그림 88	신윤복, 〈후원유연〉, 《혜원전신첩》, 간송미술관, 275쪽.
그림 89	신윤복, 〈검무〉, 《혜원전신첩》, 간송미술관, 276쪽.
그림 90	신윤복, 〈선유〉, 《혜원전신첩》, 간송미술관, 277쪽.
그림 91	김홍도, 〈기방풍정〉, 《사계풍속도병》, 18세기, 프랑스 기메박물관, 282쪽.
그림 92	작자 미상, 〈기방풍정〉, 《사계풍속도》, 19세기, 국립중앙박물관, 282쪽.
그림 93	신윤복, 〈기방난투〉, 《혜원전신첩》, 간송미술관, 284쪽.

3장. 길들여지지 않는 여성주체

그림 1	작자 미상, 〈아들상〉, 전남 광양군 시모집, 292쪽.
그림 2	작자 미상, 〈시모상〉, 전남 광양군 시모집, 292쪽.
그림 3	신윤복, 〈절로 가는 길〉, 《혜원전신첩》, 간송미술관, 309쪽.
그림 4	신윤복, 〈길에서 여승을 만나다〉, 《혜원전신첩》, 간송미술관, 309쪽.
그림 5	신윤복, 〈법고〉, 《혜원전신첩》, 간송미술관, 311쪽.
그림 6	김홍도, 〈모연〉, 《단원풍속화첩》, 국립중앙박물관, 312쪽.
그림 7	신윤복, 〈굿〉, 《혜원전신첩》, 간송미술관, 313쪽.
그림 8	작자 미상, 〈탄금풍류〉, 《사계풍속도》, 19세기, 국립중앙박물관, 320쪽.

그림 9	작자 미상, 〈화류유희〉, 《사계풍속도》, 19세기, 국립중앙박물관, 321쪽.
그림 10	신윤복, 〈봄나들이〉, 《혜원전신첩》, 간송미술관, 323쪽.
그림 11	신윤복, 〈가을나들이〉, 《혜원전신첩》, 간송미술관, 324쪽.
그림 12	전 신윤복, 〈서생과 아가씨〉, 《풍속도첩》, 국립중앙박물관, 328쪽.
그림 13	신윤복, 〈밀회〉, 《혜원전신첩》, 간송미술관, 329쪽.
그림 14	신윤복, 〈과부〉, 《혜원전신첩》, 간송미술관, 331쪽.
그림 15	작자 미상, 《무산쾌우첩》, 국립중앙박물관, 332쪽.
그림 16	작자 미상, 〈오줌〉, 332쪽.
그림 17	신윤복, 〈춘화 구경〉, 《건곤일회도첩》, 334쪽.
그림 18	〈쾌락〉, 청대의 자기상, 339쪽.
그림 19	작자 미상, 〈춘화〉, 강희 연간, 339쪽.
그림 20	작자 미상, 〈춘화〉, 광서 연간, 339쪽.
그림 21	신윤복, 〈엿보기〉, 《건곤일회도첩》, 341쪽.
그림 22	신윤복, 〈열락〉, 《건곤일회도첩》, 342쪽.
그림 23	〈열락〉 부분, 342쪽.
그림 24	김홍도, 〈절에서 벌어진 일〉, 《운우도첩》, 개인 소장, 345쪽.
그림 25	신윤복, 〈중을 불러 일을 치르다〉, 《건곤일회도첩》, 346쪽.
그림 26	작자 미상, 〈산속에서〉, 347쪽.
그림 27	김홍도, 〈돌진〉, 《운우도첩》, 개인 소장, 348쪽.
그림 28	김홍도, 〈여성 상위〉, 《운우도첩》, 개인 소장, 349쪽.

■ 국립중앙박물관 소장 그림 중 일부는 《조선시대 풍속화》, 국립중앙박물관, 2002에서 복제하여 허가 (중박 201204-2199)를 받아 사용했습니다.

찾아보기

| 인물 |

ㄱ

강담 · 159
강대수 · 165
강득룡 · 165
강득윤 · 165
강서 · 19
강섬 · 115
강세황 · 228
강신 · 158~161, 163
강인 · 159
강인재(강희안) · 66
강희맹 · 335
강희제 · 189
경준 · 110
고인 · 66
공민왕 · 15~24, 53, 66
구봉서 · 52
구영 · 76, 77, 137, 251
권경우 · 100

권근 · 56, 100, 158
권태일 · 165
권형 · 158, 159, 161
기지 · 67
김광수 · 140
김대현 · 151, 153, 154
김득신 · 126, 127, 140, 205~207, 211, 212, 222, 230, 231, 269
김만기 · 49
김박 · 112
김봉조 · 151, 154
김상헌 · 249
김수온 · 47
김수항 · 189
김안로 · 71
김양원 · 235
김양진 · 151
김재찬 · 277
김진규 · 48~50, 252
김창업 · 139, 249
김첨 · 99
김행성 · 20
김현성 · 157
김홍도 · 140, 147, 182, 183, 191, 193, 194, 206, 207, 209~212, 215, 220, 222, 223, 225~227, 232, 233, 238~242, 245, 246,

250, 252~254, 273, 274, 276, 282, 308, 312, 319, 340, 345, 348~350
김홍국 · 69, 70
김희겸 · 130, 131, 325
김희수 · 95

ㄴ

남공철 · 251
남이신 · 159~161, 164
남재 · 109
남지 · 99
남태응 · 252
남학명 · 17
노국대장공주 · 16, 18, 20, 23, 24, 27, 53, 66, 71
노수신 · 114, 115
노숭 · 108

ㄷ

단종 · 57, 86
당인 · 72
대안도 · 138
두근 · 136

ㅁ

마군후 · 213~215
마린 · 136
맹자 · 187
모연수 · 70
문언박 · 105
민비(인현왕후) · 48, 50
민안도 · 168
민원식 · 176, 177
민유중 · 50
민종도 · 166, 168
민중남 · 159, 161
민진후 · 50, 177

ㅂ

박동량 · 158, 160, 161
박명원 · 140
박미 · 74
박민도 · 166
박민수 · 166
박민신 · 166
박민효 · 166
박양한 · 337, 338
박연 · 21, 52, 54, 56
박윤묵 · 251
박제가 · 281
박지원 · 139, 140, 249, 326

배전 · 232
백거이 · 105
범선지 · 138
변계량 · 99
변종운 · 248
부열 · 251

ㅅ

사마광 · 61
사안석 · 67
서거정 · 69, 335
서긍 · 16, 17
서상수 · 140
서시 · 251
선조 · 38, 65, 72, 108, 144, 153, 157~159
설산옥 · 112
설존의 · 112
성석린 · 108
성세창 · 230
성순조 · 62
성여학 · 335
성왕 · 97
성종 · 19, 47, 58, 67~69, 79, 80, 86, 87, 91, 101, 108, 110, 325
성현 · 65, 67, 68, 71, 108

성협 · 243
세조 · 53, 55, 57, 90, 91, 108, 156
세종 · 41, 43, 46, 47, 51, 52, 59, 62, 85, 86, 90~92, 99, 100, 107, 144, 149, 156
소헌왕후 · 46
손순홍 · 20
송렴 · 101
송세림 · 335
송시열 · 185~188
숙종 · 48~50, 52, 91, 166, 167, 189, 190, 192, 249
신광수 · 248
신덕왕후 · 46
신말주 · 111~113
신명연 · 252
신사임당 · 9, 56, 57, 59
신석 · 295
신설 · 157
신숙주 · 71
신식 · 157
신용개 · 69
신위 · 251
신유한 · 338
신윤복 · 142, 217, 219~224, 234, 235, 244, 246~248, 254 ~257, 263~265, 274, 275,

387

278~284, 305, 308~313, 322
~325, 328~331, 333, 334,
336, 340, 341~343, 345~
347, 354~355

신의왕후 · 46

신자수 · 47

신태영 · 295, 296

신효창 · 47

심단 · 168

심수경 · 115

ㅇ

안견 · 66

안순왕후 · 46

안정 · 112, 113

안정왕후 · 46

안평공주 · 24

안평대군 · 71

양기 · 18, 19, 21

양왕 · 71

양한적 · 249

어득강 · 57, 58

어우동 · 325, 335

연산군 · 58, 91, 100

오삼도 · 152~154

오유경 · 112

완안고 · 21

왕건 · 98

왕세창 · 189

왕소군 · 70~72, 251

원경왕후 · 46, 61

원제 · 70, 80

원혼 · 114, 115

유관 · 108

유득공 · 134, 281

유숙 · 229

유순 · 69

유은지 · 99

유정기 · 295, 296

유탁 · 24

유한준 · 228

윤근수 · 72

윤기 · 281

윤돈 · 158, 160, 161

윤두서 · 133~136, 140, 212,
216, 252, 254

윤수민 · 159~161

윤용 · 212, 213, 254

윤지인 · 189

윤평 · 66

윤효전 · 17

의종 · 28

이거 · 158~161

이거이 · 108

이경석 · 160, 161

이경여 · 71

이공승 · 17, 19

이관 · 160

이규경 · 337

이규상 · 136

이규현 · 251

이능화 · 17

이덕무 · 134, 136, 140, 206, 216,
218, 290, 292, 296, 298, 301,
307, 310, 314, 317~319, 326,
330, 356

이명규 · 100

이문화 · 99

이민구 · 248

이민서 · 166

이방운 · 103, 104

이산해 · 157

이상좌 · 74

이색 · 24

이서우 · 251

이성계(태조) · 21, 46, 107, 109

이식 · 76, 78, 292, 293

이여 · 47

이원 · 159

이원령 · 169

이유원 · 251

이윤 · 251

이윤철 · 112

이익 · 141, 293, 294

이인임 · 19

이정 · 74

이제현 · 15, 71

이종애 · 170

이진 · 134

이첨 · 105, 106

이태귀 · 168

이한철 · 193, 195~201, 204

이항복 · 73

이현보 · 92, 95, 155

이현석 · 251

이호민 · 72

이혼 · 49

이홍남 · 71

이후백 · 70

이홍효 · 74

인경왕후 · 49

인예태후 · 21

인조 · 52, 76, 338

임상원 · 248

임수간 · 251

임열 · 115

임익상 · 300

임형수 · 48

ㅈ

장유 · 77

장조평 · 112, 113

장택단 · 137~139

장한종 · 336

전일상 · 130

정도전 · 56

정문부 · 70

정병설 · 337

정석견 · 87

정식 · 53, 55

정유길 · 114, 115

정유악 · 168

정이 · 59, 60

정조 · 43, 91, 133, 140, 147, 149, 224, 234, 259

정종영 · 114, 115

정포 · 30

조광조 · 38, 64

조구명 · 248

조려 · 57

조맹부 · 71, 251

조명희 · 299, 300

조반 · 51

조병덕 · 299

조선미 · 55, 57, 291, 292

조성희 · 299~300

조속 · 17

조수만 · 57

조안국 · 72

조영석 · 133, 134, 136, 140, 208, 209, 216~219

조윤옥 · 112

조응경 · 57

조장희 · 300

조충희 · 300

조희룡 · 235

주공 · 97

주명신 · 249

주세붕 · 70

주자 · 38, 60

중종 · 38, 41, 48, 88, 91, 100, 101, 116, 144, 147

지중련 · 58

진관 · 189

진전 · 189

ㅊ

채수 · 68, 71

초병정 · 190, 191

최경 · 66

최당 · 105, 108

최립 · 157, 158

최수성 · 249

최연 · 69, 70

최우석 · 330
최유경 · 99
최창대 · 252
최해 · 168
충선왕 · 71

ㅌ
태종 · 46, 61, 99, 107

ㅋ
클라센, 게르트루트 · 193, 196, 202, 204, 208, 212

ㅎ
하경복 · 156
하연 · 51, 52
하우명 · 52
한승유 · 112, 113
한준겸 · 158, 159, 161
한치형 · 47
한호 · 157
허균 · 18, 19, 21, 62
허목 · 157, 160
허석 · 168
허침 · 87

허필 · 134, 218
형개 · 153
홍낙성 · 166
홍만종 · 336
홍봉한 · 166
홍상한 · 165
홍선표 · 27, 30
홍섬 · 114, 115
홍응 · 110
홍이상 · 158, 160, 161, 182, 183
황석공 · 251
황정욱 · 158
황희 · 59~62
휘종 · 137, 192, 249

| 저작물 |

ㄱ
《가루지기타령》 · 229, 236
《가림사고》 · 141
〈가을나들이〉 · 324, 325
《개성부급제주부군현양로의》 · 92
《거여객점》 · 232
《건곤일회도첩》 · 333, 334, 341,

342, 346
〈검무〉 · 280, 281, 283
〈검무기〉 · 281
〈검무부〉 · 281
《경국대전》 · 39, 40, 91, 109, 110, 132
〈경수연도기〉 · 160
《경수연도첩》 · 162, 163
〈경수연도후서〉 · 157
〈경숙택주진찬〉 · 56
〈경잠도〉 · 192
《경제육전》 · 109
〈경직도〉(게르트루트 클라센 소장) · 193, 196, 203, 204, 208
《경직도》(국립민속박물관 소장) · 204, 205
《경직도》(김홍도) · 191, 193~195
《고려도경》 · 16
《고려사》 · 20, 24
《고씨화보》 · 136, 140
〈고행할비〉 · 82
〈고형조참판성공화상기〉 · 62
〈관서경품변상도〉 · 29
〈광평대군배영가부부인화상찬〉 · 47
《국조오례의》 · 91, 92
〈군선도〉 · 253, 254
〈굿〉 · 313

《근사록》· 59, 61
〈기로연시화첩〉· 113
〈기마도강도〉· 15
〈기묘계추화산양로연도〉· 92~94
《기문》· 336
〈기방난투〉· 284, 305
〈기방풍정〉· 282
〈기영회도〉· 114~116
《기이재상담》· 337
〈길거리에서〉(김홍도) · 240~242
〈길거리에서〉(성협) · 243
〈길에서 여승을 만나다〉· 308, 309
〈길을 가다가〉· 240, 242
〈김씨사적〉· 85, 86
〈김씨자경〉· 88, 89
〈김씨자흉〉· 145, 148
〈김양원전〉· 235

ㄴ

〈나물 캐기〉(윤두서) · 134~136, 212, 254
〈나물 캐기〉(윤용) · 212, 213, 254
〈나물 캐기〉(마군후) · 213~215
〈나물 캐기〉(작자 미상) · 213~215
〈남도부도〉· 138

《내훈》· 142
〈넉넉한 양반집〉· 126~128, 130
〈농가십이월도〉· 189
《농서》· 189
《누숙경직도》· 100, 101, 189, 190

ㄷ

〈다림질〉· 219
〈단성연회도〉· 151, 154, 155
〈단옷날의 개울가〉· 246, 247, 326, 354
《단원풍속화첩》· 207, 209, 211, 220, 223, 225, 233, 240, 242, 312
《담락연도》· 170, 171
〈대쾌도〉· 229
《동국신속삼강행실도》· 43, 143~149, 353
〈들밥 내가기〉· 209, 210
〈들밥〉· 211, 212

ㅁ

《매옹한록》· 337, 338
《맹자》· 95
〈명비출새도 2수〉· 71

〈명비출새도〉· 70, 251
《명엽지해》· 336
〈모연〉· 312
《무산쾌우첩》· 330, 332
〈무일〉· 44, 97~99
《문공가례》· 60, 61
〈문왕문침〉· 99
〈미륵하생변상도〉· 29
〈미인도〉(18세기 작자 미상) · 258, 260, 261
〈미인도〉(19세기 작자 미상) · 261, 265
〈미인도〉(송수거사) · 262, 264, 265
〈미인도〉(신윤복) · 263~265, 354
〈밀회〉· 329

ㅂ

〈밤길〉· 283
《배비장전》· 303
〈백세채부인경수연도서〉· 160
〈백응도〉· 249
〈법고〉· 310
《병술중양일분천헌연도》· 96, 97
〈복선화음가〉· 297, 299
〈부녀자에 대한 가르침〉· 141
〈부부 행상〉· 225, 227

〈비단 짜기〉· 191

〈빈풍칠월도〉· 100, 101

《빈풍칠월도첩》· 103, 104

〈빨래터〉(김홍도)· 220, 222

〈빨래터〉(신윤복)· 220, 221, 246

〈빨래하는 여자〉· 245, 246

〈빨래하러 가는 길〉· 220, 221

ㅅ

《사계풍속도》· 319~320

《사계풍속도병》(김홍도)· 273, 274, 282

〈사녀도〉· 250, 252~254

〈사녀의권도〉· 251

《사소절》· 317, 319, 356

〈산수인물도〉· 136

〈삼강행실도〉· 9, 43, 79~90, 97, 121, 133, 143~145, 147, 149, 353

〈삼봉선생진찬〉· 56

〈새참〉· 209, 211, 212

《서경》· 44, 97

〈서당집〉· 128~130

〈서생과 아가씨〉· 328

《서의》· 60

〈석가출산상〉· 66

〈석천한유〉· 130, 131, 325

《선묘조제재경수연도첩》· 160, 164

〈선술집〉· 234, 235

《선원록》· 47

〈선유〉· 279~281, 283

《성수패설》· 336

〈성시전도〉· 140

《성호사설》· 141

《세시풍속도》· 193, 195, 197~201

〈소군출새도〉· 71

〈소작료 바치기〉· 204, 205

《소학》· 37~39, 41, 42, 64, 65, 101~103, 142

《속동국삼강행실도》· 144

《속삼강행실도》· 144

《속어면순》· 336

〈송영종선인고황후도〉· 80

〈송인종광헌조황후도〉· 80

〈수증사 양시중 부부 화상기〉· 18

《숙종실록》· 50

《시경》· 44, 98, 133, 189

〈시모상〉· 292

〈식우집〉· 47

〈신동추경수연도시서〉· 157

〈십로도상도권〉· 111~113

《쌍매당집》· 105, 106

ㅇ

《어수신화》· 336

〈여름 휴식〉· 204

〈여성 상위〉· 349, 350

《여속도첩》· 142, 255~257

〈여인도〉· 66

〈여인도 뒤에 쓰다〉· 67

〈여자 엿보기〉· 238, 239

〈여종지례〉· 81, 82

〈여협도〉· 76, 251

〈연당의 여인〉· 254, 255, 257, 265

〈열녀함양박씨전〉· 326

〈열락〉· 341~343

〈열하일기〉· 249

〈엿보기〉· 340, 341, 347

〈영명비출새도〉· 71

《예기》· 102

《오륜행실도》· 43, 147, 149

《오주연문장전산고》· 337

〈오줌〉· 332, 333

〈왕지린이 그린 미인도에 제하다〉· 249

《용재총화》· 65, 108

《용천담적기》· 71

《우암선생계녀서》· 186, 188

〈위기도〉· 15

〈유내한이 취하여 미인과 이별하

는 그림에 쓰다〉·70

〈음산대렵도〉·15

〈이부동사〉·145, 146

〈이부추애〉·145, 146

〈이씨단지〉·147, 148

〈이원기로회도〉·266, 267

〈이홍효의 미인도에 쓰다〉·73

〈임씨단족〉·85, 86, 147, 149

〈주문왕후비도〉·79

〈주선왕강후도〉·80

《주자가례》·60, 61

〈주처견매〉·83, 84

〈중묘조서연관사연도〉·116, 117

《중용》·293

《중종실록》·58

〈직녀도〉·192

ㅌ

〈탄금풍류〉·319, 320

《태조실록》·24, 46

〈태종문덕장손황후도〉·80

《태평한화골계전》·335

ㅍ

《파수록》·336, 343

《패문재경직도》·189~193

《패문재경직도병》·191

《평생도》(작자 미상)·180~182

《평생도》(김홍도)·182, 183

《평생도》('담와 홍계희 평생도'로 잘못 알려진 것)·184

〈포구의 행상 여인들〉·226, 227

〈풍류〉·270, 274, 276

《풍산김씨세전서화첩》·151~154, 354

《풍속팔곡병》·211, 212, 231

ㅎ

《한국의 전통회화》·27

《한국초상화 연구》·56, 291

〈한명제덕마황후도〉·80

〈한성제반첩여도〉·80

〈한양가〉·192

ㅈ

〈작부〉·267~269

《잠서》·189

〈장터에서 오는 길〉·217

〈장한가〉·318

〈재봉〉·218

〈전가락사〉·193, 202~204, 222

〈전모를 쓴 여인〉·254, 256, 257

〈절구질하는 여인〉·216

〈절로 가는 길〉·308, 309

〈절에서 벌어진 일〉·345

〈제구십주미인도〉·251

〈제십주미인도〉·251

〈제여악도〉·277

〈제직도〉·192

〈제효공부인도〉·80

《조선왕조실록》·46, 47, 108~111, 156, 302

ㅊ

〈차백강명비출새도운〉·71

〈채녀도〉·67, 68, 71

《청련집》·70

〈청명상하도〉·137, 140, 251

〈청명상하도발〉·139

《청죽화사》·252

〈청천강〉·66

〈청학동〉·66

〈초라한 주막〉·229, 230

〈초번희도〉·80

《촌담해이》·335

〈춘일우경〉·215

〈춘화 구경〉·333, 334

〈취가취팽〉·83, 84, 87, 147, 149

〈칠월〉·44, 98, 99, 104

〈칠태부인경수연도〉·167~169

찾아보기 393

〈한원제풍소의도〉·80

《해사동유록》·338

〈해영연로도〉·151, 152, 155

《행려풍속도병》(김득신)·126, 127, 204, 222

《행려풍속도병》(김홍도)·209, 215, 226, 239, 240, 241, 269, 270

《행려풍속도병》(신윤복)·220, 221

〈허매익수〉·88, 89

《호산외기》·235

〈호조낭관계회도〉·118, 119

〈화기〉·71

〈화동기원변증설〉·338

〈화류유희〉·319~322

〈화육첩미인찬〉·252

〈환아정양로회도〉·151, 153, 155

〈회혼례도〉·176, 178, 179

《회혼례첩》·174, 175

《효경》·304

〈후원유연〉(김홍도)·273, 274, 276

〈후원유연〉(신윤복)·275, 280

〈후원유연〉(작자 미상)·271, 271, 274

〈훈요십조〉·98

〈휴기동산도〉·67, 71

WOMAN AND CULTURE – 아모레퍼시픽재단 총서

그림으로 읽는 조선 여성의 역사

1판 1쇄 발행일 2012년 4월 30일
1판 3쇄 발행일 2018년 6월 18일

지은이 강명관

발행인 김학원
발행처 (주)휴머니스트출판그룹
출판등록 제313-2007-000007호(2007년 1월 5일)
주소 (03991) 서울시 마포구 동교로23길 76(연남동)
전화 02-335-4422 **팩스** 02-334-3427
저자·독자 서비스 humanist@humanistbooks.com
홈페이지 www.humanistbooks.com
유튜브 youtube.com/user/humanistma
페이스북 facebook.com/hmcv2001 **인스타그램** @humanist_insta

편집주간 황서현 **편집** 전두현 남미은 **디자인** 민진기디자인 **제작** 교보피앤비

ⓒ 강명관, 2012

ISBN 978-89-5862-485-1 03900

- 이 책에 쓰인 이미지는 정해진 절차에 따라 저작권자의 허락을 받아 사용했습니다. 게재 허락을 받지 못한 이미지에 대해서는 저작권자가 확인되는 대로 게재 허락을 받고 통상적인 기준의 사용료를 지불하겠습니다.
- 이 책은 저작권법에 따라 보호받는 저작물이므로 무단 전재와 무단 복제를 금합니다.
- 이 책의 전부 또는 일부를 이용하려면 반드시 저자와 (주)휴머니스트출판그룹의 동의를 받아야 합니다.